JN412070

지방교회는 성경적인가?

지방교회 진리변증위원회

지방교회 진리변증위원회는 워치만 니와 위트니스 리의 신약 사역 및 지방교회들의 실행을 수호하고 확증하는 일에서 전 세계 지방교회들 내의 한국어권을 대표합니다.

지방교회는 성경적인가?

초판발행 2021년 8월 17일
초판2쇄발행 2021년 10월 10일

엮은이 지방교회 진리변증위원회
펴낸이 이재욱
펴낸곳 (주)새로운사람들
디자인 김남호
마케팅관리 김종림

등록일 1994년 10월 27일
등록번호 제2-1825호
주소 서울 도봉구 덕릉로 54가길 25(창동 557-85, 우 01473)
전화 02)2237-3301, 2237-3316 **팩스** 02)2237-3389
이메일 ssbooks@chol.com

ISBN 978-89-8120-626-0(04230)
978-89-8120-624-6(세트)

지방교회는 성경적인가?

지방교회 진리변증위원회

새로운사람들

이 책을 펴내게 된 이유

주님께서 세우시겠다고 하신 신약 교회는 원래 하나뿐이었다(마 16:18). 하지만 시간이 흐르면서 지상의 교회는 크게 동방 교회와 서방 교회로 나뉘었다.

그 외에 브로우드렌트가 지은 『순례하는 교회』에 나오는 소아시아의 사도적 교회들, 왈도파, 모라비아 공동체, 메노파, 형제단 등 소위 비주류 단체들이 있다. 이 중에서 칼빈 신학에 기초한 장로교가 대세인 한국 교회는 서방 교회인 로마 천주교로부터 개혁하여 나온 역사적인 배경을 갖는다.

그런데 한국교계 내에서 이단 대처 사역을 해온 이들은 동방 교회나 위에 거론한 비주류 단체들에 대해서는 거의 접촉할 기회가 없었던 것으로 보인다.

그 결과, 자신들에게 익숙한 서방 교회의 교리만을 정통과 이단을 판단하는 기준으로 삼을 수밖에 없게 되었다. 이런 상황에서 동방 교회 계열의 정통 교부들인 이레니우스와 아타나시우스를 통해 밝혀진 성경적인 가르침들이 이단으로 배척되거나 무시되는 상황은 안타까운 일이고, 한국교계에 큰 손실이 아닐 수 없다.

구체적으로 서방 교회는 창조주와 피조물의 차이를 강조하고, 어거스틴의 전통에 따라 죄와 칭의를 중심으로 한 구원론을 갖는 특징이 있다. 그 결과 창조주 하나님이 피조물인 사람 안에 생명으로 들어오셔서 연합되신다는 동방 교회의 구원론과 교회론은 이들에게 경계의 대상이 되었다.

그러나 칭의와 함께 생명이신 주님께서 사람들 안에 내주하심은 성경적인 구원론의 두 기둥이므로, 모두 존중되어야 마땅하다(롬 5:9, 골 1:27). 그럼에도 현재의 이단 사역자들은 이런 균형 있는 관점이 다소 결여되어 현재와 같은 소위 지방교회들과의 갈등을 낳았다고 볼 수 있다.

최근에 정동섭 목사가 『지방교회의 실체』라는 책을 펴냈다. 그러나 그는 지방교회를 잘 알지 못하는 사람이다. 그가 이 책에서 다룬 내용은 최O경 목사, 이O규 권사, 김O기 목사가 지방교회 측과 토론할 때 주장했고 현재 인터넷에 올려져 있는 것들과 영문 서적인 『The New Cults(CRI)』의 내용을 표절하여 그가 펴냈던 『그것이 궁금하다』 내용들을 재차 사용했을 뿐이다. 그런데도 그가 한국교계에서 '지방교회의 최고 전문가' 대우를 받고 있는 것은 이러한 사실들이 제대로 알려지지 않았기 때문일 수 있다.

지방교회 측을 비판하는 이들이 문제점으로 지적한 내용은 크게 볼 때, 양태론과 신인합일론과 배타적인 교회론이라고 할 수 있다. 그런데 이런 지적은 사실 자체를 왜곡하거나 상대적인 기준에 따른 평가여서 지방교회 측의 강한 반발과 적극적인 반론에 직면하는 일이 일어나곤 했다.

그 결과, 최O경 목사는 한기총과 통합 교단, 이O규 권사는 합동과 고신 교단에 의해 각각 이단으로 규정되는, 그야말로 이단을 정죄하던 장본인들이 이단이 되는 충격적인 일들이 발생했다.

구약 에스더서에 나오는 '하만의 장대'가 생각나게 하는 사건이 아닐 수 없다. 캐나다 거주자인 김O기 목사는 국내 활동이 적어 아직은 교계의 검증 대상이 되지는 않고 있다. 그러나 '위격'이 아닌 '본질'의 상호 내주를 주장하는 그의 삼위일체론은 나중에라도 문제가 될 가능성이 높다.

사실 위 이단 사역자들이 이종성 박사의 『교회론 1』에 소개된 동방교회 교리만 제대로 알았더라도 현재와 같은 갈등은 많이 줄었을 것이다.

예를 들면, 교회는 '제도나 단체'가 아니고 본질적으로 '생명'을 의미한다는 것이 동방교회 교회론이다(156쪽). 또한 그들은 우리가 "신화되기 위하여" 주님께서 "사람이 되셨다"고 하고, 새 존재라는 것은 "은총에 의한 신화"를 의미한다고도 했다(157쪽). 이것은 이레니우스와 아타나시우스 같은 정통 교부들의 가르침으로서 지방교회 측이 말하는 것과 거의 같다. 하지만 교회 역사상 이런 말들이 이단 시비에 걸린 적은 단 한 번도 없었다.

그런데 더 큰 문제는 이단 사역자들이 자기 진영의 가르침에도 익숙지 않다는 점이다.

예를 들어, 그들은 주기도문의 아버지는 "배타적으로 제1격만이 아니라 삼일 하나님(The Triune God)"이시라는 칼빈 신학자 로레인 뵈트너의 말을 받지 못한다. 또한 그들은 지금처럼 교회 내에서도 성직 계급을 구별하는 것이 칼빈의 눈에는 '신성모독'임을 모른다(어거스틴, 루터, 깔뱅, 오늘의 개혁교회, 장로회신학대학교출판부, 2004, 130-131쪽). 이처럼 비판하는 상대방도 모르고 자신도 모르는 이들, 심지어 공교단에 의해 이단이 된 이들이 그동안 만들어낸 부실한 이단 정죄 자료들은 적당한 때에 공정한 기준으로 재평가될 필요가 있다고 본다.

워치만 니와 위트니스 리 그리고 주의 회복으로 알려진 지방교회들을 제대로 연구한 사람은 거의 없다고 할 수 있다. 아마도 두 성경 교사의 수백 권의 저술을 다 읽고 진의를 파악하기에는 많은 시간이 걸리고, 서두에서 보듯이 서방 계열의 이단 사역자들에게 낯선 내용이 많기 때문일 것이다.

(사실 두 성경 교사의 가르침은 알고 보면 간단하다. 즉 그들은 주 예수 그리스도는 아들이실 뿐 아니라 신격의 모든 충만이 육체를 입으신 삼위 전체이신데, 이분이 죽고 부활하신 후에 우리 안에 생명으로 들어오셔서 점차적으로 충만 되어 가시는 것이 교회 건축이고, 그 최종 완성이 새 예루살렘이라는 것이다.)

이런 가운데 미국의 CRI가 전 세계 지방교회들의 가르침과 생활을 6년 동안 재(再)연구한 것은 그 자체로도 의미가 크다. CRI나 풀러 신학대학교 또는 그레첸 파산티노의 AIA는 오랜 검증 후에, 일부 진리 해석에는 동의하지 않지만, 지방교회들이 '핵심 진리에서 정통이고, 그리스도 안의 참된 믿는 이들'이라고 결론을 내렸다.

이 책은 한국교계 내에서도 이러한 재평가를 내릴 수 있는 어느 정도의 자료를 제공하는 의미도 있다. 정동섭 목사는 비판하려고 언급했겠지만, 지방교회 측이 근본주의인 형제회와 높은 차원의 영성을 추구한 케직 사경회의 배경이 있다고 했다. 또한 일부 개혁신학자 중엔 동방 교회의 신화(神化)를 열린 자세로 수용하려는 태도를 공개적으로 보이기도 했다.

이런 점들은 지방교회들을 부정적으로만 보려는 시각을 조금만 조정한다면 쌍방이 접점을 찾을 수 있는 가능성을 엿보게 한다. 특히 이 책은 비판에 대한 반론 또는 공개토론 내용이 대부분이라 진리의 쟁점과 지방교회 측의 주장이 선명히 드러나 있다. 따라서 핵심 진리들을 좀 더 깊이 있게 이해하고 싶은 신학생들이나 목회자나 신학자들은 물론이고 진리를 추구하는 모든 이들이 이 책을 읽으면 큰 도움이 될 것으로 생각한다.

아울러 미국 CRI가 지방교회 측을 재평가한 내용을 담은 『지방교회여, 우리가 틀렸었다』(새로운사람들)도 함께 읽는다면, 지방교회들에 대한 제3자의 객관적인 평가를 아는 데 유익이 있을 것이다.

차례

3부 김홍기 목사와 지방교회

1부
정동섭 목사와 지방교회

『지방교회의 실체』라는 책자의 실체

세칭 구원파 공격수로 알려진 정동섭 목사(이하 '정 목사')가 최근에 워치만 니와 위트니스 리 그리고 '주의 회복'을 비판하는 『지방교회의 실체』라는 책을 펴냈다. 우리는 그가 왜 이런 책을 냈으며, 이 책에서 주장하는 내용들의 실체는 과연 무엇인지 그의 교리 비판을 중심으로 중요한 문제점만 개괄적으로 드러내고자 한다.

정 목사는 왜 지방교회 측을 비판할까?

정 목사는 '권O찬 구원파' 출신이다. 그가 구원파에 있었을 때, 영어를 잘하다 보니 유병언 씨의 통역을 맡는 등 최측근과도 가까웠지만, 그가 구원파를 나온 후로는 구원파가 사회 문제가 될 때마다 소위 구원파 전문가로 매스컴을 타면서 대중 앞에서 인지도를 높여왔다. 따라서 그는 구원파 전문가일 수는 있다. 그러나 소위 지방교회 전문가는 아니다. 자신의 말에 따르면, 오래전에 아내를 따라 지방교회 측 집회에 잠시 참석한 것이 전부이기 때문이다. 그렇다면 무슨 사연이 있기에 그가 『지방교회의 실체』라는 책까지 펴내게 되었을까? 그 배경을 이해하려면 부득이 그와 지방교회 측 사이에 있었던 과거의 사건을 거론하지 않을 수 없다.

1990년대 중반에 정 목사는 주로 구원파를 비판하는 내용에 덤으로 '지방교회'를 끼워 넣어 『그것이 궁금하다』라는 책을 펴냈다. 우리는 그 책을 검토한 후에, 상담심리학과 교육학이 전문인 그가 조직신학을 배운 적이 없는데, 교리를 심도 있게 다룬 것이 의아했다. 정밀 검토해 보니, 그가 쓴 지방교회 교리 비판은 미국의 CRI가 펴낸 『The New Cults』 관련 부분 전체와 또 다른 두 개의 영문 책자 일부를 번역하여(표절하여) 짜깁기한 후에, 자신의 연구물처럼 독자들에게 소개했다는 사실을 알게 되었다.

그런데 그 영어 원문들은 미국에서 우리의 문제 제기로 이미 폐기되거나 반박된 것들이다(그 후 CRI는 6년간의 재(再)연구 후에 위 책자 내용이 "틀렸었다!"고 시인하고 공개 사과함). 따라서 우리는 정 목사와 해당 출판사에게 여러 경로로 이 표절 출판을 강력하게 항의했고, 마침내 도서출판 하나 대표인 전O규 목사가 재출판을 중단하고, 시중에 유통되던 책들은 총판을 통해 모두 회수하는 선에서 일단락되었다.

추측하건대, 이 책 회수 사건으로 정 목사가 다소 자존심이 상했을 수 있다. 같은 내용을 침례교 신학대학 출판사에서 제목만 바꿔 펴내거나, 논문 형태로 두란노 목회와 신학 등의 기독교 잡지에 기고하며 쌓았던 지방교회 전문가라는 평판이 손상된 점도 그가 어떤 형태로든 다시 반격할 기회를 엿보게 했을 것이다.

그러한 정황은 지방교회 측과 공개토론을 벌이던 김홍기 목사에게 그가 보낸 이메일 내용에서도 은연중에 드러난다. 정 목사는 자신이 쓴 위 책에서 보복 심리로 이 책을 출판한 것이 아니라고 말하지만 (49쪽), 그 실제 속사정은 자신의 양심과 주님이 아실 것이다.

사실 표절은 지식 도둑질이다. 세상에서는 논문이 표절로 드러나면 공직에서 낙마하는 등 도덕적 기준이 매우 엄격하다. 현재 학계와 교육부의 보편적인 표절 판정 기준은 타인이 작성한 '구체적인 문장 표현 단 한 구절'이라도 '인용부호와 출처 표시 없이 활용하면 모두 표절'이라는 것이다.

그런데 정 목사는 한 줄이 아니라 CRI의 그레첸 파산티노 외 1인의 논문을 통째로 표절하여 임의로 출판하고도 이 책이 그 문제의 책의 수정 증보판이라고 밝힐 만큼 염치가 없다(134쪽).

지금이라도 이러한 자신의 표절 행위에 대해 당사자인 미국 CRI와 한국교계 앞에 솔직히 시인하고 공개 사과해야 한다. 그것이 소위 이단 연구가로서의 최소한의 도덕성이라도 유지하는 길이다. 우리는 이것을 끝까지 지켜볼 것이다.

아무튼 정 목사의 새로운 반격 카드인 이 『지방교회의 실체』라는 책자는 '장고 끝에 둔 악수'다. 그 이유는 그가, 예장 합동과 고신 교단에 의해 이단 규정 및 교류 금지된 이인규 권사를 비롯한 이단성 있는 인사들의 주장과 오류가 담긴 불법 표절 자료를 지방교회들을 비판하는 주된 논거로 삼고 있기 때문이다. 당연히 이러한 '나쁜 나무에서 열린 열매'는 전혀 증거능력이 없다.

이제 이 책의 핵심인 지방교회 교리 비판에 대해, 본질적인 문제점만 우선 간략하게 지적해 보겠다. 각 주제에 대한 구체적인 반론은 별도로 정리하게 될 것이다.

삼위일체론 비판의 실체

정 목사는 이인규 권사(이하, '이 권사')의 주장을 빌려, 지방교회 측의 삼위일체론은 양태론이라고 비판한다. 우리가 '성부가 육신을 입고 성자가 되셨다.'고 주장한다는 것이다.

그러나 우리 중 누구도 그렇게 믿거나 말하지 않는다. 그렇다면 왜 이런 오해가 발생할까? 그것은 한 마디로 이단 감별사들 본인의 판단 기준에 결함이 있기 때문이다.

구체적으로, 이 권사는 '하나님이 친히 육신을 입고 오셨다.'라는 말을 읽을 때, 여기서의 '하나님'은 '성부'를 가리킨다고 간주한다. 그러나 전후 문맥을 보면 이것이 아들 하나님 혹은 삼위 전체를 지칭한 것임을 알 수 있다. 삼위가 다 하나님이시지 성부만 하나님인 것은 아니다. 그런 말은 이단인 여호와의 증인이나 하는 말이다. 이 한 가지로도 지방교회 측이 양태론이라는 그들의 가설은 무너진 것이다.

또한 우리는 삼위의 상호내재를 일관되게 주장한다. 삼위가 영원하시고 각각 구별되심을 전제한 말이다. 이것은 CRI 연구자도 인정했듯이, 양태론자는 결코 할 수 없는 고백이다. 그러자 '교회와 신앙'이 주관한 공개토론에서 김홍기 목사는 상호내재는 삼위의 본질들이 서로 안에 거하는 것이라고 비판했다.

그러나 이것은 해당 본문의 '나'와 '아버지'를 각각 위격이 아닌 본질로 보는 위험한 주장이다(요 14:10). 또 어떤 이는 우리의 '세 위격, 한 영'은 틀렸고 '세 위격, 세 영들'이 맞다고 주장하다가 한기총과 소속 교단에서 이단으로 규정되었다.

혹자는 소위 수증기 비유, 수박 비유를 문제 삼는다. 물론 비유 자체는 한계가 분명히 있다. 그러나 무조건 비판하기보다 CRI처럼 어떤 문맥에서 어떤 의도로 한 말인지 살피는 학자다운 태도가 필요하다. 또는 아들과 아버지를 동일시하는 표현이 문제가 되기도 한다. 그러나 이것도 '나를 본 사람은 아버지를 본 것'이라는 주님의 말씀과 같은 취지의 표현일 뿐이다(요 14:9).

칼빈주의 신학자인 로레인 뵈트너(Loraine Boettner)는 "주기도문의 성부는 배타적으로 제1격만이 아닌 삼일 하나님이시다(…The Triune God is our Father)."라고 했다. 이것이 성경적이고 균형 잡힌 신관이다. 모든 지방교회 측 비판자들도 이 관점을 붙들기를 정중하게 권면한다. 끝으로 정 목사의 오해와 달리, 영어권은 'Triune God'과 'Trinity'를 편하게 같이 쓴다는 것은 구글 사이트만 검색해 봐도 금방 알 수 있다. 당장 위의 뵈트너 자신도 'the Triune God' 이라는 말을 쓰고 있지 않은가!

기독론 비판의 실체

정 목사는 위의 신론에 이어 기독론도 이단인 이 권사의 일방적인 거짓 주장을 빌려 지방교회 측을 정죄하는 실수를 범했다. 그러나 우리는 칼케돈 신조처럼 그리스도의 인성과 신성은 '구별'하지만, 이 권사의 주장처럼 그 신성과 인성을 '분리'하거나 '새로운 본성을 가진 혼합체'라고 말하지 않는다. 『신약 성경 회복역』, 요한복음 1장 14절 각주2 내용이 그 분명한 증거다. 정말 그러한지는 정 목사 본인이 눈으로 직접 확인해 보기 바란다.

정 목사는 또한 "지방교회의 가장 큰 이단성은 그리스도의 몸이 부활을 통해 생명을 주는 영, 즉 성령으로 변형되었다고 가르치는 데 있다."라고 말한다. 그러나 사실 이것은 성경 본문에 기록된 대로 말한 것이다(고전 15:45 하).

그는 아마도 우리가 이것을 '삼위의 제2격이 부활 후에는 제3격이 되셨다고 믿는 것'이라고 오해하는 것 같다. 참고로 우리는 삼위의 어느 한 위격은(다른 두 위격이 구별되나 분리되지 않게 포함된) 온전한 하나님(The Triune God)이라고 믿는 로레인 뵈트너와 같은 관점을 갖는다.

따라서 이 권사와 정 목사의 그런 오해는 기우일 뿐이다. 그것은 삼위를 각각 분리시킨 사람들만이 할 수 있는 발상이다.

사실 고린도전서 15장 45절은 주 예수님의 신성이 아니라 그분의 인성이 부활 전과 후에 어떻게 달라졌는지에 초점을 둔 말씀이다. 다시 말해 이것은 그분의 죽을 인성이 부활 후에 다시는 죽지 않는 인성이 되신 것을 가리킨다. 만일 정 목사처럼 이런 인성의 변화마저 부인한다면, 그분은 또 죽으실 수 있는 분이라는 것인데, 그것이야말로 심각한 이단 사상이다(계 1:18).

끝으로 성경에서 '거룩'은 위치상의 분별과 성분상의 거룩이라는 두 방면이 있다(마 23:17, 롬 6:19). 그런데 하나님의 본성만이 거룩하시다(벧전 1:4, 16). 지방교회 측이 '주님의 인성이 거룩하지 않았다.'라고 할 때는 후자를 강조한 말이다. 만일 정 목사의 주장처럼 주님의 인성도 거룩, 즉 신성한 본성이라면, 그것이야말로 그분이 참 사람이심을 부정하는 것이다. 왜냐하면 칼케돈 신조에 의하면, 그분의 인성은 죄만 없으시지 우리와 같으시기 때문이다. 그렇다면 누구의 기독론에 문제가 있는 것인가!

인간론 비판의 실체

정 목사는 이 주제에 무려 85쪽(184~269쪽)을 할애했다. 그러나 내용이 지루한 연설처럼 장황하다. 예를 들어, 같은 말을 여기저기서 반복하고, 심지어 207쪽의 "인간의 타락…" 부분은 두 번이나 연달아 적었고, 글의 전개도 삼분설에 이어 인죄론을 말하다가 다시 삼분설을 거론하는 식으로 두서가 없다.

인용 출처의 쪽수도 불분명하게 적어 원문 검증을 어렵게 하고 있다. 심지어 세칭 구원파와 억지로 연결하려고 명백한 거짓말(지방교회는 회개의 필요성을 부인한다)도 슬쩍 집어넣었다. 이런 무성의한 모습은 그저 평소에 여기저기서 모았던 자료들을 서둘러 대충 출판사에 넘긴 것 같은 인상을 준다. 이러한 정 목사의 불성실한 집필 태도는 그가 쓴 내용에 대한 신뢰마저 떨어뜨릴 수 있음을 정중하게 지적해 두고자 한다.

인간 구조 삼분설 비판의 실체

비록 장황하지만 정 목사가 인간의 구조(삼분설)에서 말하고자 하는 요점은 이분설, 삼분설은 모두 성경에 있기에 어느 견해도 이단적이라고 할 수는 없으나(192쪽), 지방교회 측이 주장한다는 다음 세 가지가 문제라는 것이다. 그러나 아래의 비판은 전혀 근거가 없거나, 정 목사 본인의 성경 이해가 부족한 것이 원인일 뿐이다.

1) '하나님은 인격이 아닌 영이라는 것이고 인간의 영에는 인격적인 기능이 없다고 한다(184쪽).'

정 목사는 무슨 근거로 이런 말을 할까? 그가 출처로 제시한 『그리스도인의 생활과 영적 전쟁』 p.46은 워치만 니 전집 1집 1권 제2장인데, 영어 원문과 한글 번역 모두를 찾아봐도 46쪽과 그 전후에는 그가 따옴표로 인용한 단락(185쪽), 더 구체적으로 '영은 인격이 없다.'라는 결정적인 내용이 없다. "전 세계 하나님의 교회를 오염시키고 있는" 신학적인 오류라고 강변하는 내용이 이처럼 출처조차 불분명하다는 사실을 어떻게 해석해야 할까?

2) '인간의 타락에서 영을 제외시켜 전인격 타락을 부정한다(185쪽).'

이 말은 통합 교단 토론자의 주장이나, 결국 거짓말로 드러났다. 우리는 사람의 전인적인 타락, 특히 타락할 때 사람의 영은 "죄의 오염으로 손상되고…죽었다."라고 가르친다. (『누가 이단인가?』, 180~183쪽 참조)

3) '영에는 죄가 없고, 영에만 하나님이 거하신다고 한다(190쪽).'

여기서의 영은 창조나 타락 시의 영이 아니라, 거듭나서 주님과 연합된 영을 말한다(고전 6:17). 영에만 하나님이 계신다기보다는 거듭날 때 그분께서 우리의 영 안에 들어오신 후에(요 3:6), 믿음을 통해 점차적으로 혼을 포함한 우리의 마음에까지 거처를 확대해 가신다(엡 3:17, 2:22).

인죄론 비판의 실체

정 목사는 말로는 성경으로 변증한다지만 실제로는 상대적인 기준인 자신이 선호하는 신학과 교리로 비판하고 있다. 거의 모든 영어 성경은 헬라어 원문을 따라 죄(sin)와 죄들(sins)을 구분한다. 죄가 뿌리라면 죄들은 그 열매다. 사도 바울은 로마서에서 이 단수의 죄를 설명하면서 "한 사람을 통하여 죄가 세상에 들어왔다(sin entered the world)."고 말한다(롬 5:12). 그 후에 이 죄는 (사도 바울로 대표되는) 사람의 "육체 안에 거하면서"(롬 7:18-20), "왕 노릇 하며"(5:21), "사람을 지배하고"(6:14), "사람들을 속이며 죽이고"(7:11), "사람이 원치 않는 것을 하도록" 강요한다(7:17, 20).

위트니스 리는 이러한 죄를 '사탄의 본성'으로 보았다.

한편 정 목사는 이 죄를 "하나님의 명령을 거역하거나 온전히 순종하지 못하는 것", "하나님의 율법을 어기는 것", "불신앙, 불순종, 교만, 미움", "아담이 하나님께 불순종함으로 타락한 것", "악한 행위", "전통적으로 원죄는 아담의 역사적 범죄(타락)를 가리킨다.", "하나님을 떠난 상태" 등으로 정의한다. 그러나 이런 정의는 모두 죄들(sins), 즉 죄의 열매에 해당하고, 위 로마서 5~7장이 말하는 단수의 죄 또는 죄의 법을 정의한 것은 아니다.

그렇다면, 아담이 타락할 때 인류 안에 '들어온' 단수의 죄(sin)는 무엇일까? 개혁 신학자인 안토니 후크마는 그의 『개혁주의 인간론』에서 이 죄를 '수수께끼'라고 했다(223쪽). 쉽게 말해 잘 모르겠다는 것이다. 정 목사 본인도 성경적인 죄의 본질은 잘 모르면서 비판하고 있는 것처럼 보인다.

정 목사는 인간 구조 삼분설과 죄론 비판에서 하지도 않은 말과 문맥을 무시하며 떼어낸 내용을 적당히 짜깁기하여, 우리를 '구원파와 같은 부류', '신영지주의', '영지주의적 이원론', '삼분설로 인한 분열적 신앙생활'과 연관 지어 낙인찍으려 하고 있다.

그러나 진실에 터 잡지 않은 이런 무모한 노력들은 잠시는 사람들을 속일 수 있지만 결국 허사가 될 것이다(마 15:13).

특히 "내 육체 안에 선한 것이 거하지 않는다."(롬 7:18), "영은 의 때문에 생명입니다."(롬 8:10)와 같은 사도 바울의 고백에 근거한 말도 영은 선하고 육체는 악하다고 보는 영지주의라며, 그래서 지방교회가 영지주의 이단이라는 정 목사의 반복되는 거짓 증거는 무지하고 상식을 무시한 말이다.

성경은 사람에게 영과 혼과 몸(spirit, soul, body)이 있다고 분명히 말한다(살전 5:23). 참사람이신 주 예수님도 마찬가지로 사람의 영(spirit, 요 11:33)과 혼(마 26:38, 요 12:27)과 몸(마 27:59)을 가지셨다(원문 참조). 그런데 성경은 이러한 사람의 상태를 창조와 타락과 구원의 과정에서 각각 다르게 묘사하고 있고, 또 그 내용도 매우 복잡하다.

따라서 이런 것들은 노련한 의사처럼 성경 본문들을 섬세하게 살피면서 다뤄야 하고, 지금 정 목사가 하고 있는 것처럼 수술 칼로 함부로 자르다가 무의식중에 신경 줄을 끊는 식으로 다뤄서는 안 된다. 그것은 사람을 죽이는 일이지, 살리는 일이 아니다.

구원관 비판의 실체

정 목사는 이 책에서 구원에 관해 많은 말을 했지만 정작 구원이 무엇인지를 명확하게 정의하지는 못했다. 즉 그가 회개하고 주 예수 그리스도를 믿으면 구원을 얻는다고 했지만, 정작 '주 예수 그리스도를 믿는 것'이 무엇인지는 잘 모르는 것 같다.

그런데 이러한 무지 또는 모호성은 그가 따르는 교리 구조에서 불가피하게 파생한 부작용이다.

시므온은 아기 예수를 두 팔로 받아 안고 "내 눈이 주님의 구원을 보았다."라고 선포한다(눅 2:28, 30). 따라서 예수님 자신이 구원이고(행 4:12), 구원받는 것은 이분을 우리 안에 모셔 들이는 것(영접)이다. 그분이 우리 영 안에 들어오신 것이 거듭남이고, 우리 혼에 들어오신 것이 혼의 구원, 즉 변화이고, 몸에까지 들어오신 것이 몸의 구속이다(요 3:6, 롬 8:23, 벧전 1:9, 롬 12:2, 빌 3:21). 사도 바울은 이것들을 일컬어 '그분의 생명 안에서 구원받을 것(we shall be saved in His life)'이라고 했다(롬 5:10 하). 물론 이러한 구원은 구속, 즉 칭의를 전제한 것이다.

그런데 정 목사는 1) 영과 혼을 같이 보고, 2) 죄 사함의 칭의만을 강조하며, 3) 그리스도 자신이 생명으로 우리 안에서 연합되심을 반대하는 교리 신봉자이다. 이들은 주님 자신이 아닌, 성령이 그리스도의 '대리'로 우리에게 오셨다고 한다.

그러나 성경은 주 예수님, 즉 하나님의 아들을 영접해야 생명을 얻는다고 말씀하신다(요 1:12, 요일 5:10).

이들은 승천 후에 하늘 보좌에 계신 분이 어떻게, 또 사람의 어디로 영접되시는지를 결코 설명할 수 없다. 그러다 보니 소속된 성도들도 죄 사함의 칭의는 알지만, 거듭남, 생명의 자람, 십자가를 지고 주님을 따르는 것, 내가 아니라 그리스도께서 내 안에 사시게 하는 것에 대해 분명하게 설명하지 못한다. 그리스도를 자신들 밖에 두는 그들의 교리가 그렇게 만든 것이다. 이것은 심각한 일이다.

정 목사 본인이 이처럼 바른 구원관에서 벗어나 있다 보니, 자신과 유사한 통합 교단 토론자의 주장이나 단체 구원이라는 이 권사의 터무니없는 말을 빌려 우리의 성경적인 구원론을 비판하고 있다(279, 298쪽).

그는 또한 문맥의 취지를 왜곡하여 "지방교회 안에만 구원이 있다고 한다."는 거짓말까지 한다. 당연히 사실이 아니다. 아울러 위트니스 리가 "회개하고 그분 안으로 믿고 침례 받은 후에 하나님과 연합하게 된다."고 『진리공과』에서 한 말을 본인의 책에 인용하고도(280, 290쪽), "지방교회는 회개를 부인한다."는 허언을 반복하는 것 역시 정직하지 않다.

우리는 정 목사가 우리의 구원관을 비판하려면 지금처럼 지어낸 말이나 말꼬투리 잡는 식이 아니라 『회복역』 성경의 각주들(롬 5:10의 각주 2, 벧전 1:5의 각주 2)에 요약된 우리의 공식적인 구원관을 직접 읽어 보고 그 내용에 대해 비판하기를 요청한다. 아울러 내주하시는 생명이신 그리스도를 부인하는 것은 치명적인 결함이 있는 구원관임을 눈이 열려 보게 되기를 기도한다(골 1:27).

신인 합일사상 비판의 실체

정 목사는 여기서도 통합 교단과 이 권사와 '현대종교' 편집장 출신인 이영호 목사의 흠결이 있는 주장을 빌려 우리를 비판했다. 사실 이 쟁점의 핵심은 간단하다. 즉 우리가 신화(Deification) 진리를 말할 때, 창조주와 피조물의 차이를 부정하는지 여부다. 당연히 우리는 그 차이를 인정한다. 이 점은 우리가 소위 신화를 거론할 때마다 반복해서 강조되어 왔다. 따라서 이 문제는 더 이상 거론할 이유도 명분도 없는 사안이다.

참고로 정 목사와 위 비판자들은 죄와 칭의를 강조하는 서방 교회 전통을 귀히 여긴다. 그러나 이들은 애석하게도 그리스도를 사람 밖에 묶어둠으로써, 1) 한 알의 밀이 죽어 산출된 많은 밀알들(요 12:24), 2) 맏아들의 형상을 본받는 많은 아들들(롬 8:29), 3) 그리스도의 충만인 주님의 몸(엡 1:23), 4) 그날에 우리가 그분과 같이 됨(요일 3:2)이라는 성경의 주요 진리들을 소화할 역량이 없는 신학 구조 속에 갇혀 있다.

그러다 보니 사도 요한의 글과 바울 서신이 다루는 핵심 진리들이나 생명이신 그리스도를 강조하는 아타나시우스, 이레니우스 등의 정통 교부들이 주축인 동방 교회 전통을 경계하고 심지어 배척한다. 매우 아쉬운 대목이다.

그런 중에도 개혁 신학자들 일부가 역사적인 교회의 또 다른 갈래인 동방 교회의 유산에 대해 열려 있는 것은 다행한 일이다. 예를 들면, 합신의 조O수 교수, 고신의 유해무 교수 같은 경우이다.

특히 유 교수는 『신학: 삼위일체 하나님을 향한 송영』(성약출판사)에서 동방 교부들의 신학을 다루었고, 특히 제5장에서는 '사람의 신격화'라는 동방 교회 구원론으로 서방 교회 구원론의 부족을 보완할 것을 제안하고 있다.

따라서 정 목사도 현재와 같은 자신의 틀에서 나와, 이러한 분들과 대화도 해보고 성경을 보는 관점도 넓혀 보기 바란다. 필요하다면, 위 유해무 교수의 신격화 이론을 연구하고 검증한 결과를 지금처럼 한국교계 앞에 소개해도 좋을 것이다.

교회론 비판의 실체

사실 이 교회론 문제는 매우 간단하다. 즉 교회는 무엇인지를 성경에 따라 정의하고, 이 교회가 구체적으로 어떻게 이 땅에 출현했는지를 성경의 기록에서 살핀 후에, 이 둘을 합하여 성경적인 교회론을 정립하면 된다. 초기 교회 이래 지금까지 실제 역사에서 나타난 이런 저런 교회 모습들은 성경으로 다시 돌아갈 방면을 살펴보기 위한 참고사항일 뿐이다.

먼저 성경은 교회를 "그분의 몸"이요, "만물을 충만케 하시는 분의 충만"이라고 말한다(엡 1:23). 그런데 정 목사는 교회를 "죄 사함 받아 거듭나고 중생한 새사람들"로 정의했다(328쪽). 이런 정의도 나쁘지 않지만, 그는 이런 '많은 밀알들'에서 그 밀알들로 만들어진 '한 떡'(고전 10:17)으로, '새사람들'에서 '한 새사람'(엡 2:15)으로 더 전진할 필요가 있다.

아무튼 이 하나뿐인 '주님의 몸'은 성경에서 주로 지역 단위의 교회들로 이 땅에 나타났다(행 13:1, 고전 1:2, 계 1:11). 그러한 최초의 신약 교회가 '예루살렘(에 있는) 교회'이다(행 8:1). 이처럼 성경에 있는 교회들은 '지역 교회들(local churches)'이 절대다수이고, 'OO 집에 있는 교회'라는 표현이 네 곳에 있다.

그러나 이것들은 지역에 있는 교회의 초기 모습일 뿐, 소위 '가정교회'가 아니다. 참고로 고신 교단은 한때 이 문제가 현안이 되자 교단 차원에서 심층 연구한 후에, 가정 단위의 독립된 교회는 성경적이지 않다고 결론을 내렸다. 어떤 이는 두세 사람이 가정에서 모이면 그것이 교회가 아니냐고 항변하나, '두세 사람'의 말도 안 들으면 '교회'에게 말하라는 해당 본문은 이 둘이 각각 다른 것임을 보여 준다(마

18:16-17).

여기서 소위 '지방교회' 개념에 대해 분명히 밝힐 것이 있다. 워치만 니와 위트니스 리는 '지방교회'라는 말을 쓸 때 자신들을 따르는 사람들만을 지칭하지 않는다. 대신에 위 예루살렘 교회의 예에서 보듯이, '그 지방에 사는 모든 거듭난 사람들'이 그 지방교회라고 이해하고 그런 의미로 사용한다. 비판하는 이들이 아무리 이 점을 악의적으로 왜곡시키려 해도 아래 내용이 사실인 것은 변치 않을 것이다.

"어떤 이들은 우리를 지방교회라 하지만 이는 지나친 말이다. 물론 입장으로 보나 원칙, 본질, 증거 등 각 방면으로 보아 지방교회임에는 틀림없으나 양적으로 말할 때 지방교회의 일부분에 불과하다. 예컨대 대북(臺北)의 지방교회는 응당 대북의 전 신도를 포괄 망라하고 있어야 하는데 현실은 그렇지가 못하다."

(위트니스 리, 『성경에 나타난 교회』, 한국복음서원, 99~100쪽)

끝으로 역사적인 교회 안에는 그동안 이런저런 많은 주님의 일꾼들이 있어왔다. 그들 중 어떤 이들은 결과적으로 위 주님의 몸인 교회의 본질인 거룩과 하나 됨에 기여했고, 또 반대로 어떤 이들은 교회를 더럽히고 심지어 나눠지게 했다. 주님은 그 몸의 머리로서 그 각각에 대해 엄중하게 평가하고 또 심판하실 것이다(고후 5:10, 고전 3:17, 마 7:22-23). 물론 그때는 정 목사의 이 책도 그분의 엄중한 평가 대상이 될 것이다. 두려운 일이다.

4위 1체라는 교리 비판의 실체

정 목사가 '4위 1체'라고 다소 악의적으로 번역한 영어 본문은 'four-in-one God'이다. 이 원문에는 정 목사가 은연중에 내포한, 넷(성부, 성자, 성령, 교회)이 모두 신격을 공유한다는 의미는 없다. 왜냐하면 교회는 주님의 몸일 뿐 머리는 아니기 때문이다. 아울러 "아버지가 아들 안에 있고, 아들은 성령 안에 있고, 성령은 교회 안에 있다."는 위트니스 리의 말은 전적으로 성경적이므로, 지금처럼 비판의 대상이 될 이유가 없다(요 14:20, 17:21).

정 목사는 또한 "그분은 본질상 우리와 하나가 되실 수 없으시다."라고 주장한다(366쪽). 그러나 그의 이런 말은 "아버지, …나에게 주신 아버지의 이름 안에 그들을 지키시어, 우리가 하나인 것 같이 그들도 하나가 되도록 하여 주십시오."(요 17:11, 21)라는 주님의 간절한 기도를 대적한다. 우리는 "사울아, 네가 왜 나를 박해하느냐."(행 9:4)라며 자신을 교회와 동일시했던 주 예수님을 만났던 사울처럼, 정 목사가 직접 그분을 만나도 지금처럼 행동할 수 있을지 궁금하다.

종말론 비판의 실체

정 목사는 이 항목 역시 이단인 이 권사의 터무니없는 거짓말에 많이 의존하고 있다. 정 목사(이 권사)의 주장과 달리, 우리는 주님의 재림을 부인하지 않는다.

"…동일하게 그분은 눈에 보이게 구름을 타고(마 24:30) 올리브 산에(슥 14:4) 돌아오실 것이다"(행 1:11, 각주 4). 우리는 성경적인 천국도 인정한다. "마태복음에 따르면, 천국은 실재(마 5-7장)와 외형(13장)과 출현(24-25장)의 세 방면이 있다."(마 5:3 각주 4 참조) 우리는 신체적인 부활을 믿는다(살전 4:16).

우리는 믿고 죽으면 낙원에 가는 것은 믿지만, 그 낙원에서 영원히 산다는 말에는 반대한다. 왜냐하면 주님도 3일 만에 부활하실 때 낙원에서 나오셨고, 우리도 부활할 때까지만 낙원에 있을 것이고 낙원은 일종의 임시 거처이기 때문이다.

또한 우리는 '실제적인 천당과 물질적인 새 예루살렘'을 믿는 정 목사의 비성경적인 종말론을 단호하게 배척한다(376쪽). 저 하늘 어디엔가 진짜 금과 보석으로 만들어진 천당이 있다는 가르침은 심각한 누룩이다. 성경에서 새 예루살렘은 그 기둥이 사람으로 되어 있고, 어린양의 신부로서 말도 하는 살아 있는 인격체다(계 3:12, 계 22:17, 21:2). 결코 거대한 진짜 금덩어리가 아니다.

우리는 새 예루살렘이 오늘날 교회가 완성된 모습이라는 종말론 전문가요 개혁 신학자인 이필찬 교수와 전 고신대 총장 황창기 박사의 견해에 전적으로 동의한다.

'지방교회는 영지주의적, 도덕폐기론적 이단이다'라는 결론의 실체

정동섭 목사는 자신의 책에서 "지방교회와 구원파는 현대판 영지주의로 자연스럽게 도덕폐기론적 가르침을 수반하고 있다."라고 결론을 맺었다(420쪽). 즉 도덕률폐기주의(반율법주의)는 '육체는 본래 악하고 영혼만 순결하다는 사상'을 가리키는데, 지방교회 측이 그런 사상을 가졌다는 것이다. 그러나 그의 이런 주장은 터무니없고 사실과는 전혀 동떨어진 말이다. 위트니스 리는 아래 내용에서 보듯이 영지주의와는 전혀 무관하며 오히려 영지주의를 배척하고 경계한다.

"우리는 만물을 적극적으로 보아야 한다. 영지주의자들과는 대조적으로 우리는 만물을 악하다고 여기지 말아야 한다. 그리스도는 하나님을 표현하기 위해 모든 창조물 중에서 먼저 나신 분이 되셨다. …만일 우리가 하나님의 창조를 본다면, 우리는 창조물이 악하기는커녕 보이지 않는 하나님의 표현임을 알게 될 것이다."

『골로새서 LS』 #34, 309쪽.

정 목사는 또한 자기가 『그것이 궁금하다』라는 책자에서 전혀 근거도 없이 "지방교회에 속해 있지 않으면 구원을 받을 수 없다."고 말해 놓고, 이 증보판에서 그런 말의 출처로 위의 자신의 책(정동섭, 1994)을 두 번이나 제시하는 비상식적인 태도를 보이고 있다(422, 430쪽). 이런 비양심적인 거짓 사실을 근거로 지방교회 측을 '분리주의 이단' 운운하는 것도 부당하기는 마찬가지다.

결론

우리는 지방교회 측에 대한 교계의 판단은 미국 CRI의 〈우리가 틀렸었다〉라는 논문 내용 이전과 이후로 나뉘어야 한다고 본다. 위에서 본 것처럼 정 목사의 이 『지방교회의 실체』라는 책을 포함한 위 논문 이전의 평가는, 사실 왜곡과 상대적인 기준으로 판단한 여러 자료들의 이합집산에 불과했다. 그러나 CRI는 지방교회 측의 각종 1차 자료들을 6년간 심층 분석한 후에, 지방교회들을 몇 가지에서는 동의할 수 없으나 "이단이 아니고 정통이며, 참된 몸 안의 지체들"이라고 평가했다.

이런 평가에 대해 미국의 저명한 변증가였던 노먼 가이슬러 외 1인이 반박했고(82쪽), 그 반박에 대해 지방교회 측 DCP가 4권으로 된 소책자인 『Brothers, Hear Our Defense』를 출판하여 상세하게 재반박했다. 그 후 노먼 가이슬러는 우리로부터 이 책들을 받아서 읽었지만, 몇 년 동안 별 말없이 침묵하다가 2019년에 작고했다. 이처럼 공은 다시 비판하는 이들 쪽으로 넘어간 상태다.

따라서 앞으로 누구든지 지방교회를 비판하려는 이들은 지금처럼 이미 해명하고 반박한 쟁점들을 다시 반복하는 지루한 소모전보다는, 위 노먼 가이슬러 또는 그 이전의 CRI의 지방교회 평가와 위 『Brothers, Hear Our Defense』의 내용을 먼저 충분히 소화한 후에, 그래도 남은 쟁점이 있으면 그것으로 시작할 것을 정중하게 당부한다. 또는 편의상 '교회와 신앙' 인터넷판에 올려져 있는 지방교회 측이 쓴 10개의 반론 글의 내용을 놓고 좀 더 깊이 토론하는 방법도 있다. 우리는 이 모든 일에서 주님의 대적은 수치를 당하고, 그분의 몸은 건축되기를 간절히 기도한다.

정동섭 목사의 신학과 교리에 대한 지방교회 측의 평가

정동섭 목사는 대학에서 영문학을 전공한 후에 상담심리로 석사를, 가정사역 전공으로 Ph.D.를 받은 상담전문가이자 가정사역자이다. 이것은 그가 침례신학대학교에서 18년간 상담심리와 기독교 교육을 강의했고, 『분노의 기술』, 『결혼』, 『크리스천 카운슬링』, 『자존감 세우기』 등을 번역 또는 저술했고, 현재도 가족관계연구소 소장으로 봉사하고 있는 그의 이력이 잘 말해 준다. 특히 다소 논란이 있어서 지금은 절판된 『하나 되는 기쁨』(양O훈) 역시 그가 깊이 관여했다고 알려진 부부상담 서적이다.

그런데 그가 최근에 펴낸 『지방교회의 실체』(요단출판사)라는 책의 추천 내용에는, "지방교회 교리를 분석하고 비판한 귀한 저술", "가장 잘 준비된 (신)학자", "누구보다 지방교회를 정확하게 잘 알고 계신 분", "이단들의 뿌리와 교리에 대해 가장 심층적인 비판을 한 책 …본서의 백미라고 한다면 역시 지방교회의 교회관에 대한 비판", "탁월한 …신학자", "심각한 교리를 정확히 파악" 등 마치 정 목사가 저명한 (조직)신학자라도 되는 것 같은 온갖 찬사가 가득하다.

그러나 정 목사는 전문 신학자가 아니다. 또한 그가 구원파 전문가일 수는 있지만, 추천인들의 평가처럼 지방교회를 잘 아는 사람도 아니다. 그의 말에 따르면, 아내를 따라 지방교회 집회를 몇 개월 참석한 것이 전부다. 그런데도 그는 자신이 전문가인 것처럼 보이려고, 『지방교회의 실체』라는 책을 쓸 때 책 후미에 소개한 참고도서들을 직접 읽고 연구한 것처럼 말했다(49쪽).

그러나 그런 말은 일종의 자기과시일 뿐, 관련 지방교회 책자 목록의 대부분을 그가 직접 읽지 않은(읽을 필요가 없는) 정황은 많다. 그렇다면 정 목사가 소위 '지방교회 전문가'라는 말은 어떻게 나오게 되었을까? 여기에는 정 목사가 그동안 의도적으로 숨겨왔던 충격적인 내막이 있다.

정동섭 목사는 과거에 월간 〈현대종교〉, 도서출판 두란노의 〈목회와 신학〉, 침례신학대학 출판부, 도서출판 하나 등을 통해 거의 같은 내용의 지방교회 비판 논문을 중복해서 소개했다.

그런데 정 목사가 직접 연구하여 쓴 것처럼 발표된 이런 글들은, 사실은 미국에서 지방교회들을 비판하던 영문 책자들을 무단으로 표절하여 소개한 것이다.

특히 짧은 기간에 초판 3쇄까지 인쇄한 『그것이 궁금하다』(도서출판 하나)라는 책의 지방교회 '교리 비판 부분'은, CRI 연구원이던 그레첸 파산티노 부부 외 1인이 써서 『The New Cults』(CRI)에 부록으로 수록되었던 "The Local Church of Witness Lee"의 교리 부분을 100퍼센트 표절했고, 그 외의 다른 두 영문 책자 일부를 표절하여 짜깁기한 것이다.

그런데 원 출처였던 이 영문 서적들은 우리의 강력한 이의 제기로 각각 명예훼손 판결, 신문지상을 통한 정정 광고와 재고 회수, "우리가 틀렸었다!"라고 공식 사과까지 했던 것들이고, 내용 자체가 거짓이고 불법에 해당하여 결코 다시 유포되어서는 안 되는 것이었다.

한 마디로 '지방교회 전문가'라는 정 목사에 대한 현재의 평가는 이러한 불법 자료를 무단으로 표절하여 본인의 연구물처럼 발표한 데 근거한 것이다. 또한 그가 남의 글을 표절하여 손쉽게 책을 낸 터라 굳이 원문 책자에 소개된 참고도서들을 일일이 다시 읽을 필요가 없었고, 그냥 자기 책 말미에 첨부하기만 하면 되었던 것이다.

위와 같은 불의한 일에 대해, 지방교회 측은 지난 1995년에 정 교수와 출판사에게 강력하게 항의했고, 그 결과 『그것이 궁금하다』는 그다음 해에 절판되고 모든 재고는 총판을 통해 유통에서 회수되었다. 그럼에도 우리는 지난 25년 동안 이러한 사실을 최대한 덮으려 했다. 그런데 정 목사가 무슨 의도에서였는지 이번 『지방교회의 실체』라는 책자가 자신이 표절했던 책자인 『그것이 궁금하다』의 '수정증보판'임을 직접 밝혔고(134쪽), 내로라하는 분들이 남의 지식을 훔친 일종의 '장물'을 온갖 찬사와 함께 추천한 것을 보고, 부득이하게 표절 사실을 알릴 수밖에 없었다. 공의의 하나님은 이처럼 불의한 방법으로 일하지는 않으신다는 믿음이 우리에게 있기 때문이다.

우리는 이미 정 목사의 『지방교회의 실체』라는 책의 교리 비판 내용에 대해 약 10쪽에 걸쳐 '소극'적으로 반론했다. 이 글은 그가 우리를 비판할 때 의존했던 판단 기준에 대한 지방교회 측의 '적극'적인 평가이다. 그의 책에서 정 목사가 한 교리 비판 분량은 240여 쪽에 달할 만큼 방대하지만, 대부분은 이인규 권사 등 남이 쓴 글을 가져온 것이고, 정작 정 목사 자신이 직접 연구해서 내린 평가는 얼마 되지 않는다. 그나마 그가 직접 밝힌 자신의 판단 기준은 비성경적이거나 거짓된 것이 많다. 이제 이런 그의 판단 기준들을 최대한 객관적으로 평가해 보겠다.

신론 비판

정동섭 목사는 "나는 성부, 성자, 성령 하나님을 믿습니다.", "삼위일체이신 한 분 하나님.", "하나님은 본질상 하나이나, 위격상 셋이다."라는 지극히 상식적인 명제들을 신론의 정통성 판단 기준으로 삼았다(145~146쪽).

물론 우리도 이러한 고백에는 전적으로 동의한다.

그러나 이런 고백은 삼위일체론의 기초에 해당하고, 필요조건일 뿐 충분조건이 아니다. 사실 신론에서의 정통과 이단을 나누는 복잡미묘한 기준은 아래에서 보듯이 여기서 더 깊이 들어가야 나온다.

그것은 위와 같은 고백을 믿었던 일부 정통 교부들도 이단 시비에 휘말렸던 사실에서 볼 수 있는데, 그 자세한 내용은 김석환 교수가 자신의 박사학위 논문을 책으로 펴낸 『교부들의 삼위일체』(기독교문서선교회, 2001)에 상세히 소개되어 있다. 한 예로 정 목사처럼 삼위의 '본질상 하나, 위격상의 셋'을 믿었던 캅바도키아 교부들도 삼신론 시비에 휘말렸던 것이다. 구체적으로 말하자면 그들이 신격의 삼위를 '베드로, 야고보, 요한'처럼 '사람이라는 동일 본질을 가진 세 인격체'로 설명한 것이 삼신론 혐의를 받게 되었다(129쪽).

따라서 이런 삼신론 혐의를 극복하는 대안으로 고안된 것이 삼위가 서로 안에 내주하신다는 페리코레시스(περιχορησις) 교리다(요 14:10-11)(221~270쪽). 주후 4세기에 논의되기 시작한 이 페리코레시스 교리는 8세기에 가서 동방교회 교부인 다마스쿠스의 요한에 의해 더 구체화된다. 그런데 서방교회 계열인 한국교계의 경우 김명용 박사 등 조직신학자들은 이 개념을 잘 알고 있지만, 정 목사를 포함한 대부분의 이단 대처 전문가들은 이 상호내주 개념을 낯설어한다. 그 결과 신론에서 남을 양태론이라고 정죄하던 장본인들이 소위 공교단에 의해 삼신론 이단이 되기도 했다. 이에 대한 몇 가지 예를 들어보겠다. 참고로 이들이 실명으로 정 목사의 책에 추천사를 썼기에, 우리도 부득이 실명을 밝히는 것에 대해 미리 양해를 구한다.

최삼경 목사의 경우 우리와의 공개토론에서 우리의 '세 위격, 한 영'을 배척하고 '세 위격, 세 영들'을 주장하다가 한기총과 통합 교단으로부터 삼신론 이단으로 규정되었다. 참고로 통합 교단 이대위가 총회에 보고했던 〈C목사 삼신론 연구보고서〉는 "그러므로 '(C목사의) 하나님은 세 영들의 하나님'이라는 주장은 삼신론의 근거가 될 수 있으며, 이것은 결국 세 하나님이 되어 우리가 믿고 고백하는 아다나시우스 신조와 상충된다."라고 진단했다.

이인규 권사의 경우 상호내주를 '빌립보 성도들이 멀리 있는 바울과 교통하는 것'처럼 이해했다. 그는 이러한 분리된 위격들을 전제로, 성부만 여호와라고 주장하다가 고신 교단과 합동 교단에 의해 이단으로 규정되었다.

김홍기 목사의 경우 토론에서 상호내주를 세 위격이 아닌 '본성 간의 상호내주'라고 주장하여, 마치 삼위가 복수의 본성을 가지신 것처럼 보이게 했다. 이것은 지난 교회 역사에서 있었던 '동일 본성'과 '유사 본성' 논쟁을 아는 이들이 보기에 참으로 아슬아슬한 주장이 아닐 수 없다.

그럼에도 정동섭 목사는 자신의 책에서 주로 이 세 사람(특히 이 권사)의 주장을 빌려 지방교회 측을 공격했고, 이들도 실명으로 표절 책자인 『지방교회의 실체』라는 책을 적극 추천하는 어처구니없는 일이 발생했다. 이것이 한국교계 이단 사역자들의 민낯이자 현주소인 것이 안타까울 뿐이다.

신론 비판 반론에 대한 결론을 내리자면, 성경적이고 정통에 해당하는 삼위일체론은 칼빈 신학자인 로레인 뵈트너가 말한 것처럼 "주기도문의 성부가 배타적으로 제1격만이 아니라 삼위 전체(The Triune God)"임을 인정하는 것이다. 즉 어느 한 위격의 하나님을 말하더라도 그 특정 위격은 다른 두 위격을 배제하지 않은 온전한 하나님임을 믿고 고백하는 것이 정통이다.

같은 맥락에서 웨인 그루뎀도 "아버지는 하나님의 존재의 전부이시다. 아들 역시 하나님의 존재의 전부이시다. 그리고 성령도 하나님의 존재의 전부이시다."라고 했다. 따라서 구약 성경에 수도 없이 나오는 "여호와"는 단지 성부나 성자만이 아니라 우리가 믿고 고백하는 바로 그 하나님, 즉 하나님 전체이다.

그럼에도 정동섭 목사에게는 위의 로레인 뵈트너와 웨인 그루뎀과 같은 '성부'관은 없고 오히려 그들이 이단처럼 보일 것이다. 웨인 그루뎀은 정 목사와 같은 이들을 향하여, "오늘날 많은 복음주의자들은 무의식중에 삼신론적 견해를 지향하는 경향이 있어서, 성부와 성자와 성령의 독특한 인격성을 인정하지만, 나누이지 않은 한 분으로서의 하나님의 통일성을 거의 의식하지 못하고 있다."라고 바르게 진단한다(『조직신학(상)』, 은성, 356쪽). 따라서 정 목사는 양태론으로 공격받으니까 삼신론이라고 역공을 취한다는 식으로 어물쩍 넘어가지 말고, 위의 경고를 귀담아들어야 한다.

기독론 비판

정 목사는 "어느 성경에서도 예수님의 인성과 신성이 구별되거나…한 적이 없었다."(174쪽)라고 말하여, 예수님의 양성 구별을 부인한다. 더 나아가 그는 이 권사의 엉터리 주장을 가져와서 주 예수님의 신성과 인성을 구별하는 지방교회 측을 양성 분리의 이단이라고 정죄하고 있다.

그러나 성경은 주 예수님을 하나님의 아들과 사람의 아들(인자)로 구별하여 말했고(마 16:16, 8:20), 칼케돈 신조도 "양성의 구별이 연합으로 제거되지 않고"라고 했으며, 저명한 개혁 신학자인 루이스 벌콥도 자신의 칼케돈 신조 해설에서, "그러나 신인의 수난은 참으로 무한한 것일 수 있으나, 그 신성은 감각할 수 없다. 그리스도의 인격의 근거와 기초를 이루는 것은 인성이 아니고 신성이다."라며 양성을 구별하여 설명하고 있다. 이런 지극히 성경적이고 당연한 말도 정 목사(또는 이 권사)처럼 양성 구별을 부인하는 시각에서는 무슨 큰 문제가 있는 것처럼 보일 것이다.

정 목사는 또한 우리가 예수님의 인성이 부활을 전후하여 썩을 몸이 썩지 않을 몸으로 변화되셨다고 말한 것에 대해, "성경에는 그런 말씀이 없다."고 강하게 부정한다(175, 179쪽). 만일 이런 그의 말이 맞으려면, 주 예수님은 우리와 달리 처음부터 썩지 않는 몸을 가지셨거나, 아니면 부활 후에도 다시 죽을 수 있는 몸을 가지셔야 한다.

그러나 둘 중 어느 경우가 되었든 "주님의 인성은 죄만 없으시지 우리와 똑같다."는 칼케돈 신조를 정면으로 위반한 매우 위험한 사상이다.

그런데 사실 정동섭 목사의 기독론의 가장 취약한 부분은 주 예수님이 승천 후에 저 하늘에만 계시고 우리 안에는 안 계신다는 사상이다. 이들은 이처럼 구조적으로 주 예수님을 사람 밖에 묶어두는 교리를 성자를 대리한 성령의 내주 교리로 보완하려고 하지만, 성경에 그런 근거는 없다(요일 3:24 헬라어 원문 참조). 이처럼 삼위를 분리시키는 신론에서 비롯된, 부활하신 그리스도 자신의 내주를 부인하는 그의 사상은 구원론, 교회론, 종말론에서도 정 목사의 가장 치명적인 약점이 된다(고후 13:5).

그동안 한국교계는 소위 이단을 감별하는 이들의 말은 무조건 맞다고 여겨 그들이 인터넷에 올린 글들을 퍼 나르거나 정 목사처럼 자신의 책에 차용하는 식으로 이단 대처 사역을 해왔다. 그러나 이 권사 같은 소위 '평신도 이단 사역자'의 경우 그의 무리한 이단 정죄가 차츰 문제가 되기 시작했고, 급기야는 예장 합동과 고신 교단이 이 권사를 이단으로 규정하고, 교류 금지를 결의하기에 이르렀다.

그럼에도 정 목사는 이러한 공교단의 결정을 무시하고 이 권사의 주장을 그대로 자기 책에 가져다가 지방교회 측을 비판했고, 심지어 그의 추천사까지 버젓이 실었다. 이처럼 원칙도 없고 수치도 모르는 행위를 주님은 엄정하게 판단하실 것이다(고후 5:10).

인간론과 인죄론 비판

정동섭 목사는 삼분설은 헬라 교부들이 지지하고, 이분설은 라틴 교부들이 지지한다고 말한다(190쪽). 그런데 그는 삼분설은 이단 또는 신비주의로 빠질 수 있어 반대한다고 한다. 그렇다면 이분설의 위험성은 전혀 없을까?

사실 영과 혼을 같이 보는 이분설로는 사람 안에서 일어나는 영적인 일들의 세세한 면을 충분히 설명하지 못한다. 따라서 주님께서 생명으로 우리 안에 내주하신 결과인 거듭남, 변화, 형상을 본받음, 몸의 변형과 같은 구원의 여러 방면들을 두루뭉술하게 알 수밖에 없고, 성도들은 교리적인 관념을 붙들 뿐 정작 영적 생명은 매우 어리거나 아예 없으면서도 자기는 소위 정통 교회 소속이니 문제없을 거라는 착각에 빠질 수 있다.

예를 들어, 보혈로 인한 구속의 실재는 '그리스도 예수님 안에' 있고(롬 3:24), 그분은 우리가 거듭날 때 우리의 영 안에 들어와서 내주하고 계신다(요 3:6, 골 1:27). 따라서 "나는 의인이다."라고 말로만 외친다고 의롭게 되는 것이 아니라, 우리의 생각을 그리스도께서 내주하시는 거듭난 영 안에 둘 때(롬 8:6), 비로소 칭의의 실재를 체험하고 더 나아가 삶 속에서 의로운 표현도 갖게 된다(13절).

그런데 정 목사처럼 사람의 영이나 생각(혼)은 같다고 믿으면, 이런 것들을 체험할 수 없게 된다. 정 목사가 말로는 "칭의론은 교회의 사활이 걸린 교리"라고 하지만(278쪽), 정작 그 속을 들여다보면 이분설 지지자들 사이에서도 이 사활이 걸렸다는 칭의론이 통일되지 못하고 첨예하게 대립되어 있다. 거듭남 또는 구원의 확신 문제도 마찬가지다. 이 모두 이분설의 부작용이다.

관련하여 정 목사는 "'육신'에 있다는 말의 뜻은…거듭나지 않았다는 말이고, '영에 있다'는 말은 '거듭난 그리스도의 사람'이라는 개념"이라고 주장한다(267쪽). 이것은 거듭난 사람은 육신 안에 있을 수 없고, 항상 영 안에 있게 된다는 주장이다. 이 한 마디로도 그가 육체가 무엇이고, 영이 무엇인지를 체험적으로는 잘 모른다는 사실을 쉽게 알 수 있다.

정 목사의 주장과 달리, 바울은 이미 거듭난 로마에 있는 성도들에게 "여러분이 육체를 따라 살면 반드시 (영적으로) 죽을 것이지만, 그 영으로써 몸의 행실을 죽이면 살 것"이라고 경고한다(롬 8:13). 이것은 거듭난 후에도 얼마든지 육신을 따라 살 수 있음을 전제한 말이다.

따라서 정 목사처럼 '육신에 있다'는 말을 거듭나지 않은 이들에게만 해당하는 것으로 이해한다면, 그는 마귀에게 속고 있는 것이다.

정 목사의 죄론이 혼동 속에 있다는 점은 이미 지적했다. 즉 그는 죄를 죄 되는 행위로만 알뿐, "한 사람을 통하여 죄가 세상에 들어왔고"(롬 5:12)에서 언급된 사람들 안에 '들어온' 죄(sin entered into)에는 무지하다. 이처럼 육체도 모르고 죄의 본질도 모르는 사람은 영적인 전쟁에서 이길 가능성이 그리 크지 않다.

정 목사가 육체의 소욕에 이끌려 표절이라는 범죄를 저지른 후에도 별로 죄의식이 없고, 오히려 그 증보판 책을 버젓이 낼 담력을 갖게 된 것은 아마도 이러한 인간론과 죄론에 대한 그의 바른 진리 인식의 부족에서 온 것일 수 있다.

구원관 비판

정동섭 목사는 "정통교회는 이신칭의 구원에서 일치하고 있다."고 말한다(271쪽). 그러나 이것은 사실이 아니다.

그가 톰 라이트의 '바울에 관한 새 관점' 논쟁, 또는 김세윤 박사와 최갑종 교수가 제기한 소위 '유보적 칭의론'에 대한 최덕성 박사와의 반론 등을 모르고 이런 말을 했다면 무지한 것이고, 알고도 그렇게 말했다면 양심적이지 않다.

한 마디로 정 목사가 의지하는 이신칭의 구원론은 여전히 다툼이 있는 일종의 미완성 구원론이다. 일부 개신교가 포함된 루터교회와 로마 천주교가 함께 서명한 '칭의론에 관한 공동 선언문(JDDJ)'까지 거슬러 올라가면 이 문제는 더 혼미해진다.

타락 후에 인류에게는 스스로 해결할 수 없는 두 가지 문제가 생겼다. 하나는 죄의 문제이고, 다른 하나는 (영적인 것을 포함한) 죽음의 문제다. 따라서 구원론은 이 둘을 해결하는 것이 핵심이다. 성경은 죄들은 주 예수님의 대속의 피 흘리심으로, 죽음은 부활하신 주님 자신이 생명으로 우리 안에 들어오심으로써 해결됨을 말씀하신다.

그런데 정 목사가 개신교의 구원론을 대표한다고 소개한 로이드 존스 목사의 설교 내용을 보면, "모든 죄로부터 전적으로 깨끗하게 되고 완전하게 의롭다 하심을 얻게 되는" 구원을 말할 뿐, 로마서 5장 10절 하반절이 말하는 생명에 의한 구원에 대한 언급은 없다(287~288쪽). 이것이 바로 정 목사가 의존하는 신학의 한계이다.

그들은 오히려 소위 '주입된 의' 또는 '유입된 의'는 이단이라고 배척한다(298쪽).

따라서 "죄를 회개하고 예수를 믿음으로 구원받는다."고 말은 하지만, 여기서의 '예수를 믿음'은 예수께서 십자가에서 죽으심으로 우리의 죄들을 구속해 주신 사실을 믿는 것에 국한되고, 그분 자신이 부활 후에 우리 안에 영접되신 것은 제외시키는 믿음일 뿐이다.

그러다 보니 허물과 죄들 가운데 죽어 있었던 우리의 영이 그 영의 내주로 다시 살아나는 거듭남도 분명하게 가르치지 못한다(요 3:6).

즉 칭의론뿐 아니라 거듭남도 '순간적 중생론'과 '연속적 중생론'으로 첨예하게 나누어져 있다. 또한 내적인 변화가 중심인 우리의 혼의 구원이나 몸의 변형을 통해 영광 안으로 이끌림 같은 성경이 말씀하는 구원의 각 단계가 이들에게는 낯설 뿐이다(롬 12:2, 벧전 1:9. 롬 8:23, 히 2:10).

이러한 구원론의 혼돈은 주 예수님 자신이 우리 안에 생명으로 내주하신다는 성경의 가르침을 '신인합일설' 이단이라고 거부하고, 사람이 영과 혼과 몸으로 되어 있다는 성경의 기록도 삼분설이라고 배척하는, 정동섭 목사가 선호하는 편협한 교리체계의 부작용인 셈이다(골 1:27, 살전 5:23).

교회관 비판

정동섭 목사는 지방교회 측 교회론의 이런저런 면을 비판했을 뿐, 자신의 교회관을 자세히 밝히지는 않았다. 다만 우리는 지난 글에서, 그가 교회를 "예수 그리스도를 주와 구주로 고백하고…거듭나고 중생한 새사람들"(328쪽)로 정의한 것에 대해 이런 교회관이 틀리지는 않지만 '새사람들'에서 하나의 유기체인 '한 새사람'으로 한 단계 더 전진해야 할 필요가 있음을 지적했다.

추가하여 여기서는 그가 "지방교회는 역사적 정통교회를 부정한다."(322쪽)라고 했을 때 그 말의 실체를 조금 자세히 살펴보고자 한다. 정 목사는 정통교회를 '사도적 교회의 전통을 그대로 계승한 교회'라고 정의했다(323쪽).

그는 이어서 이 교회는 1) 신구약 성경을 유일한 신앙 기준으로 삼고, 2) 초대교회 4대 신조를 믿고, 3) 종교개혁의 전통을 계승한다고 한다. 그러나 이런 말 자체가 모순이다. 왜냐하면 사도적 교회, 이를테면 사도 바울이 정의한 교회는 '부활하신 그리스도의 몸'이고, '그 분의 충만'이며(엡 1:23), 그 외의 것들은 후대에 아전인수 격으로 추가된 것에 불과하기 때문이다. 이 문제는 조금만 더 깊이 들어가면 그 실체가 금방 드러난다.

예를 들어 로마 천주교는 2000년 8월 6일에 교황청 신앙교리성 장관인 요제프 라칭거의 주도로 〈주님이신 예수님(Dominus Iesus)〉이라는 문서를 발표했는데, 17항목에서 "단 하나의 그리스도 교회가 존재하는데, 이것은 베드로의 후계자에 의해서 및 그와의 교제 안에 있는 주교들에 의하여 통치되는 가톨릭교회 안에 존속한다."라고 천명했다. 이에 따르면, 로마 천주교만이 교회이고 정 목사가 말한 오늘날의 개신교는 정통교회가 아니다. 반대로 천주교는 종교개혁의 전통을 거부할 것이니 그 역시 정통교회가 될 수 없다.

이제 조금 더 깊이 들어가 보자. 우리는 지방교회 측의 교회론을 비판하는 이들과 토론할 때마다 이 '정통교회' 문제가 대두되기에, 토론 상대방이었던 최삼경 목사와 김홍기 목사에게 아래 사실을 인정하는지 거듭 질문을 했지만 모두 침묵으로 일관했다. 아마도 시인도 부인도 곤란한 사안이었기 때문일 것이다.

"김재준 목사는 보수주의 신학에 대하여 더욱 가혹한 평을 내렸다. 그는 말하기를 정통신학은 신신학보다 더 교묘히 위장된 실제적인 인본주의요, 정통적인 이단이라고까지 극언하고 정통주의를 일종의 이단으로 몰아붙였다."

(김진복, 『한국장로교회사』, 1995년, 156쪽)

"성경은 예수 그리스도를 시인하지 않으면 적그리스도요, 이단이라고 정의를 내리고 있다. …'시인'이라는 단어의 뜻은…어떤 고문이나 환란, 고난, 고통 중에서도 예수 그리스도를 자신의 구주로 고백하고 그분을 믿는 뜻을 굽히지 않는 것을 '시인'이라고 설명할 수 있다. …그런데 그때 일경에 동조했던 무리들이 오늘날 신앙의 정통을 부르짖는다고 떠들어대며 가장 잘 믿는 이들처럼 자신들의 속을 감추고 있다. …자신의 목숨을 부지하고자 우상숭배를 받아들였다면 분명히 이단이다."

(김진수 목사, 〈현대종교〉 97년 9월호, 57~59쪽)

"거기(한기총)에는 예장 통합 측 같은 자유주의적 교단이나 기성과 기침 같은 포용주의적인 교단들이 가입되어 있고, 그뿐 아니라 기장이나 기감 같은 자유주의 교단들까지도 받아들이기를 원하는 의지를 분명히 가지고 있기 때문이다. 보수 교회들은 NCC뿐 아니라, 이러한 타협주의적인 단체도 배격해야 한다. 보수 교회들은 자유주의적 교회들과 교제해서는 안 되고, 마땅히 보수 교회들과만 교제를 나누어야 한다."

(김효성, 『현대교회 제 문제』, 기독교문서선교회, 1993, 166쪽)

이런 다양한 시각의 정통교회 기준에 따르면, 로마 천주교와 개신교, 더 구체적으로 신사참배한 모든 교단들과 기성, 기침, 기장, 기감 등은 정통교회가 아니다. 그렇다면 정 목사가 말하는 정통교회의 실체는 사실상 한국에는 거의 없는 것과 마찬가지다.

따라서 지금처럼 지방교회 측이 말하는 성경적인 교회관을 배척하고, 상황과 주체에 따라 바뀌는 소위 정통교회의 정의만으로는 바른 교회관은 물론 더 나아가 건강한 믿음을 유지하기가 어렵다는 것을 정 목사는 알아야 한다.

종말론 비판

바른 종말론은 우리가 무엇을 위해 신앙생활을 하는지, 또는 하나님은 왜 우주를 창조하셨으며 그분의 구원의 경륜의 최종 목적은 무엇인지, 그리고 성경 66권이 말하는 내용들의 최종 결론은 무엇인지에 대한 답을 줄 수 있어야 한다. 그런데 이것은 요한계시록에 있는 '새 예루살렘을 어떻게 보느냐?' 하는 문제와 연관이 있다. 왜냐하면 우리가 하나님의 거처요 어린양의 신부인 새 예루살렘이 되는 것이 신앙의 최종 목표이자 하나님께서 일하신 최종 결과이기 때문이다.

그런데 정동섭 목사는 자신의 책에서 새 예루살렘을 진짜 금으로 된 물질적인 공간으로 이해하고, 그 금으로 지은 집에 들어가 사는 것이 영원한 소망이라고 말한다. 참고로 그의 책의 종말론 부분은 이단 규정된 이인규 권사가 지방교회 측을 공격할 때 하던 말을 거의 그대로 옮겨온 것이다(정 목사가 이 권사의 말을 얼마나 의지했는지는 '이인규, 지방교회'라고 검색해 보면 금방 알 수 있음).

"Lee의 해석에 의하면 결국 성도들의 영원한 소망인 새 예루살렘도 문자적 실체가 없는 영적 상징물이 된다. 즉 새 예루살렘은 그의 영적 해석을 위한 존재일 뿐이다. 성도들의 영원한 본향, 소망을 무로 만들어버린 것이다."(121쪽) (요한복음 14장의 아버지 집에 대한 위트니스 리의 해석을 비판하는 문맥에서) "새 예루살렘도 문자적으로 물질적인 성이 아니라, 하나님의 모든 구속받은 자들로 이뤄진 살아있는 구성체라고 했으며… 과연 어떻게 어디서 하나님과 거하게 될지 매우 의심스럽다.", "그날 영원히 신자들이 있게 될 영원한 소망인 새 예루살렘은 Lee의 영적 해설로만 남게 되었다."(137쪽) "실제적인 천당과 물질적인 새 예루살

렘."(376쪽) "죽어서 가는 장소적인 개념의 천국."(379쪽)

우선 정 목사가 말하는 소위 '죽어서 가는 장소적 개념의 천국'은 예수님과 강도가 갔던 '낙원'을 말하는 것으로 보인다. 그러나 이 낙원은 그의 주장처럼 죽은 이들이 영원히 살 공간이 아니다. 왜냐하면 예수님께서도 부활하실 때 그 낙원에서 나오셨고, 우리 또한 장차 휴거될 때 거기서 나와 낙원에 있던 영과 혼이 땅에 묻혔던 몸과 결합되어 공중으로 휴거될 것이기 때문이다.

정 목사의 종말론에는 이러한 1) 몸을 입은 부활이나 2) 공중으로 휴거 됨, 3) 그 후 그리스도의 심판대 앞에서의 심판의 과정 등이 생략되었다(살전 4:16-17, 고후 5:10). 따라서 죽으면 천국 가서 거기서 영원히 살 거라고 오해하게 하는 그의 주장은 성도들을 속이는 그다지 건강하지 않은 종말론이다.

한편, 요한복음 14장에 나오는 '아버지 집'에 대해서는 "하나님의 거처인 성전, 그리스도의 몸"으로 보는 지방교회 측과 "하늘의 천국"이라는 정 목사의 주장이 대립한다. 이것은 "내가 가서"와 "다시 와서"(3절)를 십자가로 가심과 부활 후에 우리에게 오심으로 볼지(위트니스 리), 아니면 승천과 재림으로 볼지(정 목사)의 문제이다.

정 목사처럼 생각하면, 주님은 아직 재림 전이시므로 "내가 있는 곳에 여러분도 있도록 하겠다."(3절) 또는 "여러분이 내 안에 있으며, 내가 여러분 안에 있는 것을 여러분이 알 것"(20절)이라는 말씀은 아직 성취되지 않은 것이 된다. 이것은 아래에서 보겠지만, 그들이 지금 현재 주님의 몸인 교회의 실재를 놓치고 있다는 반증이다.

요한복음은 생명이신 주 예수님을 강조한다. 그 중에서도 14장부터 17장은 매우 깊다. 즉 "나의 아버지 집"(14장), "포도나무와 가지들"(15장), (여자가 낳은) "아이"(16장)는 같은 실체, 즉 주님과 우리의 연합을 가리킨다. 우리는 요한복음 2장에 있는 성전 또는 아버지의 집이 구약의 성막과 성전처럼 물질적인 건물에서 주님 자신으로 전환된 사실을 주목할 필요가 있다(19-21절).

실제로 이 사건 이후로 성전 또는 아버지 집은 "여러분이 하나님의 성전인 것과"(고전 3:16), "여러분도…영 안에 있는 하나님의 거처가 되고 있습니다."(엡 2:22), "이(하나님의) 집은 살아계신 하나님의 교회요."(딤전 3:15), "우리가 하나님의 집입니다."(히 3:6) 등의 말씀처럼 일관되게 유기체이자 교회인 주님의 몸을 가리키고 있다. 성경은 이 주님의 몸인 교회가 그분의 십자가의 죽음과 부활을 통해 산출되었음을 밝히고 있다(요 12:24).

이제 아래에서는 새 예루살렘이 정 목사가 상상하는 진짜 금으로 된 물질적인 공간이 아니라 오늘날의 교회의 장래 모습이라고 본, 저명한 두 개혁 신학자(이필찬 교수, 황창기 박사)의 말을 소개해 보겠다. 정 목사는 비록 우리가 한 말은 배척하더라도 이분들이 본 새 예루살렘의 관점은 마음을 열고 받아들일 수 있기를 바란다.

"목회자든 신학생이든 평신도든, 누구도 성경으로서의 요한계시록을 상식적인 차원으로 읽는 경우마저 드물다는 것을 알게 되었다. 예를 들면, 요한계시록 21:2과 21:9에 새 예루살렘은 그리스도의 신부라고 제시되어 있다. 그렇다면 여기에서 새 예루살렘은 곧 교회를 상징하는 것이 자명하다. 그럼에도 21:9-22:5의 말씀을 소위 '내가 본 천국'으로 생각하고, 어떤 경우에는 천국을 보고 왔다는 사람들이 천국을 묘사하는 데 이 본문 그대로 사용하고 있는 것을 보았다. 거의 대부분의 사람들이 이렇게 생각하고 있는 것을 보고 놀라지 않을 수 없었다. 이처럼 내가 본 천국으로서의 새 예루살렘에 대한 이해로는 특정 소수집단만이 그 새 예루살렘에 들어갈 수 있는 이단적 해석에 대해 속수무책일 수밖에 없다.

그러나 새 예루살렘이 교회를 상징하며, 열두 지파의 이름이 쓰여 있는 열두 문은 약속으로서의 구약의 백성을, 열두 사도의 이름이 쓰여 있는 열두 기둥은 그 성취로서의 신약의 백성을 상징하고 있다고 본다면, 새 예루살렘의 구성원은 어느 소수집단이 아닌 전체로서의 교회, 다시 말하면 그리스도를 주로 고백하는 모든 교회 공동체라는 자명한 결론에 이르게 된다. 이러한 해석을 통해 우리는 어느 소수집단의 새 예루살렘에 대한 자의적 해석을 방지하고 반박할 수 있다(좀 더 자세한 내용은 이 책 10장을 참조하기 바람). 이 책은 바로 이러한 문제점들을 인식하고 쓴 것이다."

(이필찬, 『요한계시록 어떻게 읽을 것인가』, 서론 참조)

"'새 예루살렘 성'은 요한계시록의 구원론적 비전의 완성 또는 정점 부분을 차지한다. 그렇다면 새 하늘과 새 땅 그리고 새 예루살렘은 무엇을 가리키는가? 이것을 장소적으로 이해해야 하는가(참고. 찬송가 541장; 사 65-66), 아니면 인격적으로 이해해야 하는가?

신천신지는 장소적으로, 새 예루살렘 성은 예수님의 신부, 즉 인격적으로 이해해야 한다. …실제로 지상 교회는 이 영광스러운 미래의 세계를 이미 이 땅에서 맛보고 있다. 신천신지와 그 안에 사는 새 예루살렘 성을 묘사하는 계 21-22장 전체는 상징으로 해석되어야지 미래 천국의 장소에 관한 모습을 사실적으로 그리는 것으로 볼 수 없다. 예수님은 신천지에 사는 새 예루살렘 성인 교회의 눈물을 씻으신다."

(한국동남성경연구원 원장 황창기 박사, www.kosebi.org)

이처럼 성경 진리의 핵심 중의 핵심인 그리스도 자신과 성도와의 연합(요 14:20)을 정 목사는 '신인합일사상 이단'이니 '4위 1체라는 해괴한 교리'니 하며 조롱하고 반대하다 보니, 그의 구원론과 교회론과 종말론은 그 실재이신 주 예수 그리스도의 인격은 쏙 빠진 채 공허한 교리로만 남게 된 것이다.

설사 새 예루살렘이 정 목사의 주장처럼 진짜 순금으로 된 으리으리한 건물이라고 해도 마음을 다해 주님만을 사랑하고 그분의 충만의 신장의 분량까지 자라기를 소망하는 이들에게는 별 의미가 없다. 그것은 '황금 보기를 돌같이 하라(見金如石).'는 어떤 분의 가치관에도 미치지 못한 값싼 소망이자 비(非)진리다. 한 마디로 정동섭 목사의 종말론은 성경의 진리와는 거리가 멀다.

결론

정 목사는 "워치만 니의 신학적 사상은 주로 세대주의와 형제교회, 그리고 케직 사경회의 영향을 받아 형성되었음을 알 수 있다."라고 말했다(97-98쪽).

일부는 워치만 니와 위트니스 리를 차별화하나, 위트니스 리 역시 형제회를 거쳤고 워치만 니를 통해 케직 사경회의 영성을 전수받았다. 따라서 정 목사는 자신이 참으로 학자적인 양심이 있다고 생각한다면, 이 두 유산을 물려받은 지방교회 측을 최대한 객관적이고 공정하게 평가할 필요가 있다.

먼저 형제회의 존 넬슨 다아비는 1) 성경의 무오성 2) 예수님의 동정녀 탄생 3) 대속의 죽음 4) 몸을 입은 부활 5) 재림 또는 성경적인 기적을 믿는 소위 〈근본주의 5대 강령〉의 핵심 내용을 제공한 인물이다. 메이첸은 그 당시 자유주의 물결이 파도처럼 밀려올 때 이 근본 진리를 사수하려고 프린스턴 신학교의 신약학 교수직을 사임하고, 따로 웨스트민스터 신학교를 세웠다. 합동 교단의 박형룡 박사와 박윤선 박사가 바로 이 메이첸의 제자들이다. 그런데 지방교회 측은 최소한 이 근본주의 5대 강령을 고수하는 믿음에 있어서만큼은 합동 교단 못지않게 보수적이다.

또한 케직 운동(Keswick Convention)은 1870년대 영국의 중상류층 신자들 가운데 크게 확산되던 것인데, 고도의 영적인 삶과 그리스도의 성결을 지향했다. 구체적으로 1) 죄 포기 2) 주의 뜻 순종 3) 하나님 섬김 4) 하나님과 사귐 5) 소유됨 6) 성령의 채우심 7) 봉사라는 7단계를 추구했다. 이러한 케직 영성의 특징은 1) 개인적인 기도에서 은밀한 만남 2) 숨어 있는 죄의 각성 3) 자기를 쳐 복종시키는 것 4) 성령의 능력 체험 5) 하나님 임재 체험 6) 새 성품으로 변화 7) 순종과 헌신의 삶 8) 높은 형태의 성결 9) 풍성한 승리의 삶이다.

한편, 기독교학술원장인 김영한 박사는 제56회 월례 발표회에서, "케직 영성은…기독교학술원이 구체적으로 연구하고 계승하고 발전시켜야 할 위대한 유산"이고, "오늘날 성장이 정체하고 있는 한국교회는 케직 운동의 정신을 계승하는 것이 필요하다."고 역설한 바 있다.

이에 더하여, 지방교회 측은 폴리갑의 제자로서 영지주의자를 대항하여 『이단 논박』을 쓰고, 인류의 참된 기원과 그 종착점을 설명하는 '총괄갱신(recapitulatio)' 신학을 외쳤던 이레니우스, 그리고 그에게 영향을 받아 "그가 인간이 되신 것은 우리가 하나님이 되기 위함이다(de incar. 54, 3)."라고 말했던 아타나시우스 등으로 대표되는 동방 교회 측이 추구하는 신화(Deification)를 발전적으로 수용한다.

이것은 고신의 유해무 교수가 자신의 책 『신학: 삼위일체 하나님을 위한 송영』에서 이러한 동방 교회 구원론을 고대교회의 유산으로 여겨 "우리의 신학과 신앙생활에 도입할 필요성이 크다."라고 한 것과 같은 맥락이다(270쪽).

그렇다면 정 목사는 형제회와 케직 사경회의 유산, 그리고 거기에 동방 교회 구원론의 장점을 더한 지방교회 측의 신앙(교리)에 대해, 지금과 같은 편향적인 시각을 떠나 객관적으로 재평가하는 것이 공정하다.

그것은 행크 헤네그래프의 CRI가 〈우리가 틀렸었다〉라는 논문을 통해 했던 것처럼, 워치만 니와 위트니스 리로 대표되는 전 세계 지방교회들은 몇 가지 지엽적인 진리 해석에서는 이견이 있으나 (위 근본주의 5대 강령 같은) 핵심 진리에서는 정통이고, 참되게 거듭난 그리스도의 몸 안의 지체들임을 인정하는 것이다.

우리는 주님께서 정동섭 목사에게 큰 긍휼을 베푸시어 정 목사가 넓혀진 마음으로 이러한 화목의 사역에 동참하게 되기를 간절히 기도한다(고후 5:20).

『지방교회의 실체』 책자에 대한 항의서한

발신인: 지방교회 측 진리변증위원회
서울 도봉구 덕릉로 404, 전화: 1544-63**

수신인: 정동섭 목사(dschung@hanafos.com)
경기도 안양시 만안구 안양동 995-9,
2층 가족관계연구소, 전화: 010-3286-19**

수신인: 요단 출판사, 발행인 이요섭
(팀장: 박찬익, visionpapa@gmail.com)
서울특별시 영등포구 국회대로76길 10 요단 출판사,
전화: 02-2643-91**

제 목: 『지방교회의 실체』 책자(표절 책자 수정 증보판)
폐기처분 및 공개사과 요구

안녕하십니까? 우리는 성경의 진리를 확증하고 빗나간 부분들을 변증하는 일에서 전 세계 지방교회들 중 한국어권을 대표합니다. 우리는 귀측이 최근에 펴낸 『지방교회의 실체』라는 책은 아래 세 가지 이유로 불의하며, 이웃에 대한 거짓 증거에 해당함을 엄중히 항의하고, 회수 후 즉각 폐기처분할 것과 당사자들인 미국 CRI 측과 전 세계 지방교회들에게 공개 사과하여 주실 것을 정중하게 촉구합니다.

1. 표절 책자인 "〈그것이 궁금하다〉의 수정 증보판"이라는 자백에 책임을 져야 함.

정동섭 목사는 자신이 쓴 〈지방교회의 실체〉 책자가 전에 자신이 펴냈던 〈그것이 궁금하다〉의 수정 증보판임을 직접 밝혔습니다(134쪽). 그런데 정 목사는 이 책이 CRI 연구원이던 그레첸 파산티노 외 1인이 썼고, 〈The New Cults〉(CRI)에 부록으로 수록되었던 "The Local Church of Witness Lee"의 교리 부분을 100퍼센트 표절하고, 그 외의 두 책에서 일부 내용을 표절하여 편집한 것임을 철저히 감추고 있습니다.

정 목사는 또한 〈그것이 궁금하다〉의 정간이 자신의 변명처럼 '구원파와의 재판에 대비하기 위함'이 아니고, 저자와 해당 출판사에게 우리가 지속적으로 표절 사실을 항의하자(첨부 자료 참조), 출판사 대표인 전O규 목사가 (귀하와 상의한 후에) 절판과 총판을 통한 재고 회수를 단행했기 때문임을 독자들에게 솔직히 말하지 않았습니다. 그 결과, 침례교 교단 출판사인 요단 출판사와 수십 명의 이 책 추천인들은 본의 아니게 표절 책자 증보판을 출판 또는 추천했다는 부끄러운 불명예를 떠안게 되었습니다.

표절은 일종의 지식 도둑질입니다. 따라서 세상에서도 예전에 썼던 논문이 표절인 것이 밝혀지면 공직 임명에서도 낙마하는 등 도덕적인 표준이 높아졌습니다. 현재 교육부와 학계의 논문 표절 판정 기준은, 한 마디로 "다른 사람이 작성한 구체적인 문장 표현을 단 한 구절이라도 내가 작성하는 문헌에 인용부호와 출처 표시 없이 활용하면 모두 표절"이라는 것입니다. 이런 기준에 따르면, 귀측의 〈그것이 궁금하다〉는 죄질이 매우 나쁜 '노골적인' 표절이고, 그 내용을 풀어 사용하고 다른 내용을 추가한 이 〈지방교회의 정체〉는 교묘하고 '은밀한' 표절입니다. 하나님을 믿고, 더구나 이단을 가려내려면, 최소한 세상 사람들의 도덕성보다는 더 뛰어나야 할 것입니다.

문제는 이러한 표절 행위가 지금도 현재 진행형이라는 점입니다. 정 목사는 〈그것이 궁금하다〉와 정확히 같은 내용을 〈이단과 정통 무엇이 다른가〉라고 제목만 바꿔 침례신학대학교 출판부를 통해 출판했고(1993), 역시 같은 내용을 '지방교회를 왜 이단이라고 하는가'라는 제목으로 〈목회와 신학〉에도 3회에 걸쳐 연속 기고했습니다(1994). 아마도 이분들은 이 원고가 심각한 표절임을 미리 알았다면, 출판 또는 게재를 허락하지 않았을 것입니다. 정 목사의 이런 반복된 기만이 결국 '표절 책자 증보판 괴물'인 〈지방교회의 실체〉를 낳게 된 것은 매우 유감입니다.

2. 귀측의 교리(진리) 비판은 지방교회 측을 잘못 대변했습니다.

정동섭 목사는 지방교회 측을 비판한 기존의 문제 많은 자료들을 거의 그대로 자신의 책에 활용했습니다. 그러다 보니 그의 책 내용에서 사실왜곡이 걸러지지 못했고, 진리 판단 기준도 상대적인 기준인 특정교단 교리에 치우쳐 객관성과 무게감이 없습니다. 그럼에도 우리는 이 〈지방교회의 실체〉 책자의 핵심 내용인, "제II부 지방교회의 신학과 교리"(143-384쪽, 총 241쪽 분량)의 각 주제별 쟁점을, 단 10쪽으로 핵심만 압축해서 반박 또는 해명했습니다(아래 관련 첨부 자료 참조). 따라서 누구든지 이 반론 글을 최대한 객관적으로 읽는다면, 정동섭 목사가 지방교회 측이 믿는 바를 얼마나 억지로 비틀어 잘못 비판하고 있는지를 알 수 있을 것입니다.

3. 이 책에는 사실이 아닌 노골적인 거짓말이 너무 많이 담겨 있습니다.

정동섭 목사는 우리를 소위 구원파와 연관 지으려고 '지방교회는 회개의 필요성을 부인한다.'느니, '지방교회 안에 와야만 구원받는다.'고 한다는 등의 뜬금없는 거짓말을 반복해서 하고 있습니다. 그러나 이것은 전혀 사실이 아닙니다. 그 외에도 그는 우리를 "영지주의자" 또는 "도덕 폐기론", "분리주의 이단" 등 온갖 나쁜 말은 다 가져다가 모자를 씌우고 있으나, 이 또한 사실무근입니다.

그의 동기가 가장 의심되는 부분은 우리를 중국의 '호함파'와 동일시하고, 위트니스 리를 '호함파의 교주'라는 식으로 거짓증거 한 것입니다. 참고로 위키피디아 '호함파' 자료에 따르면, 이 호칭은 중국 공산정부 하의 복잡한 사정 때문에, 어떤 과정을 거치면서 조금씩 변해 왔습니다. 즉 한때는 지방교회를 지칭했으나, 이어서 "어떤 기독교 단체든지 삼자교회 가입을 거절하면 폭넓게 '호함파'로 불렸고", 또 어떤 시기에는 "등록되지 않은 모든 가정 교회의 일원들"을 가리키는 칭호로 사용되기도 했습니다.

심지어 "이미 지방교회와의 교제가 끊어진 배교한 소수의 사람들"을 가리키기도 했습니다. 그러나 이 어떤 경우든 이 모든 무리들이 위트니스 리 수하 사람들이라는 주장은 사실도 아니고, 더구나 이들의 '교주'라는 말은 지나친 비판입니다.

우리는 이 점을 기회가 있을 때마다 중국 중앙정부 이단 관련 담당자들, 그리고 이단 전문가 학자들을 직접 만나 설명하고 관련 자료들을 제공했습니다. 그 결과 가장 최근인 2017년에 중국정부가 발표한 11개 사교단체 명단 중에서 다른 10곳에는 모두 그 단체 교주 이름이 있으나 호함파에는 과거에 줄곧 있어왔던 '이상수(李常受)'라는 이름이 삭제되었고, 그 내용도 전보다 대폭 축소되었습니다. 또한 2016년에 중국 이단대책 협회가 발표한 14개 사교 명단에는 호함파 자체가 아예 삭제되었습니다. 이것은 관련 사이트에 들어가 누구나 확인할 수 있습니다(첨부 자료 참조). 참고로 우리는 이 점을 우리를 호함파로 오해했던 김종구 선교사와 현대종교 측에게 충분히 설명하고 양해를 구한 바 있습니다. 그럼에도 정 목사는 이런 바뀐 부분을 책에 반영하지 않고, 과거의 왜곡된 사실만을 여전히 주장하여 우리의 명예를 심각하게 훼손하고 있습니다.

결론적으로

우리는 저자인 정동섭 목사와 요단 출판사에게 요청합니다. 하나님은 결코 표절이라는 불의한 방법으로 일하지 않으십니다. 표절은 또한 세상에서도 정죄 받는 일입니다. 따라서 하나님과 사람 앞에 부끄러운 이 '표절 책자 수정 증보판'을 빠른 시일 내에 전량 회수 후 폐기처분해 주시기를 정중하게 촉구합니다. 그리고 당연히 재판(再版)도 없어야 할 것입니다. 만일 귀측이 이 문제를 무성의하게 방치

할 경우, 우리는 직접 한국교계 앞에, 필요하면 '가이사에게'도 귀측의 이 심각한 표절 사실을 알리고, 바로 잡는 여러 조치를 강구할 수밖에 없음을 미리 말씀드립니다.

아울러 정 목사를 포함하여 누구든지 우리를 비판하려는 이들은 지금처럼 이미 해명하고 반박한 쟁점들을 다시 지적하는 지루한 소모전을 그만두어야 합니다. 그것은 흘러간 물로 물레방아를 돌리려는 것처럼 무모한 짓입니다. 대신에 가장 최근에 있었던 미국의 저명한 비평가인 노먼 가이슬러의 지방교회 측 비판, 또는 CRI의 〈우리가 틀렸었다(We Were Wrong)〉라는 지방교회 재평가와 위 노먼 가이슬러의 비판을 우리가 재반박한 〈Brothers, Hear Our Defense〉 내용을 먼저 충분히 검토하고, 그래도 남은 쟁점이 있으면 그것으로 시작할 것을 진심으로 당부합니다.

지방교회 측 진리변증위원회

첨부 자료:
1. 정동섭 목사의 표절책자 〈그것이 궁금하다〉가 절판된 진짜 배경
http://www.localchurch.kr/defense/39893

2. 〈지방교회의 실체〉의 교리 비판에 대한 지방교회 측의 반론(10매)
http://www.localchurch.kr/defense/39955

3. 정 목사의 표절 원본인 〈The New Cults〉 관련 내용 등에 대해 CRI가 공개 사과한

“우리가 틀렸었다(We Were Wrong)” 영문 및 한글 번역 전문(특히 파산티노 글 참조).

http://www.localchurch.kr/defense/9625

4. 호함파가 지방교회라는 거짓 증거에 대한 반박 자료들

http://www.localchurch.kr/research/30976 (호함파에 대한 중국정부 외 1의 최근 태도)

http://www.localchurch.kr/research/23292 (호함파, 위키피디아 자료)

http://www.localchurch.kr/defense/22642, http://www.localchurch.kr/defense/22631

(김O구 선교사와 호함파, 동방번개 등에 대해 주고받은 서한들)

5. 노먼 가이슬러를 대변한 김홍기 목사와의 토론 중 지방교회 측 반론글 모음(17개)

표절책자 『그것이 궁금하다』 관련 항의 서한들

아래 서한들은 지방교회 측이, 정동섭 교수가 미국의 CRI가 출판한 『신흥 이단들(The New Cults)』의 부록으로 첨부된 지방교회 관련 내용들을 표절하여, 마치 자신이 직접 저술한 것처럼 『그것이 궁금하다』(도서출판 하나, 1993)라는 제목으로 펴낸 것에 강력히 항의한 것들입니다. 이 문제는 쌍방 간에 서신, 전화 통화, 팩스를 통한 긴 대화 끝에 약 25년 전인 1996년 3월 28일 출판사 대표인 전O규 목사가 1) 재출판 중단 2) 총판을 통한 서점 재고 회수를 결단함으로써 일단락된 바 있습니다.

1995년 8월 18일자

발신인: 댄 OO 외 8인 1995. 8. 18.
The Church in Fullerton
1330 North Placentia Avenue
Fullerton, CA 92631

수신인: 정동섭 교수
대전광역시 유성구 하기동 산 14번지 침례신학대학

제목: "그것이 궁금하다"에 관련된 요구서

우리는 본 건에 있어서 위트니스 리와 워치만 니의 사역을 따르는 전 세계의 많은 지방교회들을 대표합니다. 이 서신은 "그것이 궁금하다"라는 귀하의 저술과 특히 우리의 신앙과 실행에 관해 말하고 있는 부분에 관련된 것입니다.

우리는 우리에 관해 쓴 귀하의 출판물 및 귀하의 우리와 관련된 언행에 관해 각별한 관심을 가지고 연구, 분석해 오고 있음을 알려드립니다. 또한 귀하가 그리스도인으로서, 신학대학의 교수로서, 양심적이고 사실에 근거한, 책임 있는 주장을 하고 있지 못함에 깊은 실망과 아울러 "그것이 궁금하다"라는 귀하의 저서의 허위성에 관해 강력히 항의합니다.

우리는 우리에 관하여 조사 연구 후 집필하였다는 위 책을 세밀히 검토하였습니다. 그 결과로 우리가 발견한 사실은 다음과 같습니다.

첫째로, 귀하는 사실을 직접 조사하지 않고 진실을 완전히 왜곡하여 출판함으로 우리의 명예를 심각하게 훼손하고 있다는 것입니다.

둘째로, 귀하는 우리에 관하여 연구를 했다고 주장하지만, 위 책자 중 우리에 관련된 부분의 90퍼센트 이상을 세 개의 영문 책자인 Jack Sparks가 쓴 『Mind benders』, Walter Martin이 쓴 『The New cults』 그리고 Bob, Gretchen Passantino와 Calvin Beisner가 쓴 소책자인 『The Teachings of Witness Lee and the Local Church』로부터 직접적으로 표절하여 출판하였다는 것입니다. 귀하가 표절한 것을 증명하는 견본 페이지를 첨부합니다.

귀하가 아셔야 할 것은, 귀하가 표절한 이러한 거짓된 책자들은 이미 미합중국에서 우리 측에 의해 이의 제기되어 법정에서 유죄판결의 대상이 되었다는 것입니다. 또한 또 다른 소송을 통하여 그러한 책들이 출판사에 의해 즉각 회수되었습니다. 그럼에도 불구하고 당신은 그것이 전혀 이의 제기된 적이 없는 것처럼, 그리고 믿을 수 없는 책들로부터 귀하가 표절한 것임을 귀하의 독자들에게 밝히지 않은 채 그러한 악의 있는 거짓말들을 재출판하였습니다.

우리는 한국과 전 세계에 있는 기독교인들에게 당신이 거짓된 것들을 말해왔다는 것을 알리기 위해 출판 및 가능한 모든 방법을 강구하고 있습니다. 또한 귀하의 언행이 현행법에 저촉되는지에 대해서도 전문가와 검토 중에 있습니다. 이러한 조치가 실행될 경우 자신을 학자요 연구자로 자처하는 귀하에게 큰 부끄러움이요, 불행한 일이 될 수도 있을 것입니다. 우리는 귀하가 스스로 시정할 수 있는 기회를 드리기 위하여, 많은 기도와 신중한 고려 끝에 다음과 같이 귀하에게 요구합니다.

첫째, 위트니스 리의 가르침과 그의 사역을 따르는 교회들을 거짓되게 비난하는 일을 삼가해 주십시오.

둘째, 위 책의 출판사와 협의하여 재출판의 중단 및 유통으로부터 즉각 회수 조치하여 주십시오.

셋째, 우리에 대한 잘못을 시인하는 사과의 글을 보내 주십시오.

우리는 이 문서의 발신일로부터 30일 이내에 귀하의 답변을 듣기를 기대하며 그렇지 않을 경우 우리는 이 문제를 공개적으로 바로잡는 데 필요한 조치들을 진행할 것입니다. 그러나 위 조치와 관련하여 귀하가 그리스도의 이름 안에서 우리 측과 대화하기 원하실 경우 우리는 귀하를 향하여 항상 열려있음을 알려 드립니다. 모든 답신은 편지 상단에 있는 주소의 댄 OO 또는 조OO에게 연락하여 주시기 바랍니다. (단, 한국 내의 실무적인 접촉이 필요한 경우 전화: 02) 908-46**(교회 사무실), 02) 904-18**(집) Fax: 02)996-22** 책임자: 류OO) 안녕히 계십시오.

1995년 11월 9일자

발신인: 댄 OO 외 8인 1995. 11. 9.
The Church in Fullerton
1330 North Placentia Avenue
Fullerton, CA 92631

수신인: 도서출판 하나 발행인 송O태
서울 강남구 청담동 68-7, 우편번호 135-100

제목: 정동섭 교수의 저서 "그것이 궁금하다"에 관련된 요구서

우리는 본 건에 있어서 위트니스 리와 워치만 니의 사역을 따르는 전 세계의 많은 지방교회들을 대표합니다.

이 서신은 귀 출판사가 출판한 '정동섭 교수의 이단 추적, 그것이

궁금하다.'라는 책자의 내용 중 특별히 지방교회의 신앙과 실행에 관한 부분(제3부)과 관련됩니다.

우리는 위 책자를 세밀하게 검토한바 우리와 관련된 부분의 90% 이상을 세 개의 영문 책자인 Jack Sparks가 쓴 Mind benders, Walter Martin이 쓴 The New Cults 그리고 Bob, Gretchen Passantino와 Calvin Beisner가 쓴 소책자 The Teachings of Witness Lee and the Local Church로부터 '직접적으로 표절한 것'임이 밝혀졌습니다. 우리는 이미 이러한 사실을 1995. 8. 18.자 등기우편으로 정동섭 교수에게 알린 바 있습니다.

우리는 이런 거짓되고 명예훼손적인 표절 책자를 사실 확인도 하지 않은 채 출판한 귀사에게 강력히 항의합니다.

귀하가 아셔야 하는 것은, 정 교수가 인용한 책자 중 하나인 God-Men은 미 합중국에서 우리 측에 의해 이의 제기되어 법정에서 유죄 판결의 대상이 되었다는 것입니다. 또한 다른 책인 Mind benders는 출판사에 의해 즉각 회수되고, 미 전역 주요 일간지에 사과 광고를 낸 바 있습니다. 그리고 CRI에 관계된 책자들은 오랫동안 논쟁의 대상이 되어왔고, 우리 측에 의해 저자와 출판사의 잘못이 반복해서 지적되어 오고 있습니다.

이것은 위 책자들이 지방교회들의 신앙과 실행을 공정하게 대변하지 못하고, 고의적인 왜곡과 명예훼손적인 내용으로 채워졌음을 보여주고 있는 것입니다. 우리는 이것을 입증하기 위하여, 판사의 판결문, 전문가의 증언집, 전문가의 공개서한 그리고 출판사 발행인의 사과 광고문 등을 귀하에게 제시할 수 있습니다.

더욱이 이 책은 우리가 이혼을 조장하거나, 심리치료를 받을 만큼 성도들에게 손상을 주거나, 교회를 이탈하는 성도를 위협하는 사교 집단인 것처럼 되풀이해서 비난함으로써 우리의 명예를 훼손했습니다. 우리는 이미 미 합중국 법정에서 명예훼손죄로 확정된 동일한 사건이 한국어권에서 재발하기를 원하지 않습니다. 우리는 이러한 문제를 어떻게 처리하는 것이 주님 앞에서 옳은 것인지 진지하게 기도하며 고려중임을 알려드립니다.

또한 대한민국 법정이 '구원 후 회개의 필요성을 부인한다.'라고 잘못 비판한 또 다른 연구단체의 연구집이 특정인의 명예를 훼손하였다고 판결한 사실을 우리는 알고 있습니다. 물론 그 연구집은 출판 및 배포가 금지되었습니다. 귀하가 발행한 저서는 그 책보다 더 심각한 잘못을 범하고 있음을 귀하는 아셔야 합니다.

우리는 주님을 사랑하고, 성경에 근거한 진리를 믿으며, 주님의 보혈과 그분의 영원한 생명에 의해 거듭난 모든 형제자매들을 사랑합니다. 우리는 귀 출판사가 우리에게 끼친 심각한 손상에 대해, 세상 법정으로 가지 않고, 상호 대화 가운데 원만히 해결되길 기도하며 다음과 같이 요구합니다.

1. 위 책의 재출판을 중단하고, 유통으로부터 즉각 회수 조치하여 주십시오.

2. 귀 출판사의 잘못을 사과하는 글을 이 서신의 발송일로부터 30일 이내에 편지 상단의 주소로 보내 주십시오.

3. 귀하가 한국어권 성도들 가운데 퍼뜨린 잘못된 인상을 시정하는 문서를 발행함에 있어 우리 측과 협의하시기 바랍니다.

이러한 문제를 원만히 해결하기 위하여 대화가 필요한 경우 우리는 언제든지 열려있으며 대한민국 내에 연락을 위해서는 류OO 형제님을 만나실 수 있습니다. [전화: 02-908-46**(교회 사무실), 02-904-18**(자택), 02-996-22**(팩스)]

1996년 2월 1일자

발신인: 조OO 외 1인 1996. 2. 1.
The Church in Fullerton
1330 N. Placentia Avenue
Fullerton, CA 92631
전화: 1-714-996-81**
팩스: 1-714-996-81**

수신인: 하나 출판사 대표
전화: 02-3409-22**
팩스: 02-3409-22**
제목: 1995. 11. 29.자 지방교회 측의 서한에 대한 회신 촉구

본 팩스는 이미 저희가 귀사에게 발송했던 항의서한에 대한 회신을 촉구하기 위한 것입니다. 저희가 희망했던 기간이 경과하도록 아무런 공식적인 입장 표명이 없는 것을 유감스럽게 생각합니다. 저희는 귀사가 '진실하지 않고 명예를 훼손하는 내용'의 책자를 출판하심으로 발생된 심각한 문제점에 대해 귀사의 주의를 다시 한 번 환기시켜 드리고자 합니다.

첫째, 저희가 다루고 있는 이 사건은 대한민국 내의 지방교회들만을 위한 것이 아니며, 주 당사자인 위트니스 리를 포함한 전 세계 지방교회 성도들과 관련된 일입니다.

둘째, 귀사가 출판한 책자 내용을 '진실로 간주하고' 거듭 재인용하는 사례가 한국어권 내에서 다수 관찰되고 있습니다.

셋째, 그 결과 이 책의 독자는 물론 대한민국 기독교계 믿음의 형제들 내에서 위트니스 리와 지방교회들에 대한 왜곡된 인상이 확산될 수 있다는 것입니다. 저희는 이미 이러한 피해 사례의 다수를 관찰, 수집 중에 있습니다.

저희는 주님을 사랑하고 또한 주님의 생명 안에서 성도들과의 교제를 귀히 여깁니다. 그러나 거짓된 말들과 비방으로 인하여 주님의 거룩한 말씀이 왜곡되고 복음이 막히는 것을 저희는 결코 용납하지 않았고 또한 앞으로도 용납하지 않을 것입니다. 사도 바울이 주님과 그분의 몸을 사랑하는 신실한 자였지만, 유대교와 아그립바 왕과 로마 총독과 시이저 앞에서 단호하게 자신의 믿음을 변호한 것을 우리는 성경에서 볼 수 있습니다.

지난번 항의서한에서도 간단히 언급했듯이 정동섭 교수가 '그것이 궁금하다'를 쓰기 위해 인용(표절)한 책자들은 지방교회 측에 의해 아래와 같이 처리되었습니다.

첫째, 갓맨(God-Men)은 저자와 출판사 측이 저희의 수차에 걸친 항의 편지를 받고도 반응하지 않으므로 부득이 재판에 회부되었습니다. 5년 동안의 긴 재판 결과, 1985년 명예훼손에 의한 손해를 배상토록 명령하는 재판부의 판결이 있었습니다(캘리포니아 상급법원의 판결문 표지와 첫 페이지 참조).

둘째, 마인드 벤더즈(Mind benders)는 또 다른 소송결과로 출판사인 Thomas Nelson사가 1983년 전 세계 18개 주요 일간지에 사과광고를 낸 바 있습니다. 물론 출판 원판은 파기되었고 서점의 재고는 신용 쿠폰에 의해 전부 회수되었습니다(토마스 넬슨사의 회수광고문 참조).

셋째, 신흥 이단들(The New Cults)을 포함한 CRI 책자들의 거짓됨과 부당함을 저희는 강력히 항의했습니다. 저희는 1977년 10월 8일부터 1978년 3월 4일까지 6개월 동안 18회에 걸쳐 The Orange County Register(일간지)에 주제별로 반박하는 글을 게재한 바 있습니다. 그 외에도 저희는 CRI 측의 연구를 위해 저희의 책자들을 연구 자료로 제공했습니다. 그러나 그들은 이에 대해 어떠한 반응도 없이 침묵하고 있습니다. 이러한 일들은 이미 이곳 미합중국에서는 오래전에 일단락되었던 일들입니다(신문광고 중 한 페이지 참조).

저희는 대한민국 내에서 주님을 사랑하는 성도들 사이에 이러한 '생산적이지 않은' 일들이 재연되기를 원치 않습니다. 또한 저희와 관련하여 귀사의 경영에 손상을 줄 의도도 물론 없습니다. 다만 이러한 거짓되고 명예훼손적인 비방에 대해 침묵함으로 거짓이 진실처럼 굳어지는 것을 치유코자 하는 것입니다. 주님의 임재와 인도 가운데 최상의 해결책을 얻기를 희망합니다. 따라서 저희는 다음과 같이 저희의 '구체적인 요구사항'을 말씀드리고자 합니다.

첫째, Fax로 보내드린 '영·한 사과문' 내용을 서명 후 서두의 주소로 보내 주십시오.

둘째, '그것이 궁금하다'가 독자 및 기독교계에 끼친 부정적인 영향을 상쇄하도록, 대한민국 기독교의 대표적 교단이 운영하는 기독신문을 포함한 2개의 기독교 신문과 1개의 일간신문에 위 사과문을 게재하되, 3곳 중 1개 신문만 영, 한 동시 게재해 주십시오.

셋째, 재출판을 원천적으로 중단해 주십시오.

넷째, 서점 재고에 대한 귀사의 성의 있는 처리 방침을 알려 주십시오.

저희의 위 요구사항에 대한 귀사의 기본 입장을 조속한 시일 내에 서두의 Fax로 회신하여 주시기 바랍니다. 주님이 평강의 길로 인도

하시기를 간구 드립니다.

Daniel OO 외 8명의 처음 발신인의 위임에 의해 실무적으로 봉사하는 조OO 형제 외 1명

첨부 1. 캘리포니아 상급법원의 판결문 표지와 첫 페이지(총 2매)
2. 토마스 넬슨사의 회수 광고문(총 1매)
3. 오렌지카운티 레지스터에 실린 기사 중 1개(총 1매)
4. 사과문(초안) 영어, 한글 각 1매(총 2매)

RETRACTION REGARDING WITNESS LEE AND THE LOCAL CHURCHES(위트니스 리와 지방교회들에 대한 회수 광고문)

In 1977 The Mindbenders, a book authored by Jack Sparks, published by Thomas Nelson, Inc., accused Witness Lee and The Local Churches of being a cult and of being heretical in their beliefs. Both before and after publication of their first edition, Nelson received many letters from The Local Churches and their members protesting the falsity of the chapter concerning them. Notwithstanding these letters, Nelson published an expanded second edition in 1979. In 1980 Local Churches brought suit against Thomas Nelson and the author for libel.

The Local Churches should not have been included

in either edition of The Mind benders. Nelson has no desire to inflict any damage or harm upon Witness Lee, The Local Churches, or their members by the continued publication of this book. Therefore, Nelson hereby retracts the statements made in The Mind benders about them, and extends its apology to the good Christian members of The Local Churches. Accordingly, Nelson has withdrawn the book from publication and distribution and encourages all book sellers who have any unsold copies to return them for credit.

April 10, 1983 THOMAS NELSON, INC.

This retraction by Thomas Nelson, Inc. was published on Sunday, April 10, 1983 in the following newspapers:

Los Angeles Times
Dallas Morning News
Atlanta Journal/Constitution
Cleveland Plain Dealer
Chicago Tribune
New York Times
San Francisco Examiner & Chronicle
Washington Post
Wall Street Journal (Monday, April 11)

Akron Beacon Journal
Columbus Dispatch
Miami Herald
Raleigh News & Observer
Boston Globe
Orange County (Calif.) Register
Houston Chronicle
Oklahoma City Sunday Oklahoman
Seattle Times

위트니스 리와 지방교회들에게 드리는 사과문(초안)
1996. 2. 9.

도서출판 '하나'는 1993년 10월 정동섭 교수의 저술인 '이단추적, 그것이 궁금하다'라는 책자를 출판한 바 있습니다. 저희는 위 책자의 제3부 '지방교회는 왜 이단인가 그것이 궁금하다'라는 내용과 관련하여 지방교회 측으로부터 강력한 항의서한을 받은 바 있습니다.

지방교회측은 첫째, 위 책자 중 지방교회에 관한 내용의 대부분이 Jack Sparks가 쓴 Mind benders, Walter Martin이 쓴 The New Cults, 그리고 Bob, Gretchen Passantino와 Calvin Beisner가 쓴 소책자인 The Teachings of Witness Lee and the Local Church로부터 정동섭 교수가 '직접적으로 표절'한 것이라고 주장했습니다. 둘째, 위 정교수가 표절, 인용한 책자 중 Mind benders는 법원의 명령에 따라 토마스 넬슨 출판사에 의해 즉각 회수되었고, 전 세계 18개 주요 일간지에 사과광고를 낸 바 있으며, 정교수가 참고한 God-men이라는 책자는 지방교회 측의 법적인 항의 결과 미합중국 켈리포니아주 상급법원에서 명예훼손에 의한 손해배상 판결을 받았으며, The New Cults는 그 거짓된 내용이 지방교회 측에 의해 반복해서 지적되었으나 아무런 이의 없이 침묵하고 있는 책자임을 주장했습니다.

이에 저희는 여러 증거물을 토대로 지방교회 측의 주장을 검토했습니다. 그 결과 저희는 지방교회의 신앙과 생활을 올바르게 대변할 수 없는 내용을 출판함으로 위트니스 리와 지방교회 측의 명예를 훼손하고, 한국 기독교계에 지방교회에 대한 부정적인 인상을 심어준 것을 알게 되었습니다. 이에 대하여 저희는 위트니스 리와 지방교회들에게 진심으로 사과하며 다음과 같이 그 책자에 대한 저희의 입장을 밝히고자 합니다.

첫째, '그것이 궁금하다'라는 책자를 더 이상 출판하지 않겠습니다.

둘째, 위 책 중 지방교회에 관련된 내용은 지방교회의 신앙과 실행을 바르게 대변하지 못했으며 명예를 훼손할 수 있는 내용을 담고 있습니다. 그러므로 위 책의 내용이 재인용되거나 연구 자료로 사용되지 않기를 희망합니다.

셋째, 저희는 '지방교회는 결국 이단이다.'라는 저자의 의견이 옳다고 확인할 수 없습니다. 또한 진실 되지 않은 내용을 출판함으로 위트니스 리와 지방교회 측을 비난하거나 손상시킬 의도가 없었습니다.

넷째, 지방교회들의 신앙관을 알기 원하는 분들에게는 워치만 니나 위트니스 리의 저술들을 직접 읽어 보시기를 권장합니다.

도서출판 하나 대표 (서명)

중국이 규정한 사교단체(최근)

월간 현대종교 2018년 11월호는 〈중국이 규정한 사교 단체〉라는 특집에서 중국공안판공청 또는 중국공안부가 규정한 14곳의 사교단체 명단을 중국어 원본과 한국어 번역본으로 보도한 바 있습니다. 그러나 이 자료는 오래전인 1995년 11월과 2000년 5월에 각각 발표된 것을 기준으로 한 것이어서, 정작 현대종교 측이 중점을 두고 기사를 쓴 〈전능신교〉는 해당 명단에 없고 호함파와 관련하여 그동안 바뀐 핵심 내용은 반영하지 못한 아쉬움이 있습니다.

따라서 지방교회 측은 이런 점들을 보완하고 현재 사실에 맞는 바른 정보를 제공하는 차원에서 아래와 같이 중국 정부 그리고 이단대책 단체에서 공식 발표한 중국 사교 명단 최근 자료(2017년 기준)를 공개합니다. 이 자료는 현재 인터넷에 올려져 있어서 누구든지 확인할 수 있습니다.

아래 자료의 특징은 위 현대종교 자료와 달리, 1) 현재 가정 파괴 등의 심각한 문제를 일으키고 있는 전능신교 이단이 포함된 것과 2) 아래 두 자료 중 두 번째는 그동안 포함되어 왔던 호함파가 완전히 제외되었고, 첫 번째도 호함파 내용에서 '이상수'라는 이름이 삭제된 것입니다. 이것은 다른 사교 단체에는 모두 창시자 이름이 들어있는 것과 비교해 볼 때(예를 들어, 전능신교: 조유산) 매우 의미 있는 변화입니다. 즉 이것은 그동안 한국 교계 일부에 잘못 알려져 있던 '호함파는 곧 지방교회'라는 잘못된 인식을 바로 잡을 수 있는 자료라고 할 수 있습니다. 또한 지방교회 측이 일관되게 주장해 왔던 소위 '지방교회'는 '호함파'가 아니라는 점이 재확인된 것이기도 합니다.

자료 1: 중국 정부가 발표한 11개 사교 단체 명단
(출처: http://www.chinafxj.cn/n47/c122234/content.html)

来源: 凯风网 作者: 宜含 출처 : 카이펑왕 작성 : 이한
时间 : 2017年09月18日 15:50 시간 : 2017년 9월 18일 15:50

1. "法轮功"
2. "全能神"
3. "呼喊派"
4. "门徒会"
5. "统一教"
6. "观音法门"
7. "血水圣灵"
8. "全范围教会"
9. "三班仆人派"
10. "灵仙真佛宗"
11. "中华大陆行政执事站"

위 2017년 9월 기준 중국 이단 사교 명단 11곳 중에서 현재 관심

사인 '전능신'교와 '호함파' 관련 내용을 한국어 번역과 함께 소개하면 다음과 같습니다. 특히 다른 10곳에는 모두 그 단체 교주 이름이 있으나 호함파에는 과거에 있었던 '이상수(李常受)'라는 이름이 삭제되었고, 그 내용도 전보다 대폭 축소되었습니다.

2 . "全能神" "전능신"

又称"东方闪电"、"实际神"，二十世纪九十年代初从邪教组织"呼喊派"分化演变而来。教主赵维山，原系"呼喊派"骨干成员。赵歪解《圣经》，编造"全能神是唯一真神，以东方女性的形象再次道成肉身显现"等邪说，树立了一个"女基督"作为自己的傀儡，秘密传播、发展成员，逐步建立和形成了全能神邪教组织。2000年赵潜逃美国，以"宗教迫害"名义向美国移民局申请政治庇护，并获批准。近年来，"全能神"借所谓"玛雅预言"制造"世界末日"恐慌，通过敲锣打鼓、集会游行等多种方式，大肆宣扬"世界末日"，疯狂拉人入教，活动遍及全国大部分省市。近年来国内已发生了多起"全能神"邪教杀人、伤人、骗敛钱财的案件。

"동방번개", "실재신"이라고도 칭하며, 20세기의 90년대 초에 사교 조직인 "호함파"에서 분파된 단체이다. 교주인 쟈오웨이샨(조유산)은 본래 "호함파"의 주요 임원이었고, 쟈오는《성경》을 빗나가게 해석하여, "전능신은 유일하신 참 하나님으로서, 동방 여성의 형상으로 다시 한 번 육신이 되어 나타나셨다."는 등의 사악한 말을 하여, "여자 그리스도"를 세움으로 자신을 위한 허수아비를 만들어냈고, 비밀스러운 전파 방식과 구성원들을 발전시켜, 점차적으로 전능신이란 사교 조직을 세우고 형성해 왔다. 2000년에 쟈오는 미국으로 도망할 때, "종교 핍박"이란 명분으로 미국 이민국에 정치적인 난민 보호를 신청했고, 또한 심사가 통과하게 되었다. 근래에 "전능신"은 소위 말하는 "마야 예언"이란 것을 빌미로 "세상 종말"이라는 공포를 만들어냈다. 이들은 징(악기)을 치고 북을 치며, 집회와 시위 등의 다양한 방식을 통해, "세상 종말"을 크게 외치며 선전하고 있는데, 미친 듯이 사람들을 입교시키는 활동이 전국 대부분의 도시에서 진행되고 있다. 최근 몇 년간 사교 "전능신"의 살인과 상해 사건, 재산의 사기사건 등이 중국에서 이미 많이 발생하였다.

3. "呼喊派" "호함파"

是打着基督教旗号活动的邪教，因以聚会时让信徒大声呼喊为手段、煽动信徒狂热情绪而得名，于1979年渗入大陆后迅速蔓延，并衍生出"全能神"、"被立王"等邪教。

기독교의 기치 아래 활동하는 사교인데, 집회할 때 믿는 이들이 크게 외치는 것을 수단으로 삼아, 믿는 이들을 열광하게 하는 분위기를 만들어 선동하는 것으로 인해 얻게 된 이름으로써, 1979년에 중국 대륙에 스며든 후에 순식간에 퍼져 버렸고, 또한 "전능신", "피립왕(왕으로 세움 받음—뻬이리왕)" 등의 사교를 만들어냈다.

자료2 : 중국 이단대책협회가 발표한 14개 사교 명단
(출처: http://anticult.kaiwind.com/zlk/jtzxzz/)

发布日期 : 2016年03月24日 文章来源: 作者:
(발표일자 : 2016년 03월 24일 문장출처 : 저자 :)

· 法轮功
· 全能神
· 门徒会
· 华藏宗门
· 三班仆人派
· 观音法门
· 全范围教会
· 血水圣灵
· 灵仙真佛宗
· 心灵法门
· 中功
· 菩提功
· 统一教
· 科学教

위 명단에는 오랫동안 포함되어 왔던 '호함파' 자체가 아예 삭제되었습니다. 따라서 전능신교 관련 내용만을 중국어 원문과 한국어 번역으로 소개하면 다음과 같습니다. 참고로 아래 내용 그 어디에도 전능신교가 지방교회 또는 이상수(위트니스 리)와 연관이 있다는 어떤 언급도 없습니다.

全能神 전능신

又称“东方闪电”、“实际神”，黑龙江阿城人赵维山1991年创建。2000年赵维山出国，现居美国

“동방번개”, “실재신”이라고도 불림. 헤이룽쟝 아청 사람인 쟈오웨이샨(조유산)이 1991년에 설립했고, 2000년에 쟈오웨이샨은 출국을 했으며, 현재 미국에 거주 중임.

该邪教宣扬“全能神”统治的“国度时代”已经来临，神以一个东方女性的形象第二次道成肉身，降临在中国，即“女基督”，将对人类进行审判；二是声称“世界末日就要来临”，只有信“全能神”才能得救，凡不信和抵制的都将被“闪电”击杀；三是攻击“当今中国是一个没落的帝王大家庭，受大红龙(指共产党)的支配”，煽动信徒要“在神的率领下与大红龙”展开决战，“将大红龙灭绝，建立全能神统治的国度”。

본 사교는 세 가지 내용을 선전하며 선동하고 있다.

첫 번째는 “전능신”께서 통치하시는 “왕국시대”가 이미 임했다고 하는데, 하나님께서 동방의 여성 형상으로서 두 번째 육체가 되셨으며, 중국에 강림하였는데, “여자 그리스도”이고, 인류에 대한 심판을 진행할 것이라고 말한다.

둘째로는 “세상의 말세가 임할 것이다.” 오직 “전능신”을 믿어야만 구원받고, 모든 불신자와 거스르는 자들은 “번개”에 의해 죽임을 당할 것이라고 말한다.

셋째는 “오늘날 중국은 몰락하는 제왕의 대가족으로서, 크고 붉은 용(공산당을 가리킴)의 지배를 받고 있다.” 그러므로 믿는 이들은

"하나님의 인도하심 아래서 크고 붉은 용과 전쟁을 전개하여 크고 붉은 용을 멸절시키고, 전능하신 하나님께서 통치하시는 왕국을 건립해야 한다."라고 믿는 이들을 선동하고 있다.

主要非法宣传品：《话在肉身显现》《东方发出的闪电》《神隐秘的作工》《救主早已驾云重归》《神向全宇发声》《审判在神家起首》、《圣灵末世的工作》《圣灵向众教会说话》《在光中行走》《那灵在说话》《基督的发表》《吗哪》《你听见神的声音了吗》《七号已经吹响》《神在末世的发声》《羔羊展开的书卷》《神三步作工的纪实精选》《国度福音见证问答》《国度的赞美》《跟着羔羊唱新歌》《全能神，你真好》《新的发声》《关于实行真理的交通与问题解答》《东方闪电摸底铺路细则》等。

주요 불법 선전 책자 :《말씀이 육신에서 나타나심 話在肉身顯現》,《동방에서 나온 번개 東方發出的閃電》,《하나님의 은밀하신 역사 神隱祕的作工》,《구주께서 일찍이 구름을 타시고 다시 돌아오심 救主早已駕雲重歸》,《하나님께서 온 우주를 향해 말씀하심 神向全宇發聲》,《하나님의 집에서부터 심판이 시작됨 審判在神家起首》,《성령의 말세의 역사하심 聖靈末世的工作》,《성령께서 모든 교회를 향해 말씀하심 聖靈向眾教會說話》,《빛 가운데서 행함 在光中行走》,《그 영께서 말씀하심 那靈在說話》,《그리스도의 계시 基督的發表》,《만나 嗎哪》,《당신은 하나님의 음성을 들었습니까 你聽見神的聲音了嗎》,《일곱째 나팔은 이미 울렸다 七號已經吹響》,《하나님의 말세의 말씀하심 神在末世的發聲》,《어린 양의 펼쳐진 책 羔羊展開的書卷》,《하나님의 세 단계 역사하심의 사실 기록 정선 神三步作工的紀實精選》, 《왕국 복음의 간증 문답 國度福音見證問答》, 《왕국의 찬양 國度的讚美》, 《어린 양을 따라 새 노래를 부름 跟著羔羊唱新歌》, 《전능신 당신은 참으로 좋습니다 全能神 , 你真好》, 《새로운 소리 新的發聲》, 《진리의 교통을 실행함과 문제 해답에 관하여 關於實行真理的交通與問題解答》, 《동방번개의 실정을 알고 길을 여는 세부사항 東方閃電摸底鋪路細則》 등。

동방번개 관련 K선교사에 대한 항의서한(1)

OOO 선교사님께,

안녕하십니까?

저는 워치만 니와 위트니스 리 사역을 통해 큰 도움을 받았고, 현재 두 분의 사역이 오해되고 왜곡되는 것을 반박 또는 해명하는 일을 담당하는 분들과 함께 하고 있는 OOO이라고 합니다.

먼저 신앙의 자유가 없는 C국에서 죽어가는 영혼구원을 위해 수고하시는 K선교사님의 헌신과 사역에 주님의 함께 하심이 있으시기를 기도합니다. 아울러 '호함파'와 관련된 이상수(위트니스 리) 형제님에 대한 심각한 오해 부분에 대해서 대화를 통해 원만히 시정되길 원하여 K선교사님께 메일을 드리게 되었습니다.

사실 저희는 이러한 거짓정보가 시중에 유통된다는 것을 약 2년 전 월간 현대종교 기사를 통해 처음 접했습니다. 아래 첨부 자료처럼 저희측은 이에 대해 강력히 항의했습니다. 그런데 최근에 나온 '교회와 신앙' 기사(http://www.amennews.com/news/articleView.html?idxno=12488)를 통해 이 루머의 원출처가 K선교사님인 것을 확인할 수 있었습니다. 저희 측의 추가 조사에 의하면, 이 내용이 K선교사님의 석사학위 논문과 『중국교회의 이단-동방번개』라는 단행본 책자에도 포함된 것을 확인했습니다. 전혀 사실무근의 내용이 신학 논문에 기재되고 심지어 단행본으로도 유통되는 사실에 저희는 경악하며 또 매우 안타깝게 생각합니다.

어떤 형태로든 이런 바람직하지 않은 사태가 원만히 해결되길 바라는 마음으로 저희는 다음 두 가지 사항에 대해서 K선교사님의 성의 있으신 해명을 요청합니다.

우선 아래 내용에 대해 K목사님이 논문 작성 시 참고하셨을 〈위트니스 리 본인 측의 1차 자료〉를 제시하여 주시기 바랍니다. 만일 그런 것이 없이 간접 자료만 의존하셨다면, 그것은 거짓이므로 유력한 선교회 한국본부 대표에 걸맞은 책임 있는 시정조치를 조속한 시일 내에 취해 주시기를 정중하게 요청 드립니다. 그것은 1차적으로 거짓내용이 포함된 현대종교와 '교회와 신앙'지의 관련 인터넷 기사를 즉각 내리는 것을 포함해야 할 것입니다.

1. "1976년 미국생활 중에 (호함파 교주를) 시작하였다가 1978년 중국으로 귀국하여 '호함파'라는 이름으로 정식으로 모임을 시작하였다."

2. "위트니스 리는 스스로 상수주常受主라 칭하며, 신도들에게 자신을 구원자로 선포하고 경배하게 하며…"

위 두 가지 매우 충격적이고 치명적인 '허위사실' 외에도 K선교사님이 이상수(위트니스 리) 및 지방 교회와 연관 지어 거론하신 이런 저런 진리항목들도 심각한 사실왜곡이 있으십니다. 그러나 우선 위의 매우 우려되는 두 가지 문제부터 해결되기를 소망합니다. 아울러 이와 관련된 질문 또는 궁금한 사항이 있으시면 상호간에 허심탄회하게 대화함으로 오해가 해소되는 길을 찾아보았으면 합니다. 조만간 010-xxxx-xxxx 또는 02-xxx-xxxx로 전화를 드리도록 하겠습니다. 우리의 화목제물이신 주님께서 이 어려운 갈등 가운데 개입하시고 또 원만하게 해결될 수 있는 길을 열어주기기를 기도드립니다. 감사합니다.

미국 캘리포니아에서 OOO 드림

첨부 자료1

발신인: DCP Korea (진리변증 위원회) 2010. 11.4.
주소: 서울 강북우체국 사서함 132호
전화: 02-908-34** Fax: 02-908-11**

수신인: 월간 현대종교 대표/탁지원님
차진형 기자(cjh@hdjongkyo.co.kr)
김정수 기자(rlawjdtn@hdjongkyo.co.kr)
주소: 서울 중랑구 상봉동 137-15 서울 오피스텔 125호
(131-201) 전화: 02-439-391
팩스: 02-436-5176

제목 : 현대종교 10월호 기사에 대한 지방교회 측의 변증 및

요구사항

우리는 귀측의 2010년 9월호 기획 취재내용의 부당성에 대해 내용증명 우편과 '기독교 신문' 광고를 통해 강력히 항의한 바 있습니다. 이에 대해 귀측은 월간 현대종교 10월호에서 "지방교회 진리변증위원회의 반박문에 대하여"라는 제목으로 귀측의 원칙적인 입장을 밝힌 바 있습니다. 우리는 이러한 귀측의 입장 표명에 대해 다음과 같이 우리의 변증 및 요구사항을 제시하고자 합니다. 참고로 우리는 이 문제를 처리함에 있어 전 세계 지방교회들 내의 모든 한국어권을 대표합니다.

I. 이단 시비에 관하여

지난 항의 서한에서도 지적했듯이 귀측의 지방교회들에 대한 이단 시비는 유감스럽게도 예장통합 측의 연구보고서(1992)에 근거한 것에 불과합니다. 또한 지난 통합교단의 재심판정은 절대기준인 성경이 아니라 주로 장로교 통합 측 헌법을 그 판단 기준으로 한 것이었습니다(고대 신조도 일부 인용되었으나 적용에 무리가 있음). 귀측도 익히 아시는 바와 같이 장로교 통합 측 헌법은 이단 판정의 절대기준이 아니며 침례교단, 감리교단, 또는 오순절 교단에는 통용될 수 없는 장로교단의 특수성 즉 상대적인 기준일 뿐입니다.

더구나 통합 측은 "(위트니스 리가) 오직 한 인격만이 우리 안에 있다는 주장을 굽히지 않는다."라고 말함으로, "오직 한 인격만이 우리 안에 있다고 말할 수 없다."(1987년판 『하나님의 경륜』, 16쪽 위에서 열째 줄)는 위트니스 리의 본문을 정반대로 왜곡시켜 인용했습니다. 이것은 의도적이든 단순한 실수든 소위 '한 인격' 주장이 양태론 정죄의 주된 이유였다는 점에서 통합 측 연구보고서에 치명적인 하자가 있는 것입니다.

한편 통합 교단과는 달리 미국의 저명한 이단변증기관인 CRI나 풀러 신학교는 수년에 걸쳐 그리스도인의 공통 신앙에 대해서 철저히 연구한 후, 위트니스 리와 지방교회들이 결코 이단이 아니며 정통 그리스도인이라고 결론 내린 바 있습니다.

이처럼 특정인에 대한 평가가 극명하게 엇갈릴 때는 일단 최종 판단을 유보하고 추이를 더 지켜보는 것이 신중한 태도일 것입니다. 귀 현대종교는 지금까지 오랫동안 한국의 이단변증 분야에서 수고해 오셨습니다. 그렇다면 누가 봐도 공감이 되는 보편타당한 기준으로 정통과 이단을 분별하는 것이 권위 있고 존경받는 전문기관의 명성에 걸맞은 태도가 아닐까 싶습니다.

II. ECPA 소속 회원사 서적을 '이단서적'으로 지칭한 것에 대하여

거듭 강조하지만, 한국복음서원은 '미국 복음주의출판사협의회'(ECPA) 정회원인 '리빙스트림 미니스트리'(LSM) 영문 책자를 한국어로 번역 출판하는 곳입니다. 그리고 ECPA는 미국 성서공회, IVP, 존더반, 토마스 넬슨사, 베이커 등 한국에도 잘 알려진 복음주의 출판사들이 회원으로 있습니다. 또한 '생명의 말씀'사는 이 단체의 국제회원입니다. 이처럼 기독교계 출판계에서 권위 있는 기관이 보증하고 독자들에게 무난히 받아들여지는 복음주의 서적들이 영어

에서 한국어로 번역된 차이만 있음에도 '추천도서'에서 '이단서적'으로 평가절하 되는 것이 타당한가 하는 것입니다. 이것은 담당기자의 신앙 양심과 일반 상식선에서 판단할 문제입니다.

III. '호함파'와 관련된 거짓사실 유포에 대하여

또한 귀측과 차진형 기자는 "중국의 이단들" 기사의 "호함파"라는 항목에서 "위트니스 리는 스스로 상수주常受主라 칭하며, 신도들에게 자신을 구원자로 선포하고 경배하게 하며", "오주 오주 오주"를 세 번 외치면 구원을 얻을 것이라고 가르쳤다."고 했습니다.

거듭 지적하거니와 이러한 출판물에 의한 터무니없는 거짓말 유포는 신실한 성경 교사 한 사람을 자기에게 경배를 강요하는 사이비 교주처럼 보이게 했습니다.

이것은 고인의 평판에 대한 명백한 명예훼손 행위입니다. 또한 위트니스 리가 남긴 수백 권의 저서들에 대해 판권을 보유한 미국 리빙스트림 미니스트리(한국복음서원)의 권익을 심하게 손상시킨 것입니다. 더 나아가 현재 그리고 장래의 선의의 독자들에게도 악영향을 주는 중대한 문제임으로 결코 묵과할 수 없습니다.

우리는 지난 항의서한에서 귀측에게 위와 같은 주장에 대한 근거 제시를 요구했었습니다. 이에 대해 귀측은 "현지 선교사들을 통해 얻어진 자료"라고 했을 뿐 위트니스 리 본인이 그렇게 말했다는 명백한 증거를 제시하지 못했습니다. 따라서 귀측은 위와 같은 허위사실 유포로 인한 책임에서 자유롭지 못하게 되었습니다. 담당 기자는 성경 66권 전권에 대한 주석을 쓰고 약 4백여 권의 영적 서적들을 출판한 성경 교사를 위와 같이 터무니없는 루머로 공개적으로 정죄하기 이전에 사실 여부를 더 철저히 확인 취재했어야 했습니다.

우리는 이로 인해 파생된 모든 문제들에 대한 법적 윤리적인 책임이 전적으로 월간 현대종교와 차진형 기자에게 있음을 분명히 밝혀두고자 합니다.

사실을 말하자면 이미 위트니스 리 생존 당시인 1991년에 위와 같은 전혀 터무니없는 루머들이 나돌아 위트니스 리 본인이 직접 그렇게 하지 말도록 금지한 바 있습니다. (그럼에도 귀측은 정반대로 기사화한 것입니다.) 우리는 그 녹취록(중국어)과 CD로 된 위트니스 리 본인의 중국어 육성 녹음을 증거로 제시하고자 합니다.

우리는 거듭 월간 현대종교 측에게 다음과 같이 정중하게 요구합니다.

1. 위트니스 리와 지방교회들에 대해 거듭해서 무책임한 거짓 기사를 쓰는 일을 중단하기 바랍니다.

(귀측은 수년 전에도 워치만 니의 동역자인 위광휘 형제가 중국 곤명지역에서 사역한 것을 위트니스 리가 곤명에서 사역한 것으로 착각하고, 신화(神化)와 관련된 엉뚱한 비판을 수차례 했고 허위사실임이 밝혀진 후에도 사과나 기사 정정이 없었습니다).

2. 차진형 기자와 탁지원 대표는 호함파와 관련된 거짓 증거로 위트니스 리와 LSM(한국복음서원)의 명예를 훼손한 것에 대해 아래와 같은 사과 및 정정 광고를 현대종교 12월호에 실어 주시기 바랍니다. 우리는 귀측의 태도를 지켜본 후, 적절한 후속 조치를 신중하게

고려할 것입니다.

〈기사 정정 및 사과 광고〉

월간 현대종교와 차진형 기자는 지난 2010년 9월호 〈위트니스 리와 지방교회들 특집 기사〉에서 다음과 같은 내용을 보도한 바 있습니다. "위트니스 리는 스스로 상수주常受主라 칭하며, 신도들에게 자신을 구원자로 선포하고 경배하게 하며, '오주 오주 오주'를 세 번 외치면 구원을 얻을 것이라고 가르쳤다."

지방교회 측 진리변증위원회는 이에 대하여 항의서한 및 기독교신문 광고를 통해 강력히 이의를 제기하며 사실이 아니라고 반박했습니다. 그 후 지방교회 측은 추가 항의서한 및 위와 같은 내용이 중국 현지에서 떠도는 루머일 뿐 위트니스 리 본인과는 무관함을 증명하는 인터넷 자료(중국어)와 위트니스 리 본인의 중국어 육성녹음 CD(1991년에 제작)를 전달해 왔습니다.

참고로 현대종교 측은 중국 현지 선교사들을 통해 얻어진 자료들을 토대로 기사화했으나 위트니스 리 본인이 위와 같이 말했다는 직접적인 증거는 가지고 있지 않습니다.

월간 현대종교는 위 모든 사항들을 종합 검토한 후, 본지 2010년 9월 호함파와 위트니스 리 관련 보도는 사실이 아님을 확인했습니다. 따라서 신실한 성경교사인 위트니스 리를 일반 독자들에게 사이비 교주처럼 보이게 한 위 기사내용은 사실과 다름으로 정정하고자 합니다. 아울러 위트니스 리 본인과 그 유족들, 위트니스 리의 저서들에 대한 판권을 보유한 미국의 리빙스트림 미니스트리(한국복음서원), 그리고 이 글을 읽은 선의의 모든 독자 분들께 진심으로 사과를 드립니다.

월간 현대종교 발행인 탁지원
담당기자 차진형

첨부:
1. 이단비판 시리즈- 상수주常受主 파 (중국어) 등 인터넷 자료 1부

2. 위트니스리 육성 녹음 CD 1부

지방교회 측 진리 변호와 확증위원회

첨부: 위 이단비판시리즈 상수주파 관련 부분 한글번역

1988년, 대만의 한 그리스도인이 친척을 방문하기 위해 하남성(河南城)의 한 지방에 간 적이 있었다. 그때 그는 그곳의 한 집회에 참석하였는데, 그것이 바로 「상수주파」의 집회였다. 거기서 그는 직접 그들의 이단적이고 터무니없는 말들을 듣고, 또한 그들의 우매하고 무지한 방식들을 목격하였다. 대만으로 돌아온 후 그는 한 편의 글을 홍콩에 있는 기독교 출판사의 간행물에 실었다. 마침 그 출판사의 편집장이 위트니스 리의 옛 친구였다. 그는 즉시 그 간행물 한 권을 위트니스 리에게 보내주었다. 위트니스 리는 관련된 보고를 받아보고는 믿을 수 없다는 듯이 '사람이 이처럼 우매할 수 있겠는가? 누군가

가 헛소문을 만들어 공격하는 것일지도 모르겠다.'라고 말하였다.

1989년, 하남성의 한 형제가 미국에 와서 추수감사절 기간에 위트니스 리 형제를 직접 만나 하남성에 출현한 이단에 관하여 상세하게 이야기를 해주었다. 그는 그제서야 중국본토에 그와 같은 일들이 발생했다는 것을 확실히 알게 되었다. 그 형제는 또한 이러한 이단의 출현이 하남성의 적지 않은 사람들을 현혹했으며, 특히 초신자들을 미혹했다고 지적했다. 이러한 미혹된 형제자매들을 되돌리고 중국본토의 정통교회생활을 보호하기 위하여, 위트니스 리 형제에게 오디오테이프 또는 전파를 통한 방송 등으로 직접 진리를 밝히고 합당한 메시지를 전달하여 그를 경배하는 자들의 잘못을 천명해달라고 요청하였다. 이를 통해 한 면으로는 무지하여 미혹된 자들을 되돌리며, 다른 한 면으로는 사실을 분명히 밝히고자 했다.

이러한 상황을 알게 된 후 위트니스 리 형제가 깊은 관심을 가지고, 적극적인 면에서 중국본토 성도들을 위해 기도하면서, 해결할 방법을 구하였다. 1991년 여름훈련이 끝나고 그는 특별히 음성을 녹음하였는데, 그 음성녹음의 전체 내용은 아래와 같다.

『성경, 사도행전 14장 11-18절은 「무리가 바울이 한 일을 보고 소리를 높여, 루가오니아 말로 "신실이 사람의 모양으로 우리에게 내려오셨습니다."라고 하며, 바나바를 제우스라 부르고, 바울이 말하는데 앞장을 섰기 때문에 바울을 헤르메스라 불렀다. 그 도시 밖에 있는 제우스 신전의 제사장이 황소들과 화환들을 가지고 성문 앞에 와서, 무리와 함께 두 사람에게 제사를 지내려고 했다. 사도 바나바와 사도 바울이 듣고서, 자기들의 옷을 찢으며 무리 가운데로 뛰어 들어가서 외쳤다. "여러분, 왜 이런 일을 합니까? 우리도 여러분과 같은 심성을 가진 사람입니다. 여러분에게 복음을 전하는 것은 이런 헛된 일을 버리고, 하늘과 땅과 바다와 그 안에 있는 만물을 지으신 살아 계신 하나님께 돌아오게 하려는 것입니다. 하나님께서 지나간 세대에서는 모든 민족이 자기들의 길을 가도록 내버려 두셨으나, 자신을 드러내지 않으신 것이 아닙니다. 그래서 하늘에서 비를 내려주시고 결실하는 계절을 주시는 선한 일을 하셔서, 음식과 기쁨으로 여러분의 마음을 채우셨습니다." 두 사람이 이렇게 말하여 겨우 무리를 말려서, 자기들에게 제사를 지내지 못하게 하였다」

그러므로 성경이 우리에게 분명히 보여주는 것은 은혜를 사람들에게 가져다주는 사도들도 만일 사람들이 그들을 신으로 섬기고자 한다면 절대로 허락하지 않고 금하였다는 것입니다. 그러므로 저는 이러한 말씀으로 여러분의 그러한 일을 완전히 멈추시기를 요청합니다. 절대로 사람을 신으로 섬기는 것을 허락해서도 안 되며, 사람을 주님이나 왕으로 섬겨서도 안 됩니다. 이는 우상을 섬기는 것과 같은 것이며, 더 나아가 하나님을 욕되게 하며 모욕하는 것이며, 하나님께 죄를 범하는 것입니다. 저는 여러분이 이 말씀을 받으시고, 그 일을 완전히 멈추고 다시는 반복하지 말기를 다시 한 번 요청합니다. 이처럼 하나님 앞에서 뉘우치실 때에만 하나님께 열납될 수 있습니다. 하나님께서 여러분을 은혜로 대하시며, 축복하시길 원합니다. 그렇게 할 때 저 또한 여러분께 감사드리게 될 것입니다.』

동방번개 관련 K선교사에 대한 항의서한(2)

보낸 사람: OOO 2013. 01. 07. 22:14

보내주신 메일을 잘 받았습니다. 그리고 여러 번 읽어 보았습니다.

아주 자세하게 보내주신 내용 잘 읽었습니다. 마음이 많이 불편하시다니 저도 예수 그리스도를 사랑하고 진리를 기뻐하는 사람으로서 책임감을 갖고 제가 쓴 글을 다시 읽어보게 되었습니다. 답장이 그리 신속하지 못하였습니다. 양해를 구합니다.

저도 우선 몇 가지 말씀 드리도록 하겠습니다.

먼저, '교회와 신앙'에는 저도 모르고 관계자들도 모르는 사이에 거기에 게재되어 있는 것을 알게 되었습니다. 이는 저 개인적으로 동의한 바 없는 상황이지요. 이 부분 저도 항의할 예정입니다.

그리고 이런 이야기를 드리고 싶습니다. 저는 아시다시피 중국 선교사로서 오랫동안 사역 하였습니다. 여러 상황 하에서 중국 교회와 중국 교회가 말하는 이단에 대하여 관심을 갖게 되었습니다. 아시다시피 중국은 관련된 자료들을 구하기가 쉽지 않습니다, 그런 중에도 홍콩에서 발간한 책, 그리고 중국 삼자회에서 발간한 책, 일반 대학 출판사에서 펴낸 책 그리고 중국 가정교회가 내부 자료로 발행한 책들을 구할 수 있었습니다. 논문의 참고 문헌에 수록되어 있는 것들입니다. 중국어로 된 이런 자료들을 주요 문헌으로 하여 번역하여 사용한 것입니다. 제가 개인적으로 소견만을 가지고 임의로 쓴 글은 아닙니다. 지적하신 두 가지 내용들도 이런 참고문헌들의 내용에서 인용하거나 참고한 것들입니다. 불편하신 마음에 조금이라도 적절한 답변이 되었는지 모르겠습니다.

2013년 한 해,

주 안에서 행복하시고 건강하십시오.

우리의 유일한 구원자이시며, 길이요 진리며 생명이신 예수 그리스도의 은혜가 OOO 선생님 위에 풍성히 임하기를 빕니다.
감사합니다.

서울에서
OOO 드림

2013년 1월 11일자

K선교사님께, 2013. 1. 11.

먼저 여러 가지로 바쁘실 텐데 보내드린 저희의 항의성 글을 진지하게 읽으시고, 진솔한 답변 메일을 보내주셔서 깊이 감사드립니다. 과거 경험에 의하면, 소위 이단문제를 다루는 교계 언론들은 자신들의 보도가 명백히 허위임이 판명된 후에도 그것을 공개 시인하고 피해당한 쪽의 아픔을 공감하고 치유하려는 모습이 많이 부족했다고 기억됩니다.

K선교사님은 이러한 다소 고압적인 교계 언론들과 달리, 중국이라는 험난한 복음현장에서 불쌍한 영혼들을 살리는 일을 하시는 분이므로, 상처받은 자와 약자의 심정을 충분히 이해하실 것으로 믿습니다. 아래 몇 가지 추가적인 말씀은 이러한 전제를 토대로 한 것임을 이해해 주시기 바랍니다.

1. 사실 관계 입증을 위한 추가 증거

저희가 K선교사님이 쓰신 단행본 책자인『중국교회이단-동방번개』(또는 논문) 내용에서 심각한 우려와 함께 우선적으로 문제 삼는 쟁점은, 1) 과연 위트니스 리가 1970-1980년대 사이에 중국 본토를 방문한 사실이 있는가, 2) 그가 직접 자신을 '상수주'(常受主)라고 부르라고 지시했는가 하는 것입니다. 이 둘은 모두 사실 확인 문제입니다. 우선 후자에 대해서는 지난 번 메일에서 사도행전 14장을 인용하며 그런 사실을 단호하게 부인하는 위트니스 리 본인의 육성 녹음(보내드린 중국어 웹사이트 오른쪽 상단 참조)과 녹취록 한글 번역을 보내드림으로써 항간의 루머가 전혀 근거 없는 것임을 입증 또는 해명해 드렸습니다.

두 번째 쟁점인 위트니스 리의 중국본토 방문 주장에 대해서는 같은 기간에 미국에서 늘 그와 함께 있었던 애너하임 교회 성도들은 그것이 터무니없는 거짓말임을 알고 있습니다.

이에 대한 객관적인 증거는 말미에 첨부한 위트니스 리 본인의 법정 선서 증언문입니다(1984. 2. 17). 그는 이 자료에서 '1948년에 복건성에 한 번 가봤을 뿐, 1949년 이후에는 선서 증언하던 그 시점까지 복건성은 물론 중국본토 그 어디에도 방문한 적이 없고, 이와 다른 어떤 주장도 다 거짓이다.'라고 증언했습니다. 그 부분에 대한 영어 원문은 이렇습니다.

"In fact, the one and only time I have been to Fukien was in 1948. I have not been anywhere in Mainland China since 1949. Any statements to the contrary to any of the foregoing are false."

위트니스 리는 십대 후반에 주님을 영접하여 거듭난 이후 그가 주님 품에 갈 때까지 약 70년을 줄곧 아침에 눈을 뜨면 성경을 대하고 밤에 잠자리에 들 때 성경을 읽다가 잠이 드는 일을 한결같이 실행했던 신실한 성경 교사이자 주 안의 참된 형제였습니다. 그는 기회 있을 때마다 자신이 장차 그리스도의 심판대(고후 5:10) 앞에 설 것을 늘 염두에 두고 산다고 말했습니다. 주님의 긍휼로 그분의 말년의 몇 년 동안을 이웃에 살면서 지켜본 저도 그 말이 참임을 간증할 수 있습니다. 이런 신실한 그리스도인이었던 그가 직접 본인의 육성으로 또 법정 서기 앞에서의 선서 증언을 통해 한 말을 우리는 믿어주는 것이 공정하다고 봅니다.

이러한 실체적 진실에 반대되는 이런저런 증언과 자료들은 중국 공산당의 직간접적인 영향 아래에서 어떤 의도를 가지고 만들어진 거짓증거일 뿐입니다. 저희는 이렇게 말씀드릴 수 있는 몇 가지 관련 증거들을 가지고 있습니다. 그들이 보기에 소위 반국가 세력으로 판단되는 사람들을 탄압할 구실로 삼도록, 신뢰하기 어려운 거짓 자료들이 생성될 수 있었던 것이 그 당시 중국본토의 현실이었습니다. 이런 사정은 K선교사님도 잘 알고 계실 것입니다. 저희는 현재 중국 관련 몇 가지 현안들에 대해 다각적이고 심도 있는 연구를 진행 중입니다. 추후 결과물이 나오게 되면 중국 상황에 관심이 많으신 K선교사님에게도 참고자료로 보내드릴 것을 약속드립니다.

2. 미국과 한국에서의 오해와 대응

사실 어떤 특정인에 대해 일단 선입관을 갖게 되면, 그 사람이 어떤 말을 해도 그 선입관의 색안경을 통해 보고 듣게 됨으로써 참 진실이 굴절되어 전달될 때가 허다합니다. 저희는 지난 1970년대 중후반부터 미국에서, 그리고 또 1990년대부터 한국에서 워치만 니와 위트니스 리 그리고 그들의 사역에 대해 오해하거나 공격하는 단체 및 개인들과 인내를 가지고 대화하는 일을 계속해 오고 있습니다. 주님의 긍휼하심과 이런 노력에 힘입어 이곳 미국에서는 과거의 오해가 많이 해소되었습니다.

대표적인 예가 '크리스천 리서치 인스티튜트'(CRI, 창설자 월터 마틴)와의 극적인 화해입니다. 그분들은 1970내 후반부터 라디오 방송과 책자들을 통해 최초로 또 조직적으로 저희를 양태론이라고 공격한 이후, 약 30년가량은 지방교회들을 계속 비판해 왔었습니다. 그런데 6년간의 재(再)연구 후, 2009년에 〈CRI 저널〉에 "We Were Wrong(우리가 틀렸었다)"라는 특집호를 내게 되었습니다.

개인이건 단체건 자신의 잘못을 공개적으로 선포하는 것은 쉽지 않은 일인데, CRI는 30년 전에 잘못 평가한 것을 시인하고 재평가한 것입니다.

그러나 한국에서는 아직도 월간 '현대종교'나 '교회와 신앙' 측은 사과하지 않고 있습니다. 이외에 풀러 신학교 측이 2년 동안 연구 후, 〈위트니스 리와 지방교회들은 이단이 아니며, 참된 주님의 몸의 지체들〉이라고 선언문을 발표했습니다. 이 연구에는 리차드 모우 총장 외에도 하워드 로웬 신학부장과 벨리-마티 커케년 조직신학 교수가 주축으로 참여했습니다.

한국에서는 1982년 『신흥 이단들(The New Cults, 1980년 CRI 발행)』을 '현대종교' 창간호와 2호, 3호에 게재하여 지방교회들에 대해 잘못 평가하게 된 원인이 되었지만, 최삼경 목사와의 진리토론(1996년 8월~1998년 5월)이 월간 '교회와 신앙'에서 이뤄졌고, 그 결과 최삼경 목사가 삼신론자로 평가받게 되었습니다.

지난 10여 년 동안 지방교회 측은 미국에서의 재평가를 근거로 교계에 이 사실을 널리 알려왔습니다. 저희들의 1차 목표는 그가 어느 단체에 속했든지 참되게 거듭난 모든 사람들은 교회인 주님의 몸의 지체요 또한 참된 하나님의 자녀들이라는 기본 진리인식을 공유하는 것입니다. 이것은 자신들만 교회라고 한다는 항간의 오해와 달리, 〈참되게 거듭난 '모든' 사람들이 그 지역에 있는 교회〉라는 소위 지방입장만 원래대로 바르게 이해되어도 가능한 일입니다. 그 후에는 물론 우리 모두가 그리스도의 충만인 그리스도의 몸과 새 예루살렘(계21:2)으로 세워져 가는 것이 최종 목표입니다.

이런 연장에서 저희가 믿는 진리 항목들과는 전혀 상관없는 내용들이 연관되어 위트니스 리 및 전 세계 지방교회들이 중국 내의 악명 높은 이단들과 동일시되는 상황은 매우 안타까운 일입니다.

저희 입장에서는 결코 간과할 수 없는 문제임을 이해해 주시기 바랍니다. K선교사님의 자료들에 소개된 이러한 진리 왜곡들은 잘못된 출처에 근거하고 있기 때문에 이 점에 대해서 앞으로 시간을 두고 더 심도 있는 대화를 통해 K선교사님과 저희가 좁혀가야 할 간격으로 생각합니다.

참고로 이러한 중국 내의 특수한 상황에 대해서는 저희들도 수년 전부터 관련 자료들을 수집 분석해 오고 있으며, 나름대로 대책을 세워 차분히 진행해 오고 있음을 말씀드리고 싶습니다. 이 점은 항목을 달리해서 조금 더 다뤄보도록 하겠습니다.

3. 중국 본토에서의 오해와 해명

K선교사님도 아시다시피, 중국본토에는 현재 저희와 관련하여 크

게 세 가지 오해가 있다고 봅니다. 첫째는 위트니스 리가 '상수주파'의 창시자라는 루머입니다. 둘째는 '호함파(the Shouters)'는 위트니스 리가 중국에 가서 세운 단체라는 일부의 시각입니다. 셋째는 '동방번개' 이단 교리가 호함파 또는 위트니스 리의 가르침을 주축으로 세워졌다는 주장입니다.

이에 대하여 차례로 해명을 드리도록 하겠습니다.

1) 〈상수주파, 常受主派〉

단적으로 말해서 위트니스 리(李常受)와 전 세계 지방교회들은 중국의 자생 이단인 소위 〈상주주파〉와는 전혀 무관합니다. 저희들 역시 그들을 핵심 진리에서 현저하게 빗나간 이단으로 판단하고 있습니다. 이 점은 저희 측의 〈이단연구자료 사이트(중문)〉에 올려놓은 상수주파 비판 내용을 참고하시기를 부탁드립니다. 아울러 본 메일 말미에 이에 대한 한국어 번역을 첨부하겠습니다.

2) 〈호함파, 呼喊派〉

이 호함파 문제는 다소 복잡한 양상을 띠고 있긴 합니다. 먼저 중국 본토에서 사용되고 있는 '호함파'라는 호칭부터가 다소 복합적입니다. 이를테면, 그것은 중국공산당이 탄압하기 원하는 무리들을 포괄적으로 포함하는 엉성한 그물과도 같은 개념입니다. 물론 그 중에는 참된 지방교회들에 속한 성도들도 있지만, 그렇지 않은 경우도 다수 포함됩니다. 이런 정황은 위 '상수주파' 연구 내용에서도 잘 묘사되어 있습니다.

참고로 저희는 K선교사님이 호함파의 문제점으로 지적하신 "성경의 영감성을 부인"하지 않습니다. 어떻게 참된 그리스도인으로서 성경 66권의 이미 완성된 정경성과 영감성을 부인할 수 있겠습니까. 또한 저희는 "그리스도가 피조물이고" 창조주는 아니시라는 아리우스 이단설을 거부합니다. 이런 것들은 참되게 거듭난 믿는 이들이라면 결코 가질 수 없는 이단사상일 뿐입니다.

또한 호함파의 반정부적 또는 비윤리적인 특징들도 저희에게는 매우 이질적입니다. 원칙적으로 위 '상수주파' 이단 연구 자료를 기록한 형제님의 글에서 풍기는 신앙의 자세와 분위기가 전형적인 지방교회 측 성도들의 모습입니다.

저희는 K선교사님이 이 차이를 분별하실 수 있으시기를 소망합니다. 참고로 CRI 관계자들이 저희들을 재(再)연구하는 과정에서 이처럼 십수 년간 억울한 감옥살이를 하고도 정부나 다른 사람들을 원망하지 않는 중국 내 지방교회 성도들의 모습을 보고 깊이 감동하였다고 하는 이야기를 덧붙입니다.

따라서 재차 강조하여 말씀드리거니와, 이런 저런 터무니없는 비진리들과 비도덕적인 특징을 갖는 소위 '호함파'는 위트니스 리나 원래의 지방교회들과는 전혀 무관합니다. 현재 이 '호함파' 부분은 외부인들의 혼선을 최대한 줄이도록 저희들의 입장을 정리 중에 있습니다. 자료(영문)가 확정되는 대로 K선교사님께도 제시해 드릴 것을 약속드립니다.

3) 동방번개 이단

이들은 소위 동방번개 이단의 제2인자 내지는 최고위급 배후세력으로 지칭되는 '자오웨이산(趙維山)'이 잠시 소위 '호함파'를 거쳐 갔다는 것 이외에는 저희와는 전혀 무관한 이단 집단입니다. 그런데 이 부분도 좀 더 자세히 들여다보면, 이 호함파는 '상수주파'와 동일시되는 '호함파'일 뿐 원래의 지방교회들(호함파)도 아니었습니다.

즉 자오웨이산은 중국 중앙텔레비전이 보도한 내용을 담은 별첨 자료(중문, 영문)는 그가 1989년 초기에 '상수주파'에 연결되어 거기서 침례를 받았고, 같은 해 봄, 정확히는 그해 3월 이전에 이미 자기 고향인 阿城市(the city of Ah)로 돌아갔다고 말합니다.

따라서 그는 그 지방에 임의로 유통되던 위트니스 리의 자료들 일부를 자기의 입맛에 맞춰 왜곡되게 이해하고 자기의 독자적인 이론을 발전시킨 것일 뿐 엄밀히 말해서 위트니스 리 또는 지방교회들과는 무관한 사람입니다.

이것이 이 정황을 보는 저희 측의 이해입니다. 분명한 것은 자오웨이산이 말하고 가르치는 내용들은 위트니스 리로부터 직접 가르침을 받은 저희들에게 매우 이질적이고 저희가 보기에도 심각한 이단성이 엿보인다는 점입니다.

이런 상황에서 그가 '이상수주'를 외치는 이단을 잠시 거쳐 갔다는 과거전력만으로 저희와 연관을 짓고 또 그가 받는 모든 비난을 저희가 함께 받아야 할 이유는 없다고 봅니다. 만일 그렇다면 예수를 공개적으로 욕한 천부교 박태선의 참람한 이단성에 대한 비난도 그가 과거 장로교단 장로 출신이었다는 것만으로 장로교단 전체가 공유해야 할 것입니다. 그러나 그것은 옳지 않습니다. 아무튼 이 부분은 K선교사님도 논문을 쓰실 때 심도 있게 연구하신 주제이므로 그 전문성을 존중해 드리고 싶은 것이 저희의 원칙적인 입장입니다. 따라서 주장과 반박의 차원이 아니라 서로 객관적인 자료를 근거로 대화를 통해 이해의 폭을 넓혀가는 추가 대화가 있었으면 합니다.

4. 야기된 문제들에 대한 해결방안

현재의 현안은 크게 두 가지입니다. 하나는 저희 측이 매우 안타깝게 생각하며 강력하게 항의하고 있는 두 가지 사실 관계에 대한 확인 문제이고, 두 번째는 저희 측의 진리왜곡 문제입니다. 후자인 진리왜곡 문제는 앞으로 충분한 시간을 가지고 K선교사님과 더 대화를 해나가는 과정에서 점차적으로 오해의 폭을 좁힐 수 있을 것으로 기대합니다.

따라서 현재로는 앞서 저희 측이 해명해드린 두 가지 심각한 사실 왜곡에 관하여, K선교사님께서 위트니스 리 본인은 물론 전 세계 지방교회 측 성도들이 입은 손상들에 대한 치유책을 성의를 가지시고 이행해 주실 것을 간곡히 부탁드립니다. 저희가 생각하는 몇 가지 구체적인 방안을 제시해 보겠습니다.

1. 현재도 인터넷에 올려져 있는 '교회와 신앙' 웹사이트에서 문제의 기사가 즉각 삭제되도록 '교회와 신앙' 측에 강력하게 요청해 주십시오(인터넷 안에 남아 있는 한 검색을 통해 독자들에게 두고두고 읽혀질 뿐 아니라 계속 불특정다수에 의해 확산되기 때문입니다).

2. 이번 '교회와 신앙' 사례처럼, 향후 K선교사님의 『중국교회 이단-동방번개』 책자와 논문 내용을 어떤 형태로건 게재할 때 저희 측이 항의하고 문제의 부분에 대한 삭제를 요구할 어떤 근거를 제시해 주시기 바랍니다.

예를 들면 이런 취지의 해명의 글입니다.

위트니스 리 및 지방교회 측과 관련된 해명서(초안)
(2013. 1. 20.)

"저 K선교사는 『중국이단-동방번개』라는 단행본 책자 및 관련 논문에서 중국 내 이단인 '호함파'와 '동방번개파'를 설명하면서 '이상수, 李常受(위트니스 리)' 또는 지방교회와 관련된 몇 가지를 언급한 바 있습니다. 그 중에서 특히 아래 부분은 홍콩 또는 중국 내 삼자교회 쪽 자료들을 근거로 작성한 것이나, 위트니스 리 본인이 참으로 그렇게 했다는 직접적인 증거는 가지고 있지 않습니다.

1. "1976년 미국생활 중에 (호함파 교주를) 시작하였다가 1978년 중국으로 귀국하여 '호함파'라는 이름으로 정식으로 모임을 시작하였다."

2. "위트니스 리는 스스로 상수주(常受主)라 칭하며, 신도들에게 자신을 구원자로 선포하고 경배하게 하며…"

지방교회 측은 위 내용에 대한 항의 서한과 함께 위 1번 항목이 말하는 동일 기간에 위트니스 리는 중국 본토에 전혀 방문한 사실이 없다는 법정 선서 증언문을, 위 2번 항목은 중국 현지에서 떠도는 루머일 뿐 위트니스 리 본인과는 전혀 무관함을 증명하는 위트니스 리 본인의 중국어 육성녹음과 녹취록을 저에게 보내왔습니다.

따라서 저는 지방교회 측이 보내온 자료들을 충분히 검토하고 중국 내 전후 정황을 고려해 볼 때, 위 내용들이 전혀 사실이 아니거나 최소한 논쟁거리가 되는 사안임을 인정합니다. 따라서 이 내용이 어떤 형태와 어떤 경로로든지 더 이상 유포되지 않기를 바랍니다. 또한 이미 그런 일이 발생했을 경우에는 지방교회 측의 요청이 있을 경우 즉시 삭제하여 주시기를 부탁드립니다.

아울러 신실한 성경 교사인 위트니스 리를 마치 사이비 교주처럼 보이게 한 위 내용에 대해 매우 유감스럽게 생각합니다. 아울러 이미 작고한 위트니스 리 본인과 그 유족들, 위트니스 리의 저서들에 대한 판권을 보유한 미국의 리빙스트림 미니스트리(한국복음서원), 그리고 이 글을 읽은 모든 선의의 독자 분들께 저의 글로 인하여 혼란과 어려움을 드린 것에 대하여 진심으로 사과를 드립니다.

OOO 선교회 한국본부대표: K 선교사 (싸인)

3. 추후 강연 또는 어떤 형태로든지 중국 이단들을 언급하실 필요가 있으실 때, 위트니스 리나 지방교회들의 가르침이 사실과 다르게 왜곡되지 않도록 협조해 주시기 바랍니다.

끝으로 저희는 현장 체험과 학문적인 전문성을 겸비한 K선교사님이 강연 또는 문서들을 통해 한국교계가 중국을 참되게 이해할 수 있도록 지속적으로 도움을 주시기를 부탁드립니다. 저희도 중국에 대한 관련 자료들이 입수되는 대로 최선을 다하여 정보를 공유하고 중국 내에서 바른 복음의 확산을 함께 힘쓸 것을 약속드립니다. 그럼 K선교사님의 고견을 듣고, 필요하면 또 저희 측의 입장을 추가적으로 말씀드리도록 하겠습니다. 안녕히 계십시오.

미국 캘리포니아에서, OOO

첨부 자료:

1. 위트니스 리의 선서증언 사본(영문스캔 자료)
2. 지방교회 측의 중국이단 〈동방번개파〉, 〈호함파〉, 〈상수주파〉 연구 자료
http://www.cftfc.com/heresy/index.htm
3. 〈상수주파〉 이단 연구결과의 한국어 번역
4. 〈동방번개〉 자오웨이산 관련 중국 중앙텔레비전 보도 내용 (중국어, 영어)
5. 위트니스 리 본토 방문을 말한 거짓 주장들과 정황 설명(영문)

1) 본토 방문 주장들(거짓)

From Ching Feng:

"The incident began with a man named Witness Lee. He left mainland China in 1948 for Taiwan. He ultimately ended up in Los Angeles of the U.S.A. and founded the "Local Church." In 1980, Lee used visiting relatives as a reason to enter Fukien. There he started the 'New Testament Church.'"

From The Seventies / Xinxi:

"The Shouting Sect was established in the last year or two and is closely related to the "Local Church" movement in Los Angeles. In 1980, the leader of the Local Church organization, Witness Li (Li Chang Shou) went to Fukien with the stated purpose of visiting relatives. He started a self-named 'New Testament Church' movement."

George Chan (Squires interview, April 1984):

"[George Chan] said that before 1977, it was--or way before that, it was just Watchman Nee who had activities in China. And Witness Lee went back to Fukien and Zheziang and looked up his old contacts there and started spreading that way. What Witness Lee does is he tries to use the authority that Nee has established in China and then says that he now has a new light, or additional new light. They brought in lots of money, lots of books, and lots of Bibles, and used those things to get people. He has a relative in Hunan, and through the relative he started spreading in the province of Hunan too, and it is spreading very fast. He uses the foundation that has been laid by Watchman Nee to do his work."

"There is a kinsman of Witness Lee. After the Gang of Four, Witness Lee met his kinsmen, then his kinsman returned to Honan to spread his influence/his doctrine. Witness Lee is from Fukien. His kinsman planted the church in Honan. His relative is in Loh Sau [Chinese] in Honan [Chinese]." (위트니스 리는 Fukien이 아니라 엔타이(연대) 출신임)

2) 거짓 주장의 배경과 진실

Following the mass persecution and harassment of Christian believers in Dongyang and Yiwu(China) in February 1982, a true account was circulated that exposed the Three-Self Patriotic Movement(TSPM) as the source of the disorder. After news of the repression began to spread in Hong Kong and the West, Cheung Hui Kwan(張煦帬) of the Hong Kong Christian Council and Lin Ru-Sheng(林汝升) of the Hong Kong-based periodical Ching Feng(景風) traveled into China for official meetings with TSPM representatives. Cheung and Lin, and their organizations, were Communist sympathizers who supported the views and actions of the TSPM and the Chinese government. Upon their return from China, Lin Ru-Sheng wrote an article titled "A Few Recent Happenings Related to Chinese Protestants" for the September 1982 issue of Ching Feng. It contained an alternative history blaming Witness Lee and the "Shouters" for the civil disturbance. The October 1982 issue of Xinxi(信息) and the November 1982 issue of The Seventies(七十年代), each contained an identical article co-authored by Cheung Hui Kwan and Mok Shu-en (莫樹恩), directors of the Hong Kong Christian Council, titled "Another Side of the Dongyang/Yiwu Incident." All of these articles represent an attempt to shift blame from the TSPM to Witness Lee and the local churches in China. Chinese Communist oppressors were the first to circulate the spurious claim that Witness Lee visited China in the 1970s or 1980s, or that he had anything to do with the group known as the "Shouters." In fact, Witness Lee had never been to Mainland China since 1949, and in 1984 he made the following sworn statement for the Superior Court of the State of California:

I, WITNESS LEE, state:

... Fukien is a province on the southeast coast of Mainland China. I did not visit Fukien in 1980 as alleged... In fact, the one and only time I have been to Fukien was in 1948. I have not been anywhere in Mainland China since 1949. Any statements to the contrary to any of the foregoing are false.

I declare under penalty of perjury that the foregoing is true and correct. Executed at Anaheim, California, this 12th day of February, 1984.

Witness Lee

그 후 지방교회 측은 서울 교보빌딩 커피숍에서 K선교사님을 직접 만나서 동방번개와 위트니스 리 그리고 지방교회 측이 전혀 무관하다는 것을 증명하는 중국어, 영어 자료들을 전달했습니다. 그 시점 이후 K선교사님은 그 자리에서 약속한 대로 둘을 연결 짓는 어떤 언급도 한 적이 없으십니다.

그럼에도 이미 출간된 책자의 거짓된 내용은 고신 측 송O목 교수에 의해 논문 작성 시 재차 인용되었고, 저자의 허락도 없이 게재한 '교회와 신앙' 인터넷 판 자료도 현재 인터넷 상에서 거짓 사실을 퍼뜨리고 있는 현실은 매우 유감스러운 일입니다.

[부록]

"자신들을 반대하는 자는 모두 '이단 옹호자'인가?"

심영식 장로, 정동섭 목사와 「하나 되는 기쁨」 관련 입장 밝혀 주목

성경을 성(性)적으로 해석해 물의를 빚은 「하나 되는 기쁨」의 추천자이자 한기총으로부터 사이비로 규정된 정동섭 목사가 최근 언론과의 인터뷰에서 자신에 대한 비판이 날조된 것이라고 주장하고 있다. 이런 상황 가운데 정 목사가 자신을 사이비로 규정하는 데 '주된 역할을 한 사람'으로 지목한 심영식 장로(한국교회평신도단체협의회 대표회장)가 정 목사에 대한 입장을 다시 한 번 강경하게 밝혀 관심이 집중되고 있다.

다음은 심 장로가 밝힌 입장을 정리한 것이다.

한기총 이대위에서 정동섭 목사를 사이비로 규정한 과정은 어땠습니까?

"한기총 「하나 되는 기쁨」 소위원회(위원장 이정환 목사)의 보고서에 의하면, 동 위원회에서는 「하나 되는 기쁨」 저자인 양모 교수와 추천자인 정동섭 목사가 한국교회에 남긴 공적과 이들을 지지하는 가정사역자들의 입장을 고려하여, '「하나 되는 기쁨」을 회수하여 소각하고, 다시는 이 책을 발행하지 않을 것을 약속하며, 본 책자로 인하여 한국교계에 물의를 일으킨 점은 언론을 통하여 한국교회와 성도들 앞에 공개적으로 사과한다면 「하나 되는 기쁨」 문제를 교리적 문제로 확대하지 않겠다.'고 약속했고, 양 교수와 정 목사는 이에 합의했습니다.

그러나 무슨 이유에서인지는 몰라도 이들은 합의를 번복하여, 「하나 되는 기쁨」은 전혀 문제가 없는 서적이며, 사과할 것이 없다고 하면서 '한기총 이대위에서 조사한 결과, 저자와 추천자는 복음주의적 관점을 견지하고 있으므로 「하나 되는 기쁨」으로 인하여 이단으로 규정할 이유가 없다고 결론을 내렸다.'고 주장하기에 이르렀습니다. 이에 한기총 이대위는 즉각적으로 조치하여 「하나 되는 기쁨」 문제를 성서적·교리적 문제로 파악하고, 사이비로 결의를 하게 된 것입니다."

당시 한기총 이대위 결의의 주요 내용은 무엇이었습니까?

"「하나 되는 기쁨」에 대해 △편향된 시각과 자의적 해석으로 성경을 성 지침서로 만듦으로 성경의 권위와 거룩성을 훼손한 반기독교 서적이다. △아가서를 노골적인 성 예찬과 성행위 지침서로 변질시킨 음란서적이다. △성(性)이 하나님을 만나는 통로인 것처럼 교리적 신학적 성격을 부여한 반기독교 서적이다 등으로 평가하고, △반기독교 음란서적에 현혹됨이 없이 경각심을 가질 것. △양, 정 씨의 사이비에 현혹됨이 없도록 이들을 초빙하거나 강단에 세우는 일이 없도록 할 것 등을 결의했습니다."

「하나 되는 기쁨」의 추천자인 정동섭 목사에 대해서는 어떻게 생각하십니까?

“정동섭 목사가 「하나 되는 기쁨」을 추천한 동영상을 보면 정 목사가 얼마나 가증스러운 모습을 하고 있는지를 바로 알 수 있습니다. 그는 자신은 추천사만 썼을 뿐이라고 계속 주장하고 있으나, 동영상을 보면 문제 책자를 지나치게 홍보·판매하고 있었습니다. 우리가 동 책자를 조사하는 과정에서 저자의 인사말을 보니, ‘본서의 내용이나 출판과 관련하여 많은 도움을 주시고 추천사를 써주신 정동섭 교수님과 본서의 구성과 관련하여 귀중한 조언을 주신 이영애 사모님께 진심으로 감사드린다.’며 정 목사 부부에게 감사하는 내용이 있습니다. 분명 정 목사는 추천사만 쓴 것이 아니라 모종의 큰 역할을 했다는 것을 알 수 있었습니다. 사실 이 문제를 심도 있게 조사를 해야 했는데 미흡했음을 지금도 아쉬워하고 있습니다.”

「하나 되는 기쁨」이 청소년유해서적으로 판명됐다고 합니다.

“아마도 기독교 2000년사에서 유일한 사건일 것입니다. 그것도 교회의 기관이 아닌 세속의 ‘한국간행물윤리위원회’의 판정을 받았다는 것을 스스로 반성하고 사과했어야 했습니다. 그러나 사과보다는 변명으로 일관하고 있는 것이 그들의 모습입니다. 여기에 추천자 정동섭 목사는 구원파라는 이단이 문제를 제기해서 생겼다는 식으로 변명하고 있습니다.

나는 정동섭 목사에게 다시 묻고 싶습니다. 예배와 섹스가 같은 것이고, '성교가 창조주의 창조 중심에 있음은 남녀의 성기의 구조로부터도 볼 수 있다.', '거룩한 성교의 축복, 하나 됨의 기쁨을 회복하는 것은 인간의 가장 큰 책임이자 사명이다.', '창조주의 명령과 축복은 바로 남녀의 성기를 통해 이루어진다.', '여성의 질은 성(性)과 성(聖)을 연결하는 통로이다.', '남녀의 결합을 통해 성기(性器)가 성기(聖器)가 되고 성교(性交)는 성교(聖交)가 된다.', '육체적 쾌락이 창조주와 만나는 순간이요 가장 강렬한 인간의 원초적 본능이 거룩함과 공존하는 순간이다.'. 이것이 「하나 되는 기쁨」의 성(性)사상입니다. 인용하기조차 민망할 정도로 아가서를 완벽하게 성 테크닉 교본서로 해석한 서적으로, 섹스를 통하여 천국을 맛보게 된다고 말하고 있습니다. 이것이 정 목사와 현대 복음주의자들의 일관된 논리인가를 질문합니다."

저자 최희열(양승훈) 박사와 추천자 정동섭 목사 그리고 장신대 조직신학자들이나 아가서를 전공한 신학자 간의 공개토론을 개최해볼 의향은 없으십니까?

"대환영입니다. 이미 신학자들의 견해를 물은 적이 있습니다. 어쨌든 이 문제는 신학자들의 몫으로 돌리면서 많은 성도들의 올바른 판단을 지원해야 합니다. 정동섭 목사는 아가서의 해석을 두고 하나님과 이스라엘, 그리스도와 교회의 관계로 해석하는 것을 풍유적이고, 영지주의적이라면서 정통 복음주의적인 해석을 부정하고, 심지어 이를 "무식한 소치"라고 비판하면서 최근의 복음주의적 해석은 문학적 해석을 취하면서 남녀의 육체적 사랑과 결혼을 노래하고 있는 문자적 해석이 대세라고 합니다. 이에 대하여 예장

통합 장신대 신학자들과 아가서를 전공한 학자들 간의 공개토론의 장을 추진할 수 있습니다.”

정동섭 목사는 「부부연합의 축복」이라는 책도 저술했는데요.

“그 책 서문에서 ‘섹스는 하나님의 아이디어다.’라고 주장하고 있는 것을 보면, 「하나 되는 기쁨」과 유사한 것으로 봅니다. 또한 ‘부부 성(性)생활에 대한 성경의 가르침’ 내용을 근거하는 성구로 하필 미국 정통교단에서 이단성 시비가 있는 ‘유진 피터슨’의 「메시지성경」을 제시했습니다. 특히 「부부연합의 축복」은 그 서평이 요란스럽습니다. 책 앞부분에 10명, 뒷부분에 21명, 모두 30여명의 추천사가 있습니다. 일반적으로 저자의 은사들이나 그 분야의 전문가 몇 사람의 추천사를 게재하는 경우가 있으나, 350면 정도의 책에 30여 명의 추천사를 게재하는 것은 이해하기 어렵습니다. 일종의 시위인지 아니면 각계의 찬사로 가득 찬 홍보인지 알 수 없습니다. 판사는 판결문으로 말하듯이 저자는 저작으로 자신의 입장을 표명하여야 합니다. 많은 들러리는 그 책의 저의를 의심케 하고 있습니다.”

정동섭 목사는 자신을 위해 손봉호 박사(고신대 석좌교수), 박성민 대표(CCC 대표), 양인평 장로(법무법인 로고스 대표변호사) 등이 탄원서를 썼다고 합니다.

“최근에 양인평·두상달 장로를 직접 만나서 물어보니 그렇게 한 적이 없다고 했습니다. 이러니 정동섭 목사를 누가 신뢰하겠습니까.”

그동안 교계 일부 세력들이 가정사역을 성사역으로 조장하고 있다는 비판이 있습니다. 이 문제에 대하여 어떻게 생각하십니까?

“최근 사회적으로 문제가 되고 있는 것 중에 교회 내 성폭력이 있습니다. 실제로 알 만한 교회들에서 보고 있지 않습니까. 이는 교회가 세속화된 성(性)사상에 물들어가는 모습에 대해 지속적인 경계를 해야 한다는 당면한 문제라고 봅니다. 특히 일부 가정사역자들에 의해 세속화 된 성(性)사상이 교회 내에 침투하고 있는 모습에 대해 많은 우려를 표하고 있습니다. 성경이 성경(性經, sex Bible)이라 주장하고, 아가서 전체가 성교의 기술을 표현한 것이라고 왜곡 해석하는 사상이 현대의 복음주의라고 참칭합니다. 뿐만 아니라 일부 가정사역자들을 통해 한국교회 내에 침투되고, 청소년의 영혼을 병들게 하고 있다는 지적을 한다고 해서 그들을 이단 옹호자와 회색분자로 매도하고 있습니다.

우리는 지금이야말로 ‘오직 성경’을 모토로 했던 종교개혁 정신으로 돌아가야 할 때라고 봅니다.”

정동섭 목사가 장로님에 대해서도 강도 높게 비판했는데요.

“정동섭은 그동안 교계에서 받았던 스트레스를 (풀기 위해) 나에게 향하고 있습니다. 그는 내 신상과 관련하여 ‘제가 알기론 심 장로는 구세군교회에서 정교를 지내고 장로교회로 와서 안수도 받지 않고 장로로 취임을 하여 노회장까지 한 것으로 알고 있는데 이게 사실이라면 앞으로 심영식 장로는 장로가 아니라는 주장이 제기될 뿐 아니라 직분을 세탁하여 한국교회를 농락한 거짓 장로라는 비판을 면치 못할 것이라고 보입니다.'라고 했습니다. 하지만 저는 한국의 장자교단인 예장통합에서 30여 년 간 장로 직에 봉사했고, 노회장을 역임했으며, 지금은 평신도단체 대표회장인 사람입니다. 누구의 사주를 받았는지는 모르지만 노골적인 싸움을 시작한 데 대하여 시시비비를 분명히 가려야 할 것입니다. 그리고 정 목사 자신도 본인의 신상을 분명하게 밝혀야 합니다. 구원파, 안식교, 지방교회 등을 전전하면서 이제는 기회만 있으면 돌아가신 옥한흠 목사를 운운하고 있는 데 대하여 '사랑의 교회'에 사실 여부를 정식으로 확인할 것입니다. 지금 이단을 연구한다는 사람들 대부분이 전에는 이단에서 맹종하다가 떨어져 나와서, 자신들이 마치 이단의 전문가인 양 행세를 하고 있는 자들입니다. 정통신학을 공부하고, 그 교단에서 정당한 절차를 마친 후에 제대로 된 신학을 가지고 판단해야죠. 나 역시 이런 점에서 부족합니다. 그래서 내가 철저히 하지 못했던 신학을 아들에게 시켜서 현재 촉망받는 신학교 교수가 되게 했습니다."

끝으로 한국교회의 이단논쟁이 왜 이렇게 문제되고 있는가에 대하여 견해를 부탁드립니다.

"먼저 의문이 있습니다. 정동섭 목사는 이 책이 떳떳하고 정말 신앙적 근본으로, 구약성서 아가서를 복음적인 내용을 중심하여 썼다면 왜 양승훈 씨가 숨어 있었으며, 최희열이라는 가명을 쓰고 있었나요? 그리고 정 목사는 이제는 잊어질 만하면, 또 「하나 되는 기쁨」을 갖고 문제를 제기합니다. 한국교회를 향하여 내가 구원파로부터 이만큼 탄압을 받고 있으니 나를 인식해 달라는 것인지, 아니면 자신의 책자를 판매하기 위한 전략인지 도무지 그 속을 알 수 없는 것도 사실입니다. 그리고 정 목사는 나에게 그동안 이단연구를 한다면서 무엇을 했느냐고 묻고 있습니다. 나도 정 목사에게 구원파와 싸운 것 외에는 무엇을 했는지 묻고자 합니다. 특히 정동섭 씨는 JMS에 대해서 내가 무슨 연관성이 있는 것 같이 말을 하는데, 그렇다면 신문에 수차례 걸쳐 JMS의 이단성을 기고할 수 있었겠는가. 할 말이 없으니 구세군 정교가 어떻게 장로가 되었느냐고 묻고 있네요. 앞으로 그들의 작태를 얘기하겠습니다. 내가 이단을 연구하다 보니 한 번 이단에 빠졌던 사람은 스스로 이단성을 벗어나지 못하고 있는 작태와 사례를 많이 봅니다.

한국교회 이단 논쟁의 가장 큰 문제는 소위 이단 감별사들이라는 사람들에 의해서 자행된 이단 규정이 공정성을 결여하고 있었기 때문입니다. 심지어 자신들의 제한된 신앙관으로 마치 '마녀사냥'처럼 남발을 했습니다. 이단을 규정하는 과정에서 당사자 본인들은 물론 관계자의 소명의 기회가 무시됨으로써 중세의 종교재판보다 더 살벌했습니다. 그 대표적인 사례가 한기총이 분열되기 전, 한기총 이단사이비상담소장 최삼경 목사의 전횡이 그것입니다. 물론 그 중에는 삼위일체 하나님을 분명하게 부정한 진짜 이단들은 그들이 아니라도 경계를 하고 있으나 실제에 있어서는 범교회적인 대응책이 미흡한 상태에 있습니다. 그러나 고대 에큐메니칼 교리를 중심한 삼위일체 하나님을 신조로 하고 있으나 교회의 성장과정에서 각 교단 간의 교리가 차이가 있듯이 차별화된 교리나 선교방법의 차이를 이단의 핵심 잣대로 보았다는 것입니다.

이단 정죄의 피해자들이 누구든지 간에 이단 규정이 잘못되었으니 재심을 청구하는 교단과 단체에 대하여는 그것이 연합기관이든 교단이든 성실하게 재심을 해야 합니다. 한기총 대표회장을 연임했던 길자연 목사는 총신대 총장이 되고자 한기총은 연합기관이니 이단규정과 해제를 해서는 안 된다고 부정하고 있습니다. 길 목사는 자신이 한기총 대표회장 재임 시 장재형 목사에 대하여 이단을 해제한 바 있고, 최삼경 목사를 '교회사의 극악한 이단자'로 규정한 사실이 있는데도 '발람의 길'을 가고 있습니다.

이것이 오늘의 한국교회의 문제입니다. 특히 현재 많은 신학교와 교단들이 있습니다. 그래서 이단문제는 어느 특정 이단집단의 출신들이나 특정세력들의 전유물이 아니라, 신학적 신뢰를 받는 학자들에 의하여 바른 잣대를 갖고 신중하게 대처해야 할 것으로 봅니다. 특히 에베소서 4장에서 보듯이 우리에게 주어진 각각의 은사는 '성도를 온전케 하는 일'(12절)이라고 했습니다. 우리 모두가 이 일에 진력을 다하는 한국교회가 되었으면 합니다."

출처 :

http://www.ecumenicalpress.co.kr/article.html?no=67150

[부록]

"정동섭 목사, 여전히 '「하나 되는 기쁨」은 좋은 책' 주장"

한기총 조사 당시 소위원장이던 이정환 목사, 기자회견 열고 비판

최근 한 매체와 인터뷰를 통해 자신에 대한 비판이 날조됐다고 주장한 정동섭 목사에 대해, 당시 한국기독교총연합회 「하나 되는 기쁨」 조사 소위원회 위원장이었던 이정환 목사(예장통합 팔호교회)가 "정 목사의 주장은 사실과 다르다."고 직접 언급하고 나섰다.

이정환 목사는 3일 오후 서울 연지동 한국기독교연합회관 내 서울북노회 사무실에서 진행한 기자회견을 통해 "당시 「하나 되는 기쁨」은 소위원회에서 사이비성이 있다고 결론이 났고, 이는 한기총 임원회 결의를 거쳐 공식적으로 규정까지 됐다."고 밝혔다. 이날 이 목사는 당시엔 공개되지 않았던 연구보고서 사본을 기자들에게 공개했다.

연구보고서는 「하나 되는 기쁨」과 관련해 △성경의 가르침과 무관한 반기독교적 음란서적 △성경(聖經)을 성(性) 지침서로 변질시킨 반기독교 서적 △추천사는 신앙을 가장해 음란사설을 홍보하는 사이비 행위 등으로 표명하고, '아가서를 노골적 성 예찬과 성행위 지침서로 변질시킨 음란서적', '성이 하나님을 만나는 통로인 것처럼 교리적·신학적 성격을 부여한 반기독교 서적', '저자와 추천인은 기독교 가정사역이라는 미명 아래 이 책을 저술하고 적극 추천하나, 사실상 상업주의 목적으로 성경을 이용한 사이비 행위에 불과하다.'고 결론을 맺고 있다.

이정환 목사는 "당시 소위원회는 위원장인 저를 비롯해 서기 나두산 목사와 정해송·심우영·진용식 목사 등이 위원으로 참여했는데, 정동섭 목사는 엉뚱하게도 심영식·김형원 장로 등에 화살을 겨누고 있다."며 "당시 문제 제기도 교회개혁연대와 한국교회평신도단체협의회 등 기관들의 연명을 통한 것이어서 심·김 장로와는 무관했다."고 설명했다.

이 목사는 "조사 당시 저는 정동섭 목사와 개인적으로 친분도 있었기 때문에 그의 신앙을 의심하거나 하진 않았고 책 자체의 문제에 집중했다."며 "당시 저자와 추천자에게도 책 때문에 사달이 났으나 더 이상 출간하지 않겠다고 하니 사과를 하고, 가정사역협회에서 교재로 사용한다고 하니 주의를 당부했던 것"이라고 전했다. 그는 "당시 책에 대한 이단 규정을 위원회가 말렸다고 하는데, 그런 사실도 없다."고도 했다.

또 "당시 저자는 나두산 목사를 만나 사과 의사를 표명하기도 했으나, 돌연 저자와 추천자가 이러한 합의를 뒤집고 책에 문제가 없다는 주장을 들고 나와 소위원회가 다시 모여 이대위원회에 조사결과를 보낸 것"이라고 자초지종을 밝혔다.

이정환 목사는 기자회견에 나선 이유로는 "정동섭 목사가 책을 상당히 잘 썼고 좋은 책이라고 여전히 주장하고 있기 때문"이라며

“「하나 되는 기쁨」은 비성경적이고 문제가 많은 책임을 알리기 위해서”라고 말했다.

이 목사는 “정동섭 목사가 득 될 것이 전혀 없는 이야기를 4년이 지나서 다시 꺼내 놓는 이유가 무엇인지 납득이 되질 않는다.”며 “정 목사의 인터뷰가 공교롭게도 이단연구가들의 모임인 세이연 정기총회 후에 이뤄졌는데, 뭔가를 자꾸 이슈화하려는 의도가 있지 않나 한다.”고 분석하기도 했다.

그는 “이단연구가들은 한기총 분열을 비롯한 작금의 한국교회 사태에 많은 책임이 있다.”며 “지금 한기총과 한교연에서 통합 이야기가 나오면서 또다시 이단 이야기가 나오는 것을 보면 알 수 있듯, 이들이 지금 한국교회에 지나치게 영향력을 미치고 개입하려 한다.”고 비판했다.

이 목사는 “이단 연구가들이 지난해 개최된 WCC에 대해서는 아무도 말하지 않았던 점도 의아하다”고 이야기했다.

출처 :

http://www.christiantoday.co.kr/view.htm?id=271292

[부록]

한기총 "정동섭 씨는 본회에서 사이비로 규정"

한기총 조사 당시 소위원장이던 이정환 목사, 기자회견 열고 비판

한국기독교총연합회(대표회장 홍재철 목사, 이하 한기총)가 최근 홈페이지 공지사항을 통해 "정동섭 씨는 본회 결의에 의해 사이비로 규정된 자"라고 밝혔다.

한기총은 "최근 일부 언론을 통해 정동섭 씨가 밝힌 '한기총에서 이단이나 사이비로 규정된 적이 없다.'는 보도와 관련, 이는 사실이 아니므로 회원 교단은 착오 없으시기 바란다."고 했다. 이어 "본회는 '하나 되는 기쁨'에 대한 연구보고서에 대해 이단사이비대책위원회 제21-7차 전체회의(2010.12.15)와 임원회의(2010.12.17)에서 그와 같이 결의했다."고 덧붙였다.

"정동섭 목사 사이비로 규정된 것 맞다" 공지
한기총, 회원교단 착오 없기를 당부

성경을 성생활 지침서로 해석해 "성경의 거룩성을 훼손하고 성적 해석의 도구로 변질시켰다."는 평가를 받는 '하나 되는 기쁨' 서적을 추천해 한국기독교총연합회(대표회장 홍재철 목사, 이하 한기총)로부터 '사이비'로 규정된 정동섭 목사가 최근 자신이 한기총으로부터 이단이나 사이비로 규정된 적이 없다고 주장하고 있어 주의가 요구되고 있다.

이에 한기총은 2월 14일 공지사항을 통해 정동섭 목사가 한기총에서 사이비로 규정된 자임을 다시 한 번 밝히며 회원 교단들의 착오가 없기를 당부했다.

한기총이 공지사항에서 공개한 2010년 12월 15일에 열린 '제21-7차 전체회의'와 2010년 12월 17일에 열린 '임원회의' 내용은 다음과 같다.

△한국교회는 기독교 윤리관을 왜곡하고 와해시키는 사탄적인 '하나 되는 기쁨'과 같은 반기독교적인 음란서적에 현혹됨이 없이 성도들이 경건한 신앙생활을 영위하도록 하는 한편, 기독교로 위장한 반기독교문화에 대한 경각심을 가져야 할 것이다.

△한국교회는 음란하고 타락한 성문화를 마치 기독교 본질처럼 왜곡하고 성적으로 편향되고 자의적인 성경해석으로 기독교가정사역교본이라는 미명 하에 성도들의 영적무장을 해제시키는 양승훈, 정동섭 씨의 사이비에 현혹됨이 없도록 이들을 초빙하거나 강단에 세우는 일이 없도록 함으로써 모든 성도들이 그리스도의 신부로서 성결과 거룩함을 지켜나가도록 해야 할 것이다.

2012년에도 정동섭 목사가 사이비로 규정된 적이 없다는 주장이 제기돼 당시에도 한기총이 위와 같은 내용을 공개하며 정동섭 목사가 사이비로 규정된 인사임을 밝힌 바 있다. 하지만 정동섭 목사를 비롯해 그와 관련된 인사들이 계속해서 이를 부인하자 한기총은 해당 내용을 공지사항을 통해 다시 한 번 확인하며 입장을 분명히 한 것으로 보인다.

출처 :

크리스천투데이 2014년 2월 19일자

교회연합신문 2014년 2월 26일자

2부
최삼경 목사, 이인규 권사와 지방교회

통합 측 최삼경 목사와의 공개토론 시 지방교회 측의 결론 글

예장 통합 측의 위트니스 리와 지방교회에 대한 이단 결정은 철회되어야 한다

이제 일 년 반 이상 계속되었던 지방교회와 최삼경 목사와의 지상토론이 마지막 회에 이르렀다.

글을 시작하기에 앞서 우리는 이러한 지상토론을 할 수 있도록 반론의 기회를 제공한 최삼경 목사와 '교회와 신앙' 편집진 모두에게 다시 한 번 감사의 마음을 전한다.

그동안 이 토론을 지켜본 독자들이 이미 아는 바와 같이, 예장 통합 측은 1992년 제77차 총회에서 최삼경 목사가 조사 연구한 내용을 토대로 위트니스 리와 지방교회를 이단으로 판정하였고, 지방교회 측은 이러한 결정이 잘못된 것임을 지금까지 주장해 왔다.

세상 법정에서도 아무리 유능한 판사가 내린 판결이더라도 해당 사건의 사실 파악이 잘못되거나 판단기준인 법률 적용이 잘못되거나 판결 절차에 하자가 있었다면 그 재판 결과는 당연히 상급법원에서 부인되어야 한다. 그래야 법의 권위도 인정되고 사회질서도 유지될 수 있다.

그런데 최삼경 목사가 작성하고 예장 통합 측이 받아들인 지방

교회에 대한 이단 결정은 허점이 한두 가지가 아니다. 우리는 먼저 원론적인 문제점들을 지적한 다음 각 주제별로 이단 결정이 잘못되었음을 그간의 토론 요약을 통해 증명할 것이다. 아울러 최삼경 목사의 신론과 기독론의 이단성을 지적한 후 결론과 함께 마지막 회의 글을 마무리하고자 한다.

I. 위트니스 리와 지방교회를 이단시한 것은 원론적으로 잘못되었다.

1. 이단 판정을 위한 사실 파악, 판정 기준, 판정 절차 모두가 잘못되었다.

(1) 위트니스 리의 신앙관에 대한 최삼경 목사의 사실 파악이 잘못되었다.

사실파악을 잘못한 결정적인 오류들이 최 목사의 글 여러 곳에서 발견되지만 대표적인 예를 하나만 들어보자. 위트니스 리가 '하나님과 사람의 연합'을 말한 것을 최 목사는 다음과 같이 왜곡되게 스스로 단정을 지었다.

"문제는 여기서 발생한다. 그렇다면 천국에서 우리와 예수님은 그 신성이나 인성에 있어서 아무런 차이가 없게 된다는 점이다. …필자가 그를 신인합일주의자로 볼 수밖에 없는 이유가 바로 이 점이다."

(교회와 신앙, 96년 12월호, 135~136쪽)

그러나 위트니스 리는 최 목사의 위와 같은 거짓된 단정과는 달리 '하나님과 사람의 연합'을 주장하되, 사람은 예수님처럼 결코 경배의 대상이 될 수 없다고 말함으로 창조주 하나님과 피조물인 사람의 뛰어넘을 수 없는 차이를 분명히 구분하고 있다.

(교회와 신앙, 96년 10월호, 160-162쪽, 97년 3월호, 140-141쪽, 97년 9월호, 150-151쪽)

즉, 최 목사는 위트니스 리의 사상을 제대로 연구도 하지 않은 채 잘못된 사실 파악을 기초로 이단으로 낙인찍는 심각한 오류를 범한 것이다.

그러나 그 후 최 목사가 "어떤 교단의 신학보다 회복교회의 신학에서는 하나님과 인간의 연합의 측면에서 주관적으로 깊이 있는 연구를 했다고 본다."(교회와 신앙, 97년 6월호, 162쪽)고 양심적으로 말한 것은 퍽 다행스러운 일이다.

(2) 판정 기준이 잘못되었다.

지난 1997년 11월호에 실린 최 목사의 글 총 제목은 "위트니스 리는 교회론에서도 이단이다."이었다. 지방교회가 "사도신경의 거룩한 공회"의 범주에 속하지 않는다는 것이 최 목사가 위 단정에 대해 제시한 빈약한 이유였다.

그러나 교회론에 대한 이러한 이단기준은 역사적으로나 성경적으로나 말이 안 된다.

우선, 최 목사처럼 '사도신경의 거룩한 공회'에 속하지 않을 때 이단이 된다면, 종교개혁의 선봉장이었던 마르틴 루터도 이단이 된다. 왜냐하면 루터는 사도신경에 나오는 '거룩한 공회'가 가톨릭,

즉 천주교를 의미하므로 '거룩한 공회'라는 말 대신 '그리스도의 교회'를 믿는다고 고백했기 때문이다(이장식, 기독교신조사 제1집, 컨콜디아사, 10쪽). 마르틴 루터도 이단으로 정죄하는 최 목사의 이단판정 기준은 누가 봐도 우습다. 그리고 이것은 천주교를 정통교회에서 제외시킨 자신이 세운 기준과도 모순된다.

만일 최 목사가 말하는 '거룩한 공회'가 거듭난 믿는 이들로 구성된 '그리스도의 몸'(교회)을 의미한다면 최 목사는 하나님 앞에서 주제넘은 말을 하고 있는 것이다. 왜냐하면 누가 그리스도의 몸에 속했는지는 전적으로 주님이 판단하실 일이기 때문이다(마 13:29-30, 롬 14:4).

최 목사의 이단 판정 기준이 잘못된 사례를 하나만 더 제시해보자.

위트니스 리의 인간론을 비판하는 최 목사의 글의 소제목은 '위트니스 리는 인간의 혼만이 인격일 뿐 영은 인격이 아니라고 한다.' 이었다(97년 8월호, 159쪽). 즉, 위트니스 리가 '혼만 인격이고 영은 인격이 아니라고 했기 때문에 이단'이라는 말이다. 그런데 정작 글의 본문에서 최 목사는, '워치만 니나 위트니스 리가 영은 인격이 아니라고 단언하여 말한 곳을 찾아 볼 수는 없다.'(161쪽)고 솔직히 고백했다. 자신의 말을 스스로 부인한 것이다.

이러한 엉터리 판정기준을 가지고 최 목사는 참된 그리스도인들을 이단으로 정죄한 것이다. 참으로 살아계신 하나님 앞에서 두려운 일이다.

(3) 판정 절차가 잘못되었다.

우선, 이러한 토론이 이단 결정보다 먼저 있었어야 했다. 앞뒤가 바뀐 것이다. 또한 최 목사는 위트니스 리의 신앙관을 제대로 파악하는 데 실패했다. 최 목사의 결정적인 실수는 위트니스 리의 조직신학이라고 할 수 있는 『신약의 결론』 시리즈(하나님, 그리스도, 성령, 믿는 이들1, 2, 교회, 왕국, 새 예루살렘, 한국복음서원 출판)를 읽어보는 것은 고사하고 심지어 있는 줄도 모르고 연구보고서를 썼다는 점이다. 최 목사가 위 책자들을 단 한 번이라도 읽었더라면 위트니스 리가 '양태론자', '신인합일주의자'라는 터무니없는 말은 할 수 없었을 것이다.

우리는 이런 부실한 사실 파악과 판정 기준과 판정 절차를 근거로 작성된 최 목사의 거짓보고서를 예장 통합측이 공개적으로 철회할 것을 정식으로 요청한다.

2. 최삼경 목사가 신학과 교리를 성경과 동등시하는 것은 잘못된 것이다.

최 목사는 자신은 신학과 성경, 교리와 성경을 나누지 않는다고 했다. 또한 세상에 어떤 교리도 성경을 기초로 만들어지지 않은 것이 없다고 단언했다(교회와 신앙, 97년 11월호).

참으로 놀랍고도 위험한 말이 아닐 수 없다. 왜냐하면 신학과 교리란 상대적인 것이며 사람의 관점에 불과하므로 수정될 수 있지만 성경은 절대적인 하나님의 말씀이므로 영원히 변치 않는 것이기 때문이다. 또한 성경에 전혀 근거가 없거나 성경을 잘못 이해하여 만들어진 교리도 얼마든지 있기 때문이다.

예를 들어, 천주교는 성모 마리아가 사람과 하나님 사이의 중보자라는 교리를 믿는다. 그러나 성경은 오직 예수님만이 유일한 중보자라고 말한다(딤전 2:5). 성경에 없는 교리의 예이다. 또한 장로교인들은 유아세례를 인정하나 침례교인들은 결사적으로 부정한다. 둘 중 하나는 분명히 틀린 것이다. 그러나 최 목사의 말대로라면, 교리는 다 성경을 기초로 만들어진 것이므로 둘 다 맞는다는 모순된 결론이 나온다.

최 목사의 허황된 논리는 다음과 같은 표현들에서도 쉽게 볼 수 있다.

"필자(최 목사)는 성경적으로 적극적인 논쟁을 하지는 않았다. …필자가 따르고 있는 정통교회의 교리 자체를 성경적인 것이라고 보기 때문이다.…필자는 학자들의 말도 인용하지 않았다. 진짜 성경적인 논쟁에서 학자의 말이 그렇게 중요하다고 생각하지 않기 때문이다. …(교리) 논쟁이 끝난 후라면 필자도 성경적인 논쟁을 할 것을 약속한다."(97년 11월호)

앞으로 성경적인 논쟁을 적극적으로 할 것을 약속한다는 위 최 목사의 말은 지금까지는 자신이 교리 논쟁만 했다는 것을 스스로 시인한 것이다. 최 목사의 말대로 모든 교리가 성경적이라면 구태여 또다시 성경적 논쟁을 약속할 필요도 없다.

이처럼 최 목사의 말에서 논리적 모순점을 지적하자면 한두 가지가 아니다. 그러나 본 토론의 목적이 단순한 논리 대결에 있지 않으므로 여기서 그친다.

어떻게 변명하든지 최 목사는 절대적 기준인 성경에 근거하지 않고 상대적 기준에 불과한 자신의 교리 또는 장황한 논리에 근거하여 지금까지의 '진리 토론'을 진행해 왔다는 비난을 피할 수 없게 되었다.

최 목사는 자신의 이러한 약점을 교리와 성경을 동등시하는 무리수로 무마하려고 했다. 그러나 그것은 자신의 또 다른 모순점만 드러냈을 뿐임을 독자들은 보았을 것이다.

3. 최삼경 목사는 자기 위치를 착각하고 있다.

최 목사는 토론이 진행되는 동안 줄곧 자신이 마치 소위 정통교회(또는 장로교) 전체를 대표하는 듯 고압적인 태도를 보여왔다.

그러나 불행히도 최 목사의 신학적 관점은 장로교 내의 비중 있는 신학자들과도 다른 점이 많다. 적어도 '영'에 대해서는 칼빈과 다르며, '페르소나(인격)'에 대해서는 이종성 박사와 다르고, '한 세분(삼위일체)'에 대해서는 차영배 박사와 다르다. 물론 학자 간에 신학적인 관점이 다를 수 있다.

문제는 최 목사가 사소한 용어의 차이를 가지고도 자신과 다르면 서슴없이 이단 운운한다는 사실이다.

그 증거로서, 최 목사는 위트니스 리가 자신처럼 '삼위일체'라는 단어를 안 쓰고 '삼일 하나님'이라는 단어를 쓰는 것은 실제적으로 이단성을 보여주는 증거라고 몰아 세웠다(같은 책, 97년 6월호, 165쪽). 이런 식의 논리라면 '삼위일체'를 '한-세분'으로 표현한 바 있는 차영배 박사도 최 목사에게는 이단이라는 말이 된다. 이 얼마나 분별없는 태도인가! 우리는 다 주님의 몸의 한 작은 지체(엡 3:8)일 뿐인 것이다.

최삼경 목사는 자신이 장로교 전체를 대표하는 양 착각함으로써 자기 실수를 장로교 전체(또는 통합 측)에 돌려서는 안 될 것이다.

4. 최삼경 목사가 '법정 시비'를 들어 위트니스 리를 이단시하는 것은 잘못된 것이다.

지방교회 측이 미국에서 진실하지 않은 내용으로 우리를 이단시하는 두 개의 책자를 소송을 통해 처리한 것은 사실이다.

첫째, 『마인드 벤더즈(The Mind benders)』라는 책자는 미국 최대 성경출판사인 토마스 넬슨사가 법원의 명령에 따라 서점 재고를 회수한 후 폐기하고, 미국 18개의 주요 일간지에 공개 사과함으로 처리되었다. 그들은 자존심과 경제적 손실을 감수하며 그 책자의 내용이 거짓되었음을 솔직히 시인했다. 그러나 이것은 우리 측이 장장 3년 동안 대화를 통한 해결을 시도했으나 무시당한 후, 최후로 택한 길의 결과일 뿐이다.

둘째, 『갓-멘 II(The God-Men II, 인터바시티 출판사(IVP), 1981)』라는 책자는 지방교회와의 소송에서 패소하여 천백구십만 달러의 손해 배상과 함께 명예훼손적인 이 책자가 다시 유통되거나 인용되지 못하도록 판시되었다. 이 경우도 그 처리과정은 위 『마인드 벤더즈』와 유사했다(위 책 초판이 전도출판사에 의해 『신·인, 위트니스 리와 지방교회』라는 제목으로 한국에서 번역 출판(1994년)되었으나 우리 측의 항의로 전도출판사는 재판 발행을 않기로 약속한 바 있다. 그런데 그 후 월간 '교회와 이단(발행인 이대복)'은 이 책자를 〈복음서원과 지방교회의 정체(96년 4월호)〉라는 제목으로 다시 무단 전재했으나 우리 측의 항의로 발행인의 사과문을 보내왔다(필자 주).

『미국종교백과사전』의 저자이고 연합감리교회 목사이며 위 재판에서는 위트니스 리의 상대방이었던 SCP(영적사이비연구소) 측을 지원했던 멜튼 박사는 다음과 같이 법정에서 증언했다.

"처음에는 한 그리스도인 단체인 지방교회가 다른 그리스도인을 법정에 제소했다는 것에 대해 우려했습니다. 하지만 지방교회 인도자들이 그들을 비방한 책자의 배포를 막고 그 책의 오류를 알리기 위해 덜 가혹한 모든 수단을 썼음에도 효과가 없자 마지막 수단으로 소송을 제기했음을 알고서 제 우려가 사라졌습니다. …저는 더디(갓-멘의 저자)가 계속해서 위트니스 리의 글에서 일부를 떼어다가 엉뚱한 문맥에 끼워 맞춘 것을 발견했고, 그 결과 위트니스 리가 말하고자 한 의도와 정반대가 되는 글이 만들어진 것을 발견했습니다. …조사 결과 우리 복음주의 기독교계가 지방교회에게 너무도 큰 잘못을 행했다는 것과…나 개인적으로는 지방교회가 그리스도인의 믿음에 관한 근본적인 교리에서 벗어난 부분을 한 점도 찾을 수 없었습니다."

(고오든 멜튼 박사, 지방교회, 위트니스 리 그리고 '하나님-사람'의 논쟁에 대한 공개서한, 한국복음서원, 1995년, 5, 7, 9쪽)

원치 않았던 법정 송사를 통해 우리는 지방교회 측의 승소라는 결과 자체가 아니라 왜곡되었던 지방교회의 신앙과 실행이 재판과정을 통해 교계에 진실하게 알려진 것에 큰 의미를 둔다. 또한 소위 '정통교회'의 이단 정죄가 신도 이탈의 방지, 또는 이단 연구가의 명성과 부의 축적을 위해 이뤄지기도 한다는 점과 이를 위해 진실이 고의로 왜곡되기도 한다는 점이 법정 증언과 증거자료를 통해 공개적으로 폭로된 점도 주목할 만한 부분이다.

지방교회 측은 토론 초기에 간략하게 법정시비 역사를 소개했다. 그러나 그것은 최 목사 말처럼 누구를 위협하기 위한 것이 아니었다. 과거에는 그러한 오해가 있었으나 지금은 미국 기독교계의 식견 있는 학자들이 지방교회를 정통근본주의 단체로 본다는 것을 설명하는 데 목적이 있었다. 정상적인 독자들은 이러한 글쓴이의 의도를 쉽게 알 수 있었을 것이다.

그런데, 최 목사는, '필자는 이단 문제로 세상 법정에서 수십 번 싸웠고 결국 다 승소했다. …필자와 본 교단을 제소해 주기 바란다.'(교회와 신앙, 97년 11월호)라고 말했다. 이처럼 마치 지방교회 측이 소송이나 일삼는 사람들인 것처럼 독자들을 현혹하는 것은 최 목사의 목회자로서의 자질을 의심하게 할 뿐이다.

그리스도인들은 법정 송사를 언급하기 전에 먼저, 쌍방 간에 화해와 일치를 꾀하고, 불가피한 경우에도 하나님과 사람 앞에 부끄러움이 없도록 최선을 다해야 하는 것이 아닌가?

II. 최삼경 목사가 위트니스 리의 신론을 정죄한 것은 잘못된 것이다.

1. '신인합일주의자'라는 주장에 대하여

최 목사는 부실한 사실 파악을 근거로 위트니스 리를 신인합일주의자라고 정죄했었다(같은 책, 96년 12월호, 135쪽).

이에 대해 우리 측은 위트니스 리는, 예수님은 신격(경배의 대상)이 있으시지만 믿는 이들은 신격이 없는 것을 믿으며 이 점이 하나님과 사람이 뛰어넘을 수 없는 차이라고 변증했다(같은 책, 97년 3

월호, 140-141쪽).

그 후 최 목사가 이해를 못하는 것 같아서, 우리 측은 위트니스 리가 말한 '하나님과 사람의 연합'은 '믿는 이가 하나님의 생명(요일 5:11-12)과 본성(벧후 1:4)과 형상(고후 3:18)에는 참여할 수 있지만, 경배의 대상(행 14:11-15)을 의미하는 신격(Godhead, 골 2:9의 '데오테스', 스트롱 번호 2320번)에는 결코 참여할 수 없다는 의미임을 재차 변증했다(같은 책, 97년 9월호, 151쪽). 이에 대해 최 목사는 별다른 이의 없이 지금까지 침묵하고 있다.

최 목사는 소위 신인합일주의가 위트니스 리의 이단성의 핵심이라고 계속 주장해 왔었는데, 그 주장이 근거 없는 거짓이었음을 최 목사 스스로 시인한 것이다.

2. '변형된 양태론자'라는 주장에 대하여

수차례 논쟁의 쟁점이 된 위트니스 리의 책자 본문을 좀 더 자세히 인용해 보겠다.

"이 세 구절의 말씀(엡 4:6, 고후 13:5, 롬 8:11)은 아버지와 아들과 그 영이 우리 안에 계심을 계시하여 준다. 그러면 몇 가지 인격이 우리 안에 있는가? 셋인가 하나인가? 우리는 서로 다른 세 인격이 우리 안에 있다고 말할 수 없고, 오직 한 인격만이 우리 안에 있다고 말할 수 없다(이 부분을 최 목사는 위트니스 리가 한 인격만 있다고 말했다고 왜곡했다-필자 주). 우리는 다만 삼일이 우리 안에 있다고 말해야 한다(최삼경 목사는 의도적으로 이 다음 부분부터 인용했다-필자 주).

하나님의 세 인격은 세 영들이 아닌 하나의 영이다. 아버지는 아들 안에 계시고 일곱 가지 놀라운 성분을 포함한 아들은 그 영 안에 계신다. 이 놀라운 성령이 우리 속으로 들어오실 때 하나님이 우리 안에 공급되는 것이다."

(위트니스 리, 『하나님의 경륜』, 1987, 16쪽)

그동안 최 목사 주장의 핵심은, 위트니스 리가 '한 인격의 삼위일체관'을 가지고 있기 때문에 양태론자라는 것이다. 과연 그런가? 최삼경 목사의 거짓 주장처럼 위트니스 리는 결코 '한 인격의 삼위일체관'을 갖고 있지 않다.

우리는 다음과 같이 최삼경 목사의 주장을 반박하겠다.

(1) 우선 최 목사는 '본문'을 인용함에 있어 정직하지 못했다.

최 목사는 본문 중에서 '위트니스 리가 한 인격이신 삼위일체관을 가지고 있다.'라는 자신의 거짓말을 폭로시키는 부분은 의도적으로 빼놓고 인용했었다.

그러나 위트니스 리는 위 인용문에서 보듯이 최 목사가 인용한 부분 바로 앞에서 '한 인격의 하나님이 아니라 삼일 하나님(삼위일체)이 우리 안에 계신다.'고 분명하게 말하고 있다.

(2) 최 목사가 지적한 '이 놀라운 성령'은 문맥에 의하면, 바로 직전에 언급된, 아버지가 아들 안에 계시고 일곱 가지 놀라운 성분을 포함한 아들이 안에 계시는 '그 영'을 가리키는 것이다.

다시 말해 '이 놀라운 성령'은 세 위격(인격)이 서로 안에 계시면서도 구별되는 삼위일체의 세 번째 위격(인격)을 가리킨다. 그런데 이러한 '아버지와 아들이 서로 안에 계시는 분이신 성령님'을 최 목사는 자신의 이단적 삼신론에 따라 '아버지와 아들이 제외된 한 인격의 성령님'(3분의 1 하나님)으로 생각하고 비판한 것이다. 즉, 최 목사는 자신의 이단적인 성령관을 기준으로 위트니스 리가 '한 인격의 삼위일체관'을 믿는다고 말도 안 되는 소리를 한 것이다.

그러나 위트니스 리는 위 본문에서 삼위일체 하나님이 사람의 영 안에 거하신다는 것을 일관되게 말하고 있지 최 목사의 이단적 신앙관처럼 단지 분리된 한 인격의 성령님(1/3 하나님)이 우리 안에 계신다고 말하지 않는다는 것을 독자들은 알 수 있을 것이다.

(3) 위트니스 리는 양태론자들과는 달리 아버지, 아들, 성령님이 각각 영원하시다는 것을 믿는다.

"우리는 성경을 따라 아버지가 영원하시고, 아들이 영원하시며, 영이 영원하심을 믿는다는 것을 모든 사람들에게 선포하기 원한다. 우리는 성경이 그렇게 말하기 때문에 이것을 믿으며 선포한다."

(『신약의 결론-하나님』, 303쪽)

"우리는 또한 셋(아버지, 아들, 성령) 모두 영원하심을 믿는다. 이사야 9장 6절에서는 아버지가 영원하시다고 말하고, 히브리서 1장 12절과 7장 3절에서는 아들이 영원함을 지적하며, 히브리서 9장 14절에서는 영원한 성령을 말하고 있다. 아버지와 아들과 그 영은 일시적이지 않고 영원하시다."

(같은 책, 307쪽)

지방교회 측은 세 위격의 영원성과 동시존재하심을 믿는다고 성경과 위트니스 리의 저서를 근거로 여러 번 변증했었다(96년 10월호 p.164, 97년 7월호 p.160). 세 위격 모두의 영원성을 믿는 사람이 어떻게 양태론자가 될 수 있는가!

(4) 위트니스 리는 양태론자들과는 달리 세 위격 간의 '구별된 고유성'을 믿는다.

만일 위트니스 리가 '아들 하나님'이 우리를 예정하고 선택하셨다거나, '아버지 하나님'이 우리를 위해 십자가에서 피 흘려 돌아가심으로 구속을 성취하셨다는 등 세 위격의 고유성을 혼동하는 말을 한 번이라도 했다면 최 목사는 어느 책 몇 쪽에서 그런 말을 했는지 밝혔어야 했다. 그러나 최 목사는 그렇게 하지 못했다. 왜냐하면 위트니스 리는 그런 말을 한 번도 한 적이 없기 때문이다.

오히려 위트니스 리는 다음과 같이 가장 성경적인 말을 하고 있다.

"신성한 삼일성의 분배를 위하여 아버지는 먼저 우리를 선택하셨다. 우리는 태어나기 전뿐 아니라 창세전에 선택되었다(엡 1:4). …그 다음 그분은 우리를 예정하셨고, 우리에 대한 운명을 정하셨다(5절)."

(같은 책, 352쪽)

"아버지의 선택과 예정하심은 하나님의 목적을 위한 것이다. 이제 우리는 아들의 구속에 이르는데 그것은 아버지의 목적을 성취하기 위한 것이다. …아들은 그분의 피를 통해서 하나님의 은혜의 풍성함을 따라 구속을 성취하셨다(엡 1:7-9)."

(같은 책, 354~355쪽)

“그 영의 분배하심은 그 얻으신 것을 구속하여 그분의 영광의 찬미에 이르도록 하시는 그분의 인치심이다(엡 1:13-14). 성령의 인치심은 살아있는 것이며….”

(같은 책, 357쪽)

위 인용들을 통해 독자들은 위트니스 리가 아버지, 아들, 성령 하나님의 고유한 특성을 결코 혼돈하거나 무시하지 않는다는 것을 보았을 것이다. 사실 이러한 것은 참된 믿는 이들에겐 상식에 속한 진리가 아닌가! 최 목사가 비판하기 전에 우리 측이 변증의 근거로 삼는 위트니스 리의 책, 『하나님』(한국복음서원, 1991년)을 한 번만 차분히 읽어봤어도 금방 알 수 있는 것들이었다.

그런데도 최 목사는 97년 11월호 글에서 마치 위트니스 리가 세 위격의 구별을 무시하기나 한 것처럼 장황한 말을 했다. 이것은 자신의 연구가 부실했었음을 스스로 폭로시킬 뿐이다.

따라서 위트니스 리가 ‘한 인격의 하나님’을 주장하므로 양태론자라는 최 목사의 말은 어느 면으로 보든지 거짓임이 폭로되었다.

오히려 위트니스 리의 정통적인 삼위일체관을 억지로 비판하다가 최 목사는 ‘한 인격’에 대한 자신의 이단적인 관점만을 드러냈다. 이 점은 다시 언급하겠다.

3. 위트니스 리가 하나님의 영원성과 불변성을 인정하지 않는다는 주장에 대하여

최 목사는 위트니스 리가 『하나님의 경륜』이라는 책자 110쪽에서 위와 같이 말했다고 했다(교회와 신앙, 96년 12월호, 136쪽). 그러나 해당 페이지에는 그런 언급이 전혀 없다. 최 목사의 연구의 부실성을 보여준 또 다른 예다.

그러나 우리 측은 혹시 '과정을 거친 하나님'이라는 표현을 오해하는 것 같아 이에 대해 자세히 설명한 바 있다. 즉 하나님은 변치 않는 분이지만 그분이 예수님의 육신(인성) 안에서 인생을 사시고 죽고 부활하시고 승천하신 일련의 과정을 그렇게 표현한 것이다(같은 책, 97년 7월호, 167-169쪽).

아울러 위트니스 리가 어떤 부분에서 하나님의 영원성과 불변성을 인정하지 않았는지 구체적으로 지적해줄 것을 촉구했지만 최 목사는 지금까지 침묵하고 있다.

거듭 말하지만, 위트니스 리는 하나님의 영원성과 불변성을 부인하지 않고 누구보다도 확실히 믿는다.

III. 최삼경 목사가 위트니스 리의 기독론을 정죄한 것은 잘못된 것이다.

최 목사는, 위트니스 리가 부활 후에 예수님의 인성에 변화가 있다고 가르치며, 예수님이 참 하나님이시요 참 인간이심을 부인함으로 이단이라고 정죄했었다(77차 총회 보고서).

이에 대해 우리 측은 위트니스 리가 말한 부활 이후의 예수님의 인성의 변화는 '하나님도 사람도 아닌 제3의 어떤 것'이 되었다는 의미가 결코 아님을 선명하게 변증했다. 즉 그것은 예수님이 부활하신 후 '영광의 몸의 형체'(빌 3:21) 또는 '신령한 몸'(고전 15:44)이 되신 것을 의미한다. 위트니스 리는 예수님이 부활 후에도 여전히 완전한 사람이시고 온전한 하나님이심을 믿는다(교회와 신앙, 97년 9월호, 157쪽).

또한 위트니스 리의 기독론은 정통 기독론의 기준인 칼케돈 신조와 완전히 일치함을 다음과 같이 위트니스 리의 책을 인용하여 증명했다.

"그분은 참 하나님이시요 참 사람이시다. …그분은 완전한 인성뿐 아니라 온전한 신성을 소유하고 계신다. 그분 안의 두 본성은 혼돈되거나 분리되지 않는다. …삼일 하나님의 체현이신 그리스도는 신성과 인성을 지니신 분이시다. 신약은 예수께서 부활 후에도 여전히 사람이심을 분명히 계시한다."

(같은 책, 97년 7월호, 163~164쪽)

이러한 지극히 성경적이고 정통적인 기독론의 어떤 부분이 문제란 말인가? 오히려 최삼경 목사는 후술하는 것처럼 지상 사역 시 아버지 하나님이 예수님 안에 계셨다는 사실을 사실상 부정하며, 부활 승천하여 보좌에 앉아 계신 예수님과 다른 예수님을 영접한 자신의 이단성만 폭로 당했다.

IV. 최삼경 목사가 위트니스 리의 인간론을 정죄한 것은 잘못된 것이다.

최 목사는 "위트니스 리가 영, 혼, 육 삼분설을 취하면서 인간의 타락을 육적인 것으로만 이해하고 영은 타락하지 않았다고 믿음으로 사람의 전인적인 타락을 부인했고 결국 그리스도의 구속을 제한했으니 이단"

이라고 했었다(같은 책, 96년 8월호, 117쪽).

1. 위트니스 리는 사람의 전인적인 타락을 믿고 그리스도의 전인적인 구속을 믿는다.

최 목사의 주장처럼 위트니스 리가 사람의 영의 타락을 실제로 부인했는지 여부가 '인간론' 토론의 핵심이다.

그런데 독자들이 주목해야 할 놀라운 사실은 최 목사는 지금까지 위트니스 리가 어느 책 몇 쪽에서 '사람의 영의 타락'을 부인했는지 단 한 번도 지적하지 못했다는 점이다. 위트니스 리는 그런 말을 한 적이 없기 때문이다.

최 목사도 "물론 워치만 니나 위트니스 리가 인간의 영이 타락하지 않았다고 주장하지는 않는다. 오히려 영이 타락하여 죽었다고 주장한다."고 하여 자신의 말을 스스로 뒤집은 바 있다(같은 책, 97년 8월호, 164쪽).

토론 초기부터 최 목사는 위트니스 리의 인간론에 무슨 큰 문제나 있는 듯이 독자들을 현혹시켜 왔었다. 그런데 최 목사가 근거도 없이 신실한 믿는 이들을 이단시한 것이 지상토론을 통해 폭로된 것이다. 이 어떠한 경솔함인가!

사실 위트니스 리는 사람의 영의 타락을 포함한 인간의 전인적인 타락을 믿고 그리스도의 전인적인 구속을 누구보다도 확실하게 믿는다. 우리 측은 이 점을 97년 9월호 글에서 위트니스 리의 글을 인용하여 상세하게 증명한 바 있다(160~162쪽).

2. 위트니스 리는 영이 인격이 아니라고 말한 적이 없다.

최 목사는 또한 '인격'이라는 단어에 집착하여 위트니스 리가 혼만 인격이라고 하고 영은 인격이 아니라고 한다고 주장했었다. 그런데 뒤에 가서는 위트니스 리가 영이 인격이 아니라고 한 적은 없다고 말함으로써 자기 말을 또 스스로 부인했다(같은 책, 97년 8월호).

오히려 최 목사처럼 '인격'이란 단어를 동일한 의미로 사람과 하나님께 적용하면 심각한 문제를 가져온다. 이 점은 후술하겠다.

3. 최삼경 목사의 견해는 무엇인가?

우리 측은 인간론과 관련해서 최 목사가 제기했던 몇 가지 다른 진리들에 대해서도 성경과 정통적인 신학자들의 견해를 통해 충분히 반박했다(같은 책, 97년 9월호, 162~165쪽).

이제 반대로 최 목사에게 묻겠다.

타락한 사람은 어떻게 마귀의 자녀(요일 3:8)가 되었는가? 최 목사의 육체 안에 죄(Sin)가 거하는가(롬 7:18, 20)? 그렇다면 왜 그런가? 그렇지 않다면 이유는 무엇인가? 최 목사는 생명나무(창 2:9, 계 2:7)와 선악과를 무엇으로 해석하는가? 또 사람은 생명나무를 어떻게 먹을 수 있는가?(계 2:7, 22:14)

최 삼경 목사는 다른 사람을 경솔하게 비판만 할 것이 아니라, 성경에 근거한 자신의 관점도 밝혀야 옳다. 그러므로 최 목사는 자신의 신앙관을 요약한 저서나 논문이 있으면 우리 측과 독자들에게 소개해 주기 바란다.

V. 최삼경 목사가 위트니스 리의 교회론을 정죄한 것은 잘못된 것이다.

지방교회들이 사도신경에 있는 '거룩한 공회'의 범주 밖에 있으니 이단이라는 최삼경 목사의 주장은 억지 궤변임을 앞에서 증명했다. 1920년대 초반 워치만 니가 일부 비성경적인 전통과 분열이 만연된 교파를 떠나 '성경 자체'에 근거한 교회생활을 꾀함으로 시작된 지방교회들을 최삼경 목사가 '교회론'에서 이단성이 있다고 말한 것이다.

존 넬슨 다비로부터 비롯된 근본주의운동이 '성경적인 교회생활'을 추구했고 워치만 니가 다비를 비롯한 형제회의 이러한 유산을 이어 받았으며, 위트니스 리가 워치만 니의 유산을 이어 받았다는 것은 이 방면을 연구한 사람들에게는 상식에 속한 일이다.

최 목사가 이러한 '성경적 교회관'을 가진 신실한 믿는 이들을 이단이라고 한 것은 자신이 다음과 같은 자기중심적이고 비성경적인 소위 '정통교회관'을 가졌기 때문으로 보인다.

1. 최삼경 목사의 정통교회관은 자기중심적이고 비성경적이다.

최 목사는 "조직과 체계 자체도 성경적인 것으로 믿는 것이 정통교회….", "정통교회가 고백하는 사도신경", "정통교회 목사가 정통교회 목사의 자성과 회개를 촉구하며 한 말….", "정통교회와 지방교회(회복교회)에는 부자와 나사로가 오고 갈 수 없는 것 같은 차이…."라는 말들에서 보듯이 '정통교회'라는 말을 반복해서 사용했었다(같은 책, 97년 11월호).

그리고 '정통교회'란 천주교에서 말하는 외적인 전승이 아니라 내적 전승, 말씀의 전승, 그리고 성령의 전승을 갖는 개신교를 의미한다고 했었다. 그런데 이것은 천주교인들이나 동방정교 신자들을 이단으로 만드는 지극히 자기중심적인 해석이다. 더욱 놀라운 사실은 최 목사 식의 '정통교회'에 대한 정의는 같은 장로교단 내에서도 일치가 안 된 정의라는 점이다.

첫째, 최 목사식의 정통교회에 대한 정의는 이형기 교수(장로교 통합 측)와 다르다.

최 목사는 천주교회를 정통교회에서 제외시켰으나(천주교를 포함시켜도 문제지만), 이형기 교수는 로마천주교를 정통교회에 포함시켰다(이형기, 『정통과 이단』, 1997년, 한국장로교출판사). 최 목사는 자기교단 내에서도 통일이 안 된 기준을 가지고 남을 정죄하고 있는 것이다.

둘째, 최 목사식의 정통교회에 대한 정의는 김재준 박사(기독교 장로회)와 다르다.

한국장로교회사에서 자유주의 신학과 보수주의 신학의 대립, 예장과 기장의 분열 등에 대한 세세한 이야기는 여기서 하지 않겠다. 그러나 두 교단이 분열이라는 최악의 수단을 쓸 수밖에 없는 불가피한 이유, 특히 양보할 수 없는 신학적 차이가 있다는 것은 다 아는 사실이다. 왜냐하면 '기장' 측의 대표적인 신학자인 김재준 박사는 상대방인 '예장' 측의 신학을 이단으로 단정했기 때문이다.

"그 후 김재준 목사는 보수주의 신학에 대하여 더욱 가혹한 평을 내렸다. 그는 말하기를 정통신학은 신신학보다 더 교묘히 위장된 실제적인 인본주의요, 정통적인 이단이라고까지 극언하고 정통주의를 일종의 이단으로 몰아붙였다."

(김진복, 『한국장로교회사』, 1995년, 156쪽)

위의 말은 한 쪽은 '정통'이요, 다른 쪽은 '정통적 이단'이라는 주장이므로 최 목사의 말처럼 둘 다 '정통교회'일 수는 없음을 보여준다.

셋째, 월간 '현대종교' 편집위원이며 산본 성산교회 담임인 김진수 목사의 기준에 의하면 최삼경 목사의 교단이 이단이다.

김진수 목사는 월간 '현대종교' 97년 9월호에서 성경적인 이단을 다음과 같이 정의했다.

"성경은 예수 그리스도를 시인하지 않으면 적그리스도요, 이단이라고 정의를 내리고 있다. …'시인'이라는 단어의 뜻은 …어떤 고문이나, 환난, 고난, 고통 중에서도 예수 그리스도를 자신의 구주로 고백하고 그분을 믿는 뜻을 굽히지 않는 것을 '시인'이라고 설명할 수 있다. …그런데 그때 일경에 동조했던 무리들이 오늘날 신앙의 정통을 부르짖는다고 떠들어대며 가장 잘 믿는 이들처럼 자신들의 속을 감추고 있다. …자신의 목숨을 부지하고자 우상숭배를 받아들였다면 분명히 이단이다. 그런 이들에게서 배운 이들이야 오죽하겠는가?"(57~59쪽)

위의 글은 신사참배를 거부한 쪽이 신사참배 요구에 굴복한 쪽을 이단으로 본다는 말이다. 우리는 어느 한 쪽을 두둔하려는 의도가 없다. 다만 정통교회에 대한 최 목사 식의 정의가 같은 장로교단 내에서도 일치가 안 된 것임을 말하려는 것이다. 이런 정통 교회관을 근거로 남을 이단으로 정죄하는 것이 얼마나 위험한 일인지 독자들이 판단하기 바랄 뿐이다.

만일 최 목사의 말대로 자기 교단을 '이단'이라고 한 상대방을 '정통교회'라고 한다면, 그것은 자신이 이단임을 스스로 인정하는 것이다.

이처럼 최 목사가 남발하는 소위 '정통교회'라는 말의 정체는 최 목사 식의 자기중심적이요 비성경적인 개념이지 성경적 개념은 아님을 독자들은 보았을 것이다.

우리는 여기서 최 목사에게 근본적인 질문을 하나 하겠다.

최 목사는 교회를 무엇이라고 생각하는가? 사람이 만든 건물이나 조직이 아닌, 부활하신 '그리스도의 몸'만이 교회가 아닌가?(엡 1:23)

그렇다면 교회(거듭난 믿는 이들)면 교회이고 교회가 아니면(가라지, 불신자들) 아닌 것이지, 정당이나 사회단체처럼 교회에 '정통' '비정통'이 있는 것이 아니다. 꼭 그런 표현을 쓰고자 한다면, '그리스도의 몸'(거듭난 믿는 이들)만이 '정통교회'이고, 건물인 예배당이나 사람이 만든 조직은 정통교회가 될 수 없는 것이다. 왜냐하면 건물이나 조직은 그리스도의 생명이 있는 유기체가 아니기 때문이다.

그러므로 '교회(건물)에 간다.'라는 말이나, '당신이 다니는 교회가 무슨 파냐?'는 식의 질문은 성경적인 교회관에 따른 말이 아닌 것이다.

2. 최삼경 목사의 위트니스 리의 교회론 비판에 대한 재반박

(1) 최 목사는 워치만 니의 글로 위트니스 리를 공격했다.

최삼경 목사는 '97년 11월호의 글에서 위트니스 리가 기성교회의 교회직분, 목사, 예배, 노회나 총회제도를 부정하고, 장로 개념도 다르다고 비판하면서 정작 위트니스 리가 어느 책 몇 쪽에서 그런 말을 했는지에 대해서는 밝히지 못했다. 단지 워치만 니가 쓴 책 한 권을 여기저기 인용하고 임의로 저자의 의도를 왜곡시켰을 뿐이다[독자들은 최 목사가 왜곡시킨, 워치만 니가 쓴 『사역의 재고』(한국복음서원) 본문을 직접 읽고 성경과 대조해 보기 바란다].

최 목사는 자신의 연구보고서에서 위트니스 리가 1950년대에 독자적인 교회를 개척함으로써 지방교회가 시작되었다고 말했었다. 그러나 사실은 1922년에 워치만 니에 의해 지방교회가 시작되었고 위트니스 리는 약 10년 후에 이 모임에 합류했다는 것은 이 분야를 제대로 연구한 사람들은 다 아는 상식이다.

이러한 역사적 사실을 속이면서까지 애써 두 사람의 관계를 분리시키려 했던 최 목사가 워치만 니 책자를 근거로 위트니스 리를 공격하는 것은 앞뒤가 안 맞는 행동이다.

[독자들은 위트니스 리의 『신성한 계시의 선견자 워치만 니』(한국복음서원 발행)라는 전기를 읽어보기 바란다.]

(2) 최삼경 목사는 자신이 주장하는 목사 제도가 어떻게 성경적인지를 증명해야 한다.

최 목사는 우리 측의 '목사 제도'에 관계된 몇 가지 질문(같은 책, 97년 9월호, 167~168)에 끝내 답변하지 못했다. 그 대신 '너무도 형편없는 질문'이라는 식으로 슬쩍 넘어갔다.

최 목사는 적어도 같은 장로의 신분이면서 목사는 성직자가 되고 진짜 장로는 평신도(대표)가 되는 '목사 제도'의 성경 근거가 무엇인지를 독자들에게 반드시 밝혔어야 했다.

그래야 진리 토론인 것이다.

사실 우리 측은 한국 기독교계의 제도적, 현실적인 문제점들을 잘 알고 있다. 그러나 진리토론의 취지에 부합된 최소한의 부분만을 지적하고 있는 것이다.

그런데 최 목사는 '97년 11월호'에서 마치 자신만이 주님의 몸을 사랑하는 듯 오만한 말을 서슴지 않았었다.

최 목사가 아파하는 그 천 배 만 배 이상으로 지방교회 성도들도 '주님의 몸'(정통교회)을 사랑하며, 분열되고, 이물질이 섞임으로 불신자들에게조차 조롱 받는 교회 현실을 아파한다는 것을 최 목사는 꼭 기억하기 바란다.

최 목사와는 달리 같은 장로 교인이지만 다음의 정직한 신학자들은 현행 목사 제도의 현주소를 솔직하게 증언해 주고 있다.

"종교개혁자들이 외친 가장 기본적인 교리는 '성경만으로' 판단의 척도를 삼는다는 것이며…목사를 제사장으로 이해하는 사상 등 예수 그리스도만이 중보자가 되신다는 신학을 약화시키거나 가리는 어떠한 교리나 관습도 용인할 수 없음을 천명한 것이었다.…장로교회에서는 목사의 직분을 중요하게 보는 전통적인 이해 때문에, 목사는 평신도 위에 있는 직분자로 알던 중세적인 계층제도에서 볼 수 있는 그러한 목사와 평신도와의 구분으로 쉽게 빠져드는 경향이 있음을 관찰하게 된다. 특히 오늘날의 한국교회에서는 그러한 현상이 아주 농후하다."

(김영재 교수(합동신학원), 장로교회제도의 역사적 고찰, '한국교회의 갱신과 성령', 17~21쪽, 한국로고스연구원, 1995년)

"한국 장로교회는 더 이상 세계 장로교회와 그 동질성을 확인하기가 힘들 정도로 바뀌어졌다. …이러한 성직자 중심의 교회구조는 현재 한국교회가 안고 있는 근본적인 구조의 문제이다."

(정일웅 교수(총신 대학원), 한국교회의 바람직한 구조변혁, 위 책 69-81쪽)

위 글들은 최 목사 말처럼 목회자 개개인의 '인간적인 약점'이 아닌 한국교회의 목사 제도에 대한 근본적이고 '구조적인 문제'를 지적하고 있음을 독자들은 주목하기 바란다.

이와는 달리 성경은 영적인 생명이 성숙한 성도들인 '장로들(복수)'이 교회를 감독하고 대표한다고 말한다(행 14:23, 딛 1:5, 행 20:17, 28-38, 요이 1절, 벧전 5:1, 5). 더 나아가 성경은 장로(목사)들에게, '맡기운 자들에게 주장하는 자세를 취하지 말고 다만 본이 되라.'고 충고하고 있다(벧전 5:3). 그러므로 현재 성직자와 평신도를 구분하는 계급구조는 성경 진리와 다르다. 그러나 우리는 성경상의 직분인 장로와 집사를 부인하지는 않는다.

(3) 침례를 구원의 조건으로 삼는다는 말에 대하여

성경에서 구원의 의미는 다만 '믿음으로 영생을 얻는' 단순의미로만 쓰이지는 않았다(요 3:18, 막 16:16, 빌 2:12, 1:19, 벧전 1:9, 2:2, 벧후 3:15). 최삼경 목사가 지적한 책자 본문들에서도 보듯이 구원의 의미는 성경에서 광범위하게 사용되었다. 특별히 침례의 의미 안에는 악한 자 안에 처해 있는 세상에 대해 죽었음(갈 6:14)을 공개적으로 선포함으로 세상으로부터 구원받는 면도 있다. 베드로의 첫 복음 메시지에서 멸망이나 지옥 불로부터 구원받으라고 하지 않고 '패역한 세대'로부터 구원받으라고 했고 이 말을 받은 사람은 다 침례를 받았다(행 2:40-41).

그러나 이것은 우리가 '침례가 하나님이 정하신 칭의(중생을 포함)의 유일한 방편'이라는 천주교의 과오(박형룡, 『교회론』, 326~327쪽)를 지지하거나, 믿음과 은혜로 구원을 얻는 방면(엡 2:8)을 부정한다는 말이 결코 아니다. 최 목사는 이 점에 오해가 없기 바란다.

(4) '한 지방에 한 교회'가 모순된 소리라는 주장에 대하여

최 목사는 위와 같은 지극히 성경적인 교회관(행 8:1, 13:1, 계 1:10-11)을 왜 모순된다고 하는가? 그것은 최 목사가 '한 교회'를 '한 개의 예배당'으로 생각하는 이단적인 교회관을 가졌거나 교회 분열을 정당한 것으로 생각하기 때문일 것이다.

그러나 성경은 예루살렘에 수만의 믿는 이들이 있었고 여러 곳(예배장소)에서 모였지만 교회를 말할 때는 단 하나의 교회인 '예루살렘에 있는 교회(단수)'(행 8:1)-예루살렘 성 안에 예수 믿는 모든 사람들-라고 말한다. 그리고 최 목사와는 달리 사도 바울은 믿는 이들 사이의 분열을 강하게 책망했다(고전 1:10-13). 그러므로 '한 지방에 한 교회'라는 말은 그 지방에 사는 모든 그리스도인들을 의미하지 최삼경 목사처럼 '한 예배당'을 의미한 말이 아니다.

3. 개신교를 바벨론, 음녀라고 저주했다는 주장에 대하여

최 목사는 계시록 17장 1~6절에서 언급된 '바벨론'을 '로마 천주교'로 해석한 위트니스 리의 책을 인용하며 위트니스 리가 기독교를 저주하고 욕했다고 말했다. 여기서도 최 목사의 진리 토론에 임하는 자세를 엿볼 수 있다.

즉, 최 목사가 '바벨론'에 대해 위트니스 리와 다른 견해를 가지고 있다면 자신의 해석은 무엇인지, 또한 왜 그렇게 해석하는지를 선명하게 밝히는 것이 진리토론자의 바른 태도일 것이다. 그런데 최 목사는 지금까지 위트니스 리가 기독교를 저주하고 욕했다는 말만 되풀이했지 '바벨론'에 대한 자신의 해석은 한 번도 밝히지 못했다. 감정 자극과 논리의 대결이 아니라 성경 진리를 밝히는 것이 이 토론의 목적이 아닌가?

바벨론을 천주교로 해석하는 것은 위트니스 리만이 아니다. L. E. Froom이나 C. A. Auberlen of Basil은 마르틴 루터, 요한 웨슬리, 존 다비, 알 포드도 같은 관점을 가졌다고 했다(The Prophe-tic Faith of our Father, vol. 2).

그런데 정작 천주교인들은 위트니스 리의 이 말을 어떻게 받아들이는지 지방교회 측의 재판에서 증인으로 나왔던 존 알버트 살리바(John Albert Saliba) 박사의 말을 인용해 보자.

그는 가톨릭 사제이며 예수회에서 설립한 디트로이트 대학 종교연구학과 부교수였다.

모건 씨(변호사): 거기서 그(위트니스 리)가 가톨릭에 대해 부정적인 말들을 했지요?

살리바 박사: 예, 일반적인 설명이 있었습니다. 계시록 몇 장인지는 정확히 기억하지 못하겠지만, 그 장에서 바벨론을 언급합니다. 바벨론은 로마로 해석되고, 그 다음 단계로 로마는 가톨릭으로 해석됩니다.

모건 씨: 위트니스 리만 그렇게 해석합니까?

살리바 박사: 근본주의자들에게는 그것이 상당히 일반적인 해석입니다. 내가 그것을 접하게 된 것은 그때가 처음이 아니었습니다.

모건 씨: 그것이 신부님의 역량에 어떤 영향을 미치지는 않습니까?

살리바 박사: 아닙니다. 위트니스 리는 항상 가톨릭교회를 비난하지 않습니다. 경우에 따라서는 그렇게 하지만, 텔레비전에서 어떤 복음전파자가 하는 것처럼 하지는 않습니다. …그(위트니스 리)는 개신교와 가톨릭을 포함하여 모든 사람을 사랑하라는 말을 했습니다. 위트니스 리가 나의 교회는 반대하여 계시록을 해석할지는 모르지만, 적어도 그가 나를 미워하지 않는다고 하겠습니다(살리바 박사도 위트니스 리처럼 '천주교 조직'과 '구성원인 자신'을 구별하여 말하고 있음을 독자들은 주목하기 바란다(필자 주).

(고오든 멜튼 박사 외, 『위트니스 리와 지방교회에 대한 전문가들의 증언』, 한국복음서원, 1996, 135-136쪽)

최 목사의 비방처럼 위트니스 리는 자신을 반대하는 사람을 저주하고 욕하는가? 결코 그렇지 않다. 위트니스 리는 지방교회들 안의 청년들에게 이렇게 권면하고 있다.

"우리는 절대로 진리는 양보할 수 없다. 그러나 우리는 보편적인 사랑을 실행해야 한다. 우리에겐 보편적인 사랑, 주 예수님을 사랑하고 모든 성도를 사랑하며, 반대자들을 포함한 모든 사람까지도 사랑하는 그 사랑이 필요하다."

"다른 사람들이 우리를 반대하면 할수록 우리는 그들을 더 많이 사랑해야 한다. …모든 반대자들은 우리를 온전케 하기 위해 존재한다. 우리가 이것을 깨닫는다면, 우리는 그들을 긍휼히 여기며 그들을 사랑하고 그들을 위해 기도하게 될 것이다."

(위트니스 리, 『캠퍼스 복음전파』,
한국복음서원, 1991년, 50-51쪽)

분별력이 있는 독자라면, 위트니스 리가 기독교인들을 저주하고 욕했다는 최 목사의 주장이 얼마나 왜곡된 거짓말인지를 보았을 것이다. 최 목사는 그동안 특정인을 가리켜 '이단의 괴수', '귀신 같은 소리를 한다.', '저질스런 인격을 가진 사람', '잔꾀를 부린다.', '새빨간 거짓말', '도둑놈' 등 목회자로서 차마 입에 담지 못할 말들을 했다. 그러나 위트니스 리는 다만 성경을 해석한 것이다.

VI. 우리는 왜 최삼경 목사를 이단이라고 단정했는가?

1. 이단의 정의

전문적인 이단 정죄는 우리의 관심사가 아니다. 따라서 왜 최 목사를 이단이라고 했는지에 대해서만 밝히겠다. '이단(heresy)'은 '정통신앙과 반대되는 것'이다(기독교백과사전(단권), 1994년, 1178 쪽, 유 1:3). 우리는 최 목사가 그리스도의 인격과 역사에 대해 정통신앙의 유일한 기준인 성경과 달리 말하므로 이단이라고 단정한다. 어떤 사람이 기독론에서 비성경적이라면 그는 이단 중의 이단이라고 최 목사 스스로도 말한 적이 있다. (교회와 신앙, 97년 11월호, 161쪽)

2. 최 목사의 신론은 '분리된' 세 인격(삼신론)을 의미하므로 이단이다.

(1) '인격'이란 용어를 이단적으로 사용한다.

최 목사는 97년 11월호의 글에서, "필자(최삼경 목사)가 말한 것처럼 인격이란 말을 '자유와 책임을 가진 존재'라고 정의하면 무슨 잘못이 있는가."라고 반문했었다. 무엇이 문제인가?

'인격'이란 용어를 사람과 하나님에게 동일하게 적용하는 것이 문제이다.

예를 들어보자. 사람이라는 '한 본질'을 가진, 그러나 각각의 인격들(자유와 책임을 가진 존재들)인 갑, 을, 병은 몇 사람인가? 누가 봐도 세 사람이다. 이제 이것을 최삼경 목사 식의 이단적인 삼위일체관에 대비시켜 보자.

즉 하나님이라는 '한 본질'을 가진 그러나 각각 '자유와 책임을 가진 존재들'인 세 인격(영)들은 몇 분 하나님인가? 세 하나님들이다. 이처럼 분리된 세 하나님을 주장하는 사람이 이단이 아니면 누가 이단인가? 성경에서 '하나님은 영이시니'(요 4:24상)라고 말한 곳은 있어도 최 목사처럼 '하나님은 세 영들이시니'라고 말한 곳이 한 구절이라도 있는가?

아버지 하나님, 아들 하나님, 성령 하나님이란 말이 성경에 있다고 해서 이것을 최삼경 목사같이 세 영들(세 하나님들)이라고 말하는 것이 장로교 신학이라면 장로교단 전체는 심각한 비난에 직면하게 될 것이다.

왜냐하면 성경은 아버지, 아들, 성령으로 구별은 되나 결코 분리될 수 없는 한 분 하나님을 계시하고 있기 때문이다(사 45:5, 약 2:19).

이러한 심각한 문제점이 예상되기 때문에 이종성 박사나 차영배 박사나 위트니스 리는 최삼경 목사와 달리 분리된 개체의 뜻을 내포하는 '인격'이란 말로 삼위일체를 표현하기를 자제하는 줄 안다. 그리고 이 말을 부득불 사용하더라도 세 위격 간의 '상호내재'를 함께 말함으로써 진리의 균형을 꾀하는 것이다.

(2) 삼위 중 2격이신 '아들만' 분리되어 육신을 입으셨다고 말함으로 이단이다.

성경은 '신격의 모든 충만'이 육체로 거하셨다고 말하나(골 2:9), 최삼경 목사는 아버지와 성령님은 아니고 '아들만' 육신을 입었다고 말하므로(교회와 신앙, 97년 8월호, 57쪽) 아들을 아버지와 성령으로부터 분리시키고 있다.

성육신에 대한 이러한 잘못된 인식의 심각성은 뒤에서 다시 거론하겠다. 아무튼 최 목사 말에 의하면, 세 위격이 서로 안에 거하시다가 아들이 성육신 하실 때는 '서로 안에 거하심(상호 내주)'을 그만두고 아들만 헤어져 홀로 이 땅에 오셨다는 말이다. 그렇다면 지상 사역 시 예수님 안에 계셨던 아버지는 언제 예수님 안에 들어가셨다는 말인가?

(3) 최삼경 목사는 예수님의 지상 사역 시 아버지 하나님의 예수님 안에 내주하심을 정면으로 부인하므로 이단이다.

최 목사 말을 직접 인용해 보자.

"예를 들어보자. 한 하나님(예수님) 속에 두 분 하나님(아버지, 성령님)이 들어 있다면 결국 서로 교제하고 대화할 필요가 없다. …겟세마네 동산에서 기도하시던 예수님께서 아버지 하나님께 '할 수만 있으면 이 잔을 면케 해 달라.'고 기도하셨다. 무슨 뜻인가? 한 인격 예수님 하나님 속에 아버지 하나님과 성령님 하나님도 들어 있다면 그래서 한 인격의 하나님이라면 결국 예수님께서는 자기 자신 속에 계신 아버지 하나님께 기도했다는 말이 되고 마는 것이다."

(같은 책, 164~165쪽)

최 목사의 위 말에 의하면, 겟세마네 동산에서 기도하셨던 예수님 안에는 아버지 하나님이 안 계신다. 그러면서도 최 목사는 자신이 삼위의 상호내재를 부인하지 않는다고 우기고 있다. 그렇다면 최 목사가 말하는 '상호내재'란 아버지와 성령님은 하늘에 앉아 계시고 아들만 분리되어 홀로 땅에 계신 상호내재를 말하는가? 그러나 최 목사 식의 상호내재는 성경과 정통신학자들의 가르침에 정면으로 대치된다.

①먼저 성경 말씀과 대치된다. 예수님은 마지막 때, '아버지께서 내 안에, 내가 아버지 안에 있는 것같이 저희도 다 하나가 되어 우리 안에 있게' 해 달라고 기도하셨다(요 17:21상).

이외에도 우리는 여러 차례 예수님과 아버지 하나님이 지상 사역 시 상호 내재하셨음을 많은 성경 근거를 통해 증명한 바 있다(같은 책, 97년 7월호, 161-162쪽, 9월호, 156쪽).

②정통 신학자들의 '상호내재' 개념과도 대치된다. 어거스틴은 '상호내재'를 "both are in each, and all in each, and each in all, and all in all"로 정의했음을 이미 소개한 바 있다(162쪽). George Bull 주교도 "상호내재는 세 위격들의 상호내주를 의미하고, 그들이 하나 안에 있는 것처럼 하나가 다른 둘 안에도 변함없이 있는 것(Defense of the Nicene Creed, Oxford, 1851)"이라고 했다. 아우구스트스 스트롱도 "거룩한 삼위일체의 위격들은 분리할 수 있는 개체들이 아니다. 각각은 나머지 둘을 포함하며, 각각의 오심은 나머지 둘의 오심이다."라고 말했다[Systematic Theology(Philadelphia: The Judson Press, 1912] p.333)

(4) 위트니스 리의 본문을 왜곡 소개한 것은 최 목사의 이단적 삼신론 때문이다.

최 목사는 위트니스 리가 마태복음 28장 19절의 '이름(단수)'을 해석한 부분을 다음과 같이 인용 비판했었다.

"셋-하나로서 그분은 아버지와 아들과 성령을 그분의 실제와 인격으로 하는 한 하나님"이란 (위트니스 리의) 말에 주의해야 한다. 풀어서 말하자면 실제에 있어서는 한 인격의 하나님이란 말이다.

(같은 책, 164쪽)

위트니스 리는 '셋-하나(삼위일체)'라고 했는데 최 목사는 자기 마음대로 풀어서 '한 인격의 하나님'으로 둔갑시키고 있음을 독자들은 주의해서 보기 바란다.

이런 왜곡이 가능한 것은 예수님은 최 목사의 이단적인 관점에 따르면 '분리된 한 인격'에 불과하기 때문이다.

3. 최 목사의 기독론은 성경의 계시와 다르며 결국 다른 구원관을 가져오므로 이단이다.

앞서 지적한 것처럼 최 목사는 아버지와 성령 하나님은 아니고 '아들' 하나님만 육신을 입었다고 했었다(교회와 신앙, 97년 8월호, 57쪽).

이러한 잘못된 진리 인식이 얼마나 심각한 결과를 가져오는지를 보기로 하자.

만일 최 목사 말대로 삼위의 2격이신 아들만 분리된 채로 땅에 오셔서 사람의 육신을 입으셨다면 아버지와 성령님은 하나님인 채로 하늘에 남아계시고 아들만 하나님-사람(신성, 인성)이 되셨다는 말이 된다.

그러한 예수님(신성, 인성)이 인생을 사시고, 죽으시고, 부활하시고, 승천하셔서 하늘에 남아계시는 아버지(신성) 옆에 나란히 계시면서 이번엔 보혜사 성령님(신성)만 이 땅에 보내서 사람에게 체험되게 하신다는 말이 된다.

여기서 심각한 문제가 발생한다. 즉 믿는 이들이 영접한 성령님은 '예수님을 대리'해서 오셨지만 인성(육신)을 입은 적이 없으시기 때문에 신성만 있으시다는 결론이 나온다. 그렇다면 성령(신성)을 영접한 것이 예수님을 영접한 것이라고 하더라도 성도들이 영접한 예수님(신성)은 하늘에 남아 계신 예수님(신성, 인성)과는 다른 예수님이 되고 만다. 이러한 최삼경 목사의 기독론은 성경의 계시(요 7:39, 고전 15:45, 계 5:6)와 크게 다르다.

하늘에 계신 예수님과 다른 예수님을 영접케 하는 최 목사의 이단적인 기독론은 성도들에게 천국 가서 만날 예수님만 강조하고(예수님은 승천 후 하늘에 계시니까), 우리 안에 계신 그리스도(고후 13:5)가 매일 확대되시고(빌 3:8, 1:20 원문, 엡 3:17) 형상을 이루시는 생활(갈 4:19)은 소홀히 하게 만든다. 이러한 기독론은 결국 성경이 말하는 구원(빌 2:12, 롬 5:10 원문, 고후 11:2, 계 21:9-10)과 다른 구원관을 가져온다.

VII. 결론

그동안의 토론은 위트니스 리와 지방교회에 대한 최삼경 목사의 '이단연구'가 허점투성이며 거짓된 것임을 독자들 앞에 폭로시켰다. 따라서 위트니스 리와 지방교회에 대한 예장 통합 측의 이단결정은 그리스도인의 양심을 따라 반드시 공개 철회되어야 할 것이다. 최 목사도 토론 서두에서 자신의 이단 연구에 잘못이 있으면 시정하겠다고 약속한 바 있다. 최 목사(또는 예장통합 측)가 이러한 약속을 지킬 용기가 있는지는 두고 볼 일이다.

아울러 토론 중 본의 아니게 최 목사의 인격을 손상하는 어조가 있었다면 용서를 구한다. 그리고 계속 관심을 가지고 본 토론을 지켜 본 독자들께 감사드린다.

끝으로 본 토론 중간에 잦은 중단이 있어 토론 전모를 파악하기가 쉽지 않았다. 이 점을 아쉬워하는 독자들의 편의를 위해 토론 종료 후 두 달(60일) 이내에 쌍방의 토론내용을 양측이 단행본으로 동시에 출판할 것을 '교회와 신앙' 측에 정식으로 제안한다. 만일 '교회와 신앙' 측의 사정으로 쌍방의 동시 출판이 어려우면 지방교회 측만이라도 출판할 수 있도록 허락하여 주기 바란다. 만일 위 두 가지 경우가 다 곤란하다면 우리는 부득이 우리 측 토론 기사만이라도 출판할 것임을 밝혀둔다.

참고: 위 약속에 따라 지방교회 측은 이 공개토론 전문을 『누가 이단인가?』(도서출판 생명나무, 1999)라는 단행본으로 출간한 바 있음.

이인규 씨의 양태론 정죄에 대한 지방교회 측의 반론

인터넷 검색에 '양태론'을 입력해서 나온 자료의 상당 부분이 감리교 권사였던(지금은 장로교인) 이인규 씨의 글이다. 그는 비슷한 내용을 제목과 형식만 바꿔가며 여러 차례 위트니스 리와 지방교회 측을 양태론자로 공격했다. 양태론 관련 자료가 많이 없다 보니 이인규 씨가 쓴 문제가 많은 글은 여러 사람에게 재인용되어 지금도 인터넷상에 유포되고 있다.

이인규 씨는 정식으로 신학을 한 적이 없다. 검증된 인물도 아니다. 단지 유사한 색깔을 띤 일부 이단 감별 단체들에서 상담위원, 자문위원, 또는 전문위원이라는 직함을 받았을 뿐이다. 그러나 최근에 이 단체들이 이인규 씨와 거리 두기를 시도하고 있는 정황이 관찰된다. 또한 기존의 이단 연구가들 안에서 과도한 이단 정죄의 부작용(특히 양태론 정죄)을 포함한 자기반성의 목소리(http://www.amennews.com/news/articleView.html?idxno=13560)가 있는 점은 주목된다.

지방교회 측은 이인규 씨가 위트니스 리와 지방교회 측을 '양태론'으로 공격한 위의 자료들을 아래와 같이 재검증하고 있다.

양태론 비판에 대한 지방교회 측의 반박(1)

이인규 씨는 칼빈의 자료를 정반대로 왜곡시켰다.

우리는 그러한 재검증 과정에서 다음과 같은 놀라운 사실들을 발견했다. 과거에 쌍방의 토론 과정에서 우리는 이인규 씨가 〈분리된 삼위(성부, 성자, 성령)〉를 주장하는 등 그의 판단 기준 자체에 심각한 문제가 있음을 지적해 왔다. 그러나 자신이 인용한 칼빈의 본문까지 정반대로 왜곡시켜 독자들을 속인 것은 새롭게 발견된 그의 약점이다. 우리는 한국교계가 이처럼 양심을 속여 가며 하는 이단 감별을 더는 허락하지 말아야 한다고 본다.

1. 이인규 씨가 정의하는 양태론은 무엇인가?

이인규 씨는 〈양태론이 왜 이단인가〉라는 글(http://ikccah.org/info/339)에서 '양태론'을 이렇게 정의한다.

양태론이란 결국 단일신론이다. 즉 성부 하나님이 직접 육신을 입고 예수로 와서, 십자가에서 죽고 부활하여 오순절에 성령으로 오셨다는 것을 말한다.

이인규 씨는 위 양태론 정의 후에, 위트니스 리의 여러 저서에서 떼어낸 내용으로 위트니스 리를 양태론이라고 비판하고 있다. 그러나 그 어떤 내용도 "성부 하나님이 직접 예수로 왔다."는 사실을 말하지 않는다. 그런데도 그는 '하나님'(또는 '하나님 자신')께서 육신을 입으셨다는 위트니스 리의 말을, '성부께서 예수가 되신 것'으로 간주한다. 위 양태론 공식에 꿰맞추려고 억지를 부린 것이다. 그러나 오직 성부만 '하나님 자신'이라는 이인규 씨의 생각 자체가 이단이다. 성경과 정통 신학자들은 '성부'만 아니라 '성자'와 '성령'께서도 '하나님' 또는 '하나님 자신'이심을 믿고 고백한다(이 점은 후속 글로 다룰 것임).

2. 이인규 씨 공식에 맞춘 양태론 공격을 무력화시키는 상호 내재론

이인규 씨가 만든 위 양태론 공식은 삼위(성부, 성자, 성령)께서 영원히 동시에 존재하신다는 '상호 내재론'(페리코레시스)과는 결코 양립할 수 없다. 왜냐하면 성부가 성자가 되셨다면 성부는 더는 존재하지 않고, 또한 성자가 성령이 되셨다면 성자 역시 더는 존재하지 않게 되기 때문이다. 사실 이것이 양태론의 가장 큰 특징이다. 이인규 씨는 지방교회 측이 이렇게 믿고 있으니 양태론이라고 주장해 왔다(수박 비유 등).

그런데 위트니스 리와 지방교회 측은 영원히 동시에 존재하시는 세 위격들(성부, 성자, 성령)의 '상호내재'를 굳게 믿는다(아래 내용은 이인규 씨가 자신의 글에 소개한 것임).

그 셋(성부, 성자, 성령-필자 주)은 결코 분리되지 못한다. 그 셋은 항상 동시 존재하며 상호 내재한다. 한 분이 이곳에 있을 때 셋 모두가 이곳에 있다. 분리됨이 없다.

(위트니스 리, 『신약의 결론-하나님』. 288쪽)

삼위 양식론('양태론'-필자 주)의 오류는 무엇인가? 삼위 양식론은 아버지와 아들과 영께서 모두 영원하지 않고 또 동시에 존재하지 않는다

고 가르친다. 오히려 삼위 양식론은 아버지께서 아들의 오심으로 끝났고 아들은 그 영의 오심으로 끝났다고 주장한다.

(위의 책, 37~38쪽)

위와 같은 지방교회 측의 반론은 특정 위격이 일시적으로만 존재한다고 믿으니 양태론이라는 이인규 씨의 주장을 무력화시켰다. 그러자 그는 갑자기 세르베투스라는 사람이 '삼중적인 신의 도입'을 주장했지만, 여전히 양태론이라는 식으로 화제를 바꾸었다. 일종의 국면 전환을 시도한 셈이다. 그런데 다음 항목에서 보듯이 바로 이 부분에서 교묘한 내용 왜곡이 이뤄지고 있다.

3. 세르베투스의 주장을 정반대로 왜곡한 이인규 씨의 교묘한 인용문 조작

즉 '세이연' 홈페이지에 올려진 〈지방교회의 이단성〉이란 글에서 이인규 씨는, "양태론은 성부가 성자가 되고, 성자가 성령으로 되는 것이기 때문에 동시에 삼위가 영원히 존재할 수 없지만, 자신들은(지방교회 측-필자 주) 삼위가 동시에 존재하고 상호 내재한다고 가르치므로 양태론이 아니라는 것이다. 캘빈의 시대에도 세르베투스라는 양태론자가 있었다. 그가 주장한 내용이 바로 삼중적인 신을 도입하는 것이었다."라고 갑자기 화제를 돌린 후 바로 이어 아래 인용문을 소개했다.

캘빈이 그들에 관해서 말한 내용을 잘 검토해 보면, 세르베투스와 그의 추종자들은 고대의 두 이단설이었던 사벨리우스주의와 아리우스주

의를 교묘하게 혼합한 설을 가르친 듯하다. 일면 세르베투스는 사벨리우스주의자였다. 캘빈이 말했듯이 세르베투스는 신의 본질 안에 세 위격이 존재한다고 말할 때마다 삼중적인 신을 도입하는 것이며, 이것이 하나님의 단일성에 일치 않는 한, 이 삼위는 공상적인 것'이라고 믿었기 때문이다.

(제럴드 브레이의 『신론』, IVP, 234쪽)

위 인용문은 주의를 집중하지 않으면 이인규 씨의 교묘한 왜곡 때문에 마치 세르베투스가 '삼중적인 신'을 주장한 것처럼 읽힐 수 있다. 그러나 지방교회 측이 위 원문인 제럴드 브레이 책을 정밀 검토한 결과, 위 본문은 세르베투스가 소위 '삼중적인 신의 도입을 주장한 것'이 아니라 정반대로 그것을 비판하는 내용임이 드러났다.

즉 위 이인규 씨의 자료에는 없지만 원문에는 이 인용문 중 "신의 본질 안에 …공상적인 것" 부분에 큰따옴표 표시가 되어 있다. 따라서 원문 그대로 본다면 세르베투스는 "삼중적인 신" 또는 "삼위"를 "공상적인 것"이라고 비판했다. 그런데도 이인규 씨는 따옴표를 모호하게 처리하고 내용도 정반대로 소개했다. 그 후 그는 '세르베투스도 삼중적인 신을 주장했지만, 여전히 양태론 이단이다.'라는 식으로 독자들을 교묘히 속이고 있다.

이처럼 이인규 씨는 성부만 '하나님 자신'이라는 이단 사상과 세르베투스의 말을 정반대로 왜곡한 자신의 억지 주장을 토대로, 아래와 같은 엉뚱한 말을 이어가고 있다.

(이인규 씨) "앞에서 충분히 검토한 바와 같이 지방교회는 하나님 자

신이 성육신으로 육신을 입고 왔으며, 십자가에서 죽고 부활하여 살려주는 영의 세 과정, 세 단계를 거쳤다고 주장한다. 그런데 그 세 과정과 세 단계의 삼위가 동시 존재, 상호 내재한다고 하므로 양태론이 아니라는 주장은 웃을 수도 없는 궁색한 변명에 지나지 않는다. 예를 들어서, 대학 시절의 "나"가 있었고, 그 후에 "나"는 학교를 졸업하여 회사에 취직하여 사원으로 근무하였고, 그 후에 "나"는 교회에서 이단 연구를 하게 되는 과정과 단계를 거쳤다고 가정하여 보자. 그 대학생이었던 "나"와 회사에서 근무했던 "나"와 이단연구를 하는 "내"가, 지금의 "나"라고 하는 사람 안에 상호 내재하고 동시 존재한다면 하면, 양태론이 아니라고 말할 수 있는가? …이와 같은 삼중적인 개념의 도입이 양태론이 아니라는 변명은 핑계에 지나지 않는다. 차라리 당당한 이단이 되는 것이 낫지 않는가?"

결론적으로, 우리는 이인규 씨가 다음 두 항목에서 치명적인 잘못을 범하고 있음을 밝혀둔다.

첫째, 성부만 '하나님' 또는 '하나님 자신'이고 성자와 성령은 그렇지 않다는 이인규 씨의 주장은 여호와의 증인이 믿는 이단 사상이다.

둘째, 구별되나 분리되지 않는 삼위께서 영원히 동시 존재하시고, 또 상호 내주하심을 믿는 지방교회 측을 양태론자로 모함하는 것은 이인규 씨의 무지 때문이다.

참고로 이단인 여호와의 증인들은 성부만 '전능하신' 하나님(Almighty God)이시고, 성자는 단지 '능하신' 하나님(Mighty God)에 불과하다고 주장한다. 이것은 '성부'만 '하나님 자신'이라는 이인규 씨의 주장과 같다.

지방교회 측은 이것이 성경 그리고 정통 신학자들의 주장과 다른 이단 사상임을 다음 글에서 밝힐 것이다.

(위와 같은 심각한 이단 사상이 녹아 있는 이인규 씨의 인터넷 자료들을 일반 독자들이 무비판적으로 인터넷에 유포시키는 것은 '허위사실 유포'에 해당할 수 있어 자제를 부탁드린다.)

양태론 비판에 대한 지방교회 측의 반박(2)

'성자'도 '하나님 자신'임을 부인하는 이인규 씨의 이단 사상

사람의 생명과 인권을 다루는 의사나 판사는 고도의 전문성과 자격을 갖춰야 활동할 수 있다. 그런데 영적으로 생사를 좌우하는 이단 감별 분야에는 그런 공인 과정이 없다. 그러다 보니 이인규 씨 같은 무자격 이단 감별사들이 함부로 남을 이단 삼단 해도 막는 사람이 없었다. 그 결과 성경에 근거한 삼위일체론을 말해도 그에 의해 양태론으로 정죄되는 사례가 발견되고 있다.

지방교회 측은 이런 폐단을 바로잡기 위하여 삼위일체와 관련된 이인규 씨의 이단 판단 기준의 문제점들을 몇 차례에 걸쳐 다루려고 한다.

먼저 이인규 씨는 '성부만' 하나님 또는 하나님 자신이시라고 이단적으로 믿는다. 따라서 누가 성자 하나님을 '하나님' 또는 '하나님 자신'이라고 말하면 즉각 양태론이라고 공격한다. 그러나 정통 삼위일체론은 성부께서 하나님 자신이실 뿐 아니라, 성자와 성령 또한 하나님 자신이시며, 그 셋은 본성과 지위에 전혀 차이가 없음

을 말한다. 따라서 누구든지 이것을 부인한다면 그는 '다신론' 또는 '종속론' 이단이 된다. 이에 대한 대표적인 경우가 여호와의 증인들이다. 아래에서 보겠지만, 원칙적으로 이인규 씨 역시 여호와의 증인들과 같은 주장을 하고 있다.

1. 성자는 '하나님' 또는 '하나님 자신'이 아니시며, 그렇게 말하면 양태론이라는 이인규 씨

이인규 씨는 장로교 고신 교단 '코람데오닷컴' 토론방에 〈지방교회의 양태론을 비판하면서〉라는 긴 글을 올렸다. 명분상으로는 어떤 성도가 올린 글(http://www.localchurch.kr/7520)에 대한 반론이다. 그런데 이인규 씨는 그 글에서 위트니스 리가 '하나님이 육신이 되신 것' 또는 '아들이 하나님 자신'이심을 말한 부분을 아래와 같이 소개하며 양태론 이단이라고 했다.

(이인규 씨) "지방교회의 주장은 양태론이다. 아니 적어도 위트니스 리의 주장은 양태론이 분명하다. 어느 누가 보아도 양태론이 아니라고 말할 수가 없다. 하나님 자신이 직접 마리아의 태 속에 들어가, 인간의 육신을 입고 예수로 이 땅에 와서, 하나님 자신이 직접 십자가에서 죽으시고 부활하여 살려주는 영이 되었다고 하는 것이 지방교회의 주장이며, 어느 누가 보아도 이것은 전형적인 양태론이 분명하다. 지방교회는 위트니스 리와 다르다고 말할 자신이 있는가? 지방교회가 위트니스 리와 다르다고 답변할 수 없다면, 지방교회는 기독교의 삼위일체가 아니라고 솔직히 말해야만 한다."

#하나님으로서 그분은 처녀의 태 속에 들어가서 그 속에서 아홉 달

동안을 머무셨다. 이렇게 해서 그분은 인성을 그분의 피난처와 거처로 취하셨다. 분명히 그분의 성육신은 그분의 과정이었다. 두 번째로 그분은 삼십삼 년 반이라는 인생의 긴 터널을 통과하면서 이 땅에서 생활하셨다. 이것 또한 하나의 과정이었다. 세 번째로 그분은 죽음 안에 들어가서 무덤과 음부를 포함한 죽음을 통과하셨다. 네 번째로 그분은 삼일 후에 사망과 음부를 걸어 나오셔서 부활 안으로 들어가셨다. 그분의 죽음과 부활 또한 하나의 과정이었다.

(위트니스 리, 『세 부분인 사람의 생명 되시는 삼일 하나님』, 52~53쪽)

#그러므로 요한복음 3장 16절은 하나님이 세상을 이처럼 사랑하사 독생자를 주셨다고 말한다. 하나님은 자기의 아들을 주셨다. 이 아들이 하나님과 분리되어 있다고 여기지 말라. 우리에게 주신 바 된 이 아들이 바로 다름 아닌 그 "하나님 자신"이다. 당신이 아들을 영접할 때 그것은 바로 하나님을 영접하는 것이며….

(위트니스 리, 『하나님의 경륜 안에 있는 두 가지 큰 비밀』, 18~19쪽)

위 이인규 씨의 비판 속에는 성자 하나님은 '하나님' 또는 '하나님 자신'이 아니라는 사상이 내포되어 있다. 즉 그의 생각에 오직 성부만 하나님 또는 하나님 자신이실 뿐이다. 그러나 이것은 아래에서 보듯이 성경의 가르침도 아니고, 정통 신학자들과도 다른 이단 사상일 뿐이다. 뒤에서 다루겠지만 위트니스 리는 성자가 육신을 입으신 것을 말한다. 그러나 그 성자 역시 하나님 자신이시라는 것이다. 이것은 이인규 씨의 왜곡처럼 '성부'가 성육신 후에 '성자'가 되셨다는 말이 결코 아니다.

2. 성육신하신 주체는 하나님의 아들이시지만, 그분은 하나님 자신이시다.

다시 말하지만, '성부'만 하나님(하나님 자신)이시고 '성자'는 그렇지 않다는 이인규 씨의 주장은 이단 사상이다. 아래에서 보는 것처럼 성경과 정통 신학자들은 그런 사상을 배척한다.

1)성경 본문

도마가 예수님께 "나의 주님, 나의 하나님!"이라고 대답하자… 그대는 나를 보았기 때문에 믿습니까(요20:28-29)?

유대인들은 더욱 예수님을 죽이려고 하였는데, 왜냐하면…그분 자신을 하나님과 동등한 위치에 두셨기 때문이다(요5:18).

유대인들이 예수님께 대답하였다. …그대는 사람이면서 하나님으로 자처하고 있습니다(요10:33).

그리스도는 만물 위에 계셔서 영원히 찬양을 받으실 하나님이십니다(롬9:5).

우리는 그 참되신 분, 곧 하나님의 아들 예수 그리스도 안에 있습니다. 이분은 참되신 하나님이시며, 영원한 생명이십니다(요일5:20).

말씀은 곧 하나님이셨다(요1:1).

이처럼 성경은 성부만 아니라 주 예수님께서도 하나님 자신이심을 반복해서 증언하고 있다. 오직 눈먼 유대인들과 이단인 여호와의 증인들만이 이것을 부인할 뿐이다. 이인규 씨 역시 같은 부류에 속한다.

2)정통 신학자들(칼빈, 웨인 그루뎀, 아타나시우스 신조)

칼빈 신학교에서 조직신학을 가르치는 김석환 박사는 자신의 소논문인 "캅바도키아 교부들과 칼빈의 삼위일체론" 23쪽에서, 다음과 같이 칼빈의 견해를 소개하고 있다.

"B. 하나님 자신: 기독교 강요 第13장 6항에서 칼빈은 요한복음 1:1절의 "이 말씀은 곧 하나님이시니라."라는 말씀을 인용함으로써 '말씀이 곧 하나님 자신'이라고 말한다. 즉 칼빈은 "그는 말씀이 곧 하나님 자신이라고 덧붙인 후에 곧 이어서 우리에게 본질의 한 단일성을 상기시켜준다."라고 말한다. 여기서 칼빈이 말한 그란 사도 요한을 가리킨다. …칼빈은 여기서 '그리스도의 신성'에 대한 확립 차원에서 말씀을 가리켜 '하나님 자신'이라고 한 것이다(23쪽)."

위 논문은 이어서 아버지만이 '자존 하시는 하나님'이시라는 사상(이인규 씨가 가지고 있는)은 오리겐이 주장한 것이고, 이것은 훗날 여호와의 증인의 원조 격인 아리우스의 종속론으로 발전했다고 말한다. 물론 종속론은 이단 사상이다.

오리겐에 의하면, 아버지만이 '자존 하신 하나님'(αὑτόθεοϛ)이시고, 아들은 그냥 '하나님'(θεόϛ)이시며, '그 하나님'(ὁ θεόϛ)이 아니시다. 아들은 '제2차적인 신'(δευτερος θεος), '파생적인 신'으로서 2차적인 영광을 받으신다. 이 사상에 따라 아리우스의 종속론이 발전하게 되었다(위의 논문, 77번 각주).

참고로 칼빈이 성부만이 아니라 성자와 성령도 마찬가지로 '자존하시는 하나님'(αὐτόθεος)으로 믿었다는 사실은 제럴드 브레이도 다음과 같이 확인해 주고 있다.

그러나 한 가지 예외는 칼빈은 성부만이 아니라 성자와 성령도 이 본질을 충만하게 보여주시며 그러므로 성자와 성령 역시 '아우토테오스'로, 즉 그 자체로 완전한 신으로 간주하여야 한다고 주장했다는 점이다. (제럴드 브레이, 『신론』, 262쪽)

이인규 씨는 '삼위의 각 위격들이 각각 분리되신다.'고 주장한다. 그리고 그런 주장을 기준으로 위트니스 리와 지방교회 측을 양태론이라고 정죄한다. 그러나 위 김석환 박사의 소논문은 결론 부분에서, 그런 주장은 칼빈과 다르며 따라서 정통 삼위일체론이 아님을 말해주고 있다(이 점은 별도 글로 다룰 것임).

"III. 결론: 칼빈의 진술들로부터 우리는 위격과 실체의 관계에 관한 소명제들을 다음과 같이 뽑아 볼 수 있었다: 첫째, 각 위격들은 본질의 분리된 부분을 각각 소유하고 있는 것이 아니다. 둘째, 각 위격은 세 별개의 개체들이 아니다. 셋째, 본질과 위격은 분리되지 않는다. 각 위격들도 서로 분리되지 않는다."(34쪽)

칼빈만이 성자께서 하나님 자신이심을 말한 것이 아니다. 이인규 씨도 자주 인용하는 정통 신학자인 웨인 그루뎀도 아래와 같이 "성자 하나님이 하나님 그 자체"이시라고 말한다.

"첫째, 각 위는 온전한 하나님이시라는 사실을 상기함이 중요하다. 즉, 각 위는 완전한 하나님의 존재라는 사실이다. 성자는 부분적으로 하나님인 것도 아니고 하나님의 삼분의 일도 아니라 온전하고 전체적인 하나님이시며, 성부도 그러하고 성령도 그러하다. …성부는 하나님의 전체이시며 성자도 하나님 그 자체이시고 성령도 온전하신 하나님이라고 말해야 한다. …성부는 하나님의 모든 것이며, 성자도 하나님의 모든 것이고, 또한 성령도 하나님의 모든 것이 되신다."

(웨인 그루뎀, 『조직신학 상』, 362쪽)

사실 이인규 씨와 달리, 모든 정통 신학자들은 성부, 성자, 성령께서 동등한 하나님이심을 믿는다. 이 점은 아래 아타나시우스 신조(http://kcm.kr/dic_view.php?nid=38360)도 확인해 주고 있다.

이와 같이, 성부도 신이고, 성자도 신이고, 성령도 신이다. 그러나 신은 셋이 아니라 하나만 존재한다. 이와 같이, 성부도 주님이고, 성자도 주님이고, 성령도 주님이다. 그러나 주님은 셋이 아니라 하나만 존재한다. …이 삼위일체에서 선후나 대소가 없다. 세 분 모두 다른 분과 같이 영원하고 동등하다. 따라서 상술한 대로, 일체가 삼위로, 삼위가 일체로 예배되어야 한다.

3. 위트니스 리와 지방교회 측이 말하는 성육신의 주체는 전적으로 성경적이다.

놀랍게도 이인규 씨의 억지 주장처럼 위트니스 리가 '성부'께서 육신을 입으셨다고 말한 곳은 단 한 곳도 없다. 대신에 위트니스 리는 아래에서처럼 "하나님의 아들(2격)"이 육신을 입으셨다고 말한다. 다만 그 하나님의 아들도 '하나님'이시고 또한 '하나님 자신' 이시라는 것이다.

"때가 찼을 때 삼일 하나님은 신성한 삼일성의 두 번째 위격이신 하나님의 아들을 사람의 몸을 취한(히 10:5) 성육신으로 보내셨다."

(위트니스 리, 『그리스도』, 한국복음서원, 193쪽)

또 한 가지 주목할 사실은 성육신 하신 하나님의 아들은 이인규 씨의 오해처럼 성부와 성령으로부터 '분리'된 1/3 하나님만이 아니시라는 점이다. 그분은 "신격(성부, 성자, 성령)의 모든 충만이 육체로 거하시는 분"이시다(골2:9). 따라서 성자가 오실 때 구별은 되나 분리가 안 되시는 다른 두 위격도 함께 오신 것이다. 이런 이유로 성경은 성자께서 이 땅에 계실 때 여전히 성부와 서로 안에 함께 계셨다고 하고, "아들을 부인하는 자는 아버지도 없게 된다." 고 한 것이다.

"거룩한 삼위일체의 위격들은 분리할 수 있는 개체들이 아니다. 각각은 나머지 둘을 포함하며, 각각의 오심은 나머지 둘의 오심이다."

(아우구스트스 스트롱, 조직신학 (Philadelphia: The Judson

Press, 1912), p. 333)

"나는 아버지 안에 있고 아버지는 내 안에 계신 것을 네가 믿지 아니하느냐 내가 너희에게 하는 말이 스스로 하는 것이 아니라 아버지께서 내 안에 계셔 그의 일을 하는 것이라."

(요14:10)

"본래 하나님을 본 사람이 없으되 아버지 품속에 있는 독생하신 하나님이 나타내셨느니라(요1:18)."

(헬라어 원문은 아버지 품속에 현재도 '있는', 즉 현재 시제임)

"하늘에서 내려온 자 곧 하늘에 있는 인자 외에는 하늘에 올라간 자가 없느니라."

(요3:13, 킹제임스 번역 참조)

"만일 내가 판단하여도 내 판단이 참되니 이는 내가 혼자 있는 것이 아니요 나를 보내신 이가 나와 함께 계심이라."

(요 8:16, 29)

"아들을 부인하는 자에게는 아버지가 없으되 아들을 시인하는 자에게는 아버지도 있느니라."

(요일 2:23)

이단 감별사인 이인규 씨는 성자께서 '참 하나님'이심을 부인하고, 삼위의 '분리'를 믿는 이단이다. 이런 그의 이단적인 잣대가 지방교회 측의 정통 삼위일체론를 양태론처럼 보이게 만들고 있다.

양태론 비판에 대한 지방교회 측의 반박(3)

세 위격들의 '분리'를 주장하는 이인규 씨의 삼신론 사상

고장 난 저울을 사용하여 이익을 얻는 상인은 불의하다. 그런데 이인규 씨는 '삼위일체론'이라는 상품을 자신의 '고장 난' 저울로 달아 지방교회 측을 포함한 다른 이들을 이단시하고 있다.

그로 인해 자신은 이단 감별사의 명성도 얻고, 가끔씩 이단 강연료도 받게 되었다.

그런데 정작 그의 저울이 '고장 났다'는 사실은 한국교계에 감춰져 있다. 따라서 지방교회 측은 바른 분별을 위해 이단 감별사 이인규 씨의 이단성을 폭로하는 글을 쓰고 있다.

이번 글에서 우리는 〈세 위격들이 각각 '분리'되신다〉는 이인규 씨의 이단성을 다루려고 한다.

이인규 씨도 자주 인용하는 신학자인 웨인 그루뎀은, "오늘날 많은 복음주의자들은 무의식중에 삼신론적 견해를 지향하는 경향이 있어서, 성부와 성자와 성령의 독특한 인격성은 인정하지만 나누이지 않는 한 분으로서의 하나님의 통일성을 거의 인식하지 못하고 있다."라고 경고한다(웨인 그루뎀, 『조직신학 상』, 은성, 356쪽). 쉽게 말해 삼위의 셋을 너무 강조하다 보면, 삼신론에 빠질 수 있다는 것이다. 지금 이인규 씨가 그런 예에 속한다. 물론 양태론은 분명히 이단이다. 그런데 이인규 씨가 주장하는 삼신론 또한 이단임을 우리는 알아야 한다.

1. 삼위의 '분리'를 주장하고, 그것을 반대하면 양태론이라고 하는 이인규 씨의 이단 사상

이인규 씨는 예레미아 이단연구소 홈페이지(http://researchheresy.com)에 올려진 자신의 글 '지방교회 이단연구보고서'에서, "지방교회의 주장은 양태론이다. 아니 적어도 위트니스 리의 주장은 양태론이 분명하다. 어느 누가 보아도 양태론이 아니라고 말할 수가 없다. …성경은 왜 하나님과 사람 사이의 중보자가 한 분 예수라고 말하고 있을까? 예수님은 왜 자기 자신인 하나님께 기도를 하셨을까? 삼위일체가 인격적으로 분리가 되지 않는다면, 예수님이 세례를 받으실 때에 성령이 위로부터 비둘기처럼 임하시고, 하늘에서는 아버지의 말씀이 들려왔을까?"라고 말한다. 즉 그는 "삼위일체가 인격적으로 분리되신다."는 주장을 하고 있다.

그는 이런 주장과 함께 삼위의 분리를 반대하는 위트니스 리의 아래의 글을 양태론의 근거라고 제시한다.

#아버지와 아들과 성령은 분리된 세 인격이나 세 하나님이 아니라, 그들은 한 하나님, 한 실제, 한 인격이다. 그러므로 아버지와 아들과 성령은 한 이름으로 지칭된다. 이름은 그 인격을 지칭하며, 그 인격은 그 이름의 실제이다. 신성한 삼일성의 이름은 그분의 인격과 동등한 신성한 존재의 총체이다. 하나님은 삼일, 즉 셋-하나이시다.
(위트니스 리, 『세 부분의 사람의 생명 되시는 삼일 하나님』, 52쪽)

#어떤 그리스도인 교사들은 삼일성에 대한 그들의 가르침에서 아버지를 아들과 분리시킨다. 그들은 아버지와 아들, 영을 모두 분리시킨다.

그들의 가르침에서 그들은 아버지, 아들, 영이 구별될 뿐 아니라 분리될 수 있는 위격들이라고 말한다.

(위트니스 리, 『하나님』, 287쪽)

이인규 씨는 또한 과거에 있었던 지방교회 측과의 진리 토론에서 성부, 성자, 성령께서 마치 한 반에 있는 10명의 학생들처럼 각각 "독립된(분리된) 인격"이라고 주장했다.

(이인규 씨) 예를 들지요…한 학교의 10명이 같은 반 1학년 1반입니다. …그들은 각자 독립된 인격입니다. 그들이 독립된 인격이라고 하는 것이며, 그들이 서로 인격적인 교통을 할 수 있다는 것입니다. 그들이 1학년 1반에서 분리된 것과 뜻이 다릅니다.

그렇다면 성부, 성자, 성령께서 마치 세 사람들처럼 각각 '분리'되신 분인지(이인규 씨), 아니면 삼위께서 '구별'은 되시지만 '분리'가 안 되시는 분인지(위트니스 리)가 쟁점이 된다. 다음에 다룰 항목에 이에 대한 바른 해답이 있다.

2. 김재성 박사 등은 삼위가 분리되신다고 믿는 것은 (삼신론) 이단임을 밝힘

국제신학대학원대학교 부총장 겸 조직신학 교수인 김재성 박사는 〈기독교 한국신문〉에 기고한 칼럼(2015.10.07)에서, "우선 지난 2천 년 기독교 역사에서 삼위일체론의 이해를 위해서는 가장 성경적으로 탁월한 모범적인 해설이 있는데, 주 후 451년 칼세돈

공의회에서 채택된 용어이다. 즉, 예수님의 인성과 신성은 "구별은 되지만 분리되지 않는다."(distincito sed non separatio)고 선언되었다. "한 분 예수님 안에 어떻게 두 성품이 혼란 없이 통일을 이루는 것인가에 대해서 내린 결정이다"라고 소개했다.

김 박사는 이어서 다음과 같이 '삼위가 분리되신다.'는 주장은 이단 사상임을 지적한다.

이와 마찬가지로, 삼위일체 하나님은 성부, 성자, 성령 세 위격들 사이에서 서로 구별은 되지만, 분리되지 않는다. …삼위일체 세 위격들을 서로 "구분"하는 것이 옳으냐 또는 "구별"하는 것이 옳으냐를 놓고서 단어만을 가지고 따지는 것은 바람직한 삼위일체론 논쟁이 될 수 없다. 훨씬 더 조심해야 할 용어가 있다. 성부, 성자 성령께서 서로 "분리(separation)" 되어 존재하신다는 주장은 잘못된 표현이다. 심각하게 말하면, 이단적인 사상이다.

삼위의 '분리'를 부정하는 정통 신학자들은 아래에서 보듯이 김재성 박사 외에도 더 있다.

"삼위 하나님은 한 하나님이라고 말할 수 있고, 서로 구별은 되나 분리는 될 수 없다."

(H. Bavinck, G. D. II 2, p288 "Ze Zijn unus Deus, ze Zijn niet te scheiden" - 터툴리안)

삼위는 "우눔"(unum, 하나)이고 "우누스"(unus, 한분)가 아니며, 서로 "디스팅크티오"(distinctio, 구별)이지만, "디비수스"(divisus, 나누어짐)되거나, "세파라투스"(separatus, 분리)되지 않는다.

(차영배, 『삼위일체론』, 208쪽)

하나님께서는 한 분으로 존재하신다(esse). 그런데 한 분 하나님께서는 세 위격적 존재(subsistentia, subsistentia)로 존재하신다(subsistere). 하나님께서는 세 위격(u`postasij, hypostasis)과 세 인격(proswpon, persona, person)이시다. 성부, 성자, 성령께서는 위격에서는 구별되시나 본질에서는 같으시다. 각각의 위격은 고유한 특성(proprietas, proprium, property)에 있어서 서로 구별되나 분리되지는 않는다.

(문병호 총신대 신대원 교수,
기독신문 연재 〈기독교 강요〉 지상강좌 4)

따라서 아래의 위트니스 리의 말은 위 정통 신학자들의 견해와 정확히 일치하며 당연히 양태론이 아니다.

하나님의 아들은 육신이 되셨을 때도, 하늘에 있는 아버지를 떠나지 않았다. 그들은 구별되지만 분리되지는 않는다. 아버지는 항상 (존재적으로) 그분과 함께 계셨다(요16:32).

(위트니스 리, 성경의 기본 계시, 26쪽)

그러므로 우리가 이런 바른 가르침을 따를 때, "아들을 부인하는 자에게는 또한 아버지가 없으되 아들을 시인하는 자에게는 아버지도 있느니라."는 아래 말씀이 쉽게 이해될 수 있다.

“거짓말하는 자가 누구뇨 예수께서 그리스도이심을 부인하는 자가 아니뇨 아버지와 아들을 부인하는 그가 적그리스도니 아들을 부인하는 자에게는 또한 아버지가 없으되 아들을 시인하는 자에게는 아버지도 있느니라. …처음부터 들은 것이 너희 안에 거하면 너희가 아들 안에와 아버지 안에 거하리라.”

(요일 2:22-24)

3. 정통 삼위일체는 한 ‘신격(Godhead)’, 세 ‘위격들(Persons)’, 동일 ‘본성(nature)’을 믿는 것이다.

이인규 씨 같이 삼위를 ‘분리’시키는 사람들은 골로새서 2장 9절과 웨스트민스터 신조 2장 3절이 말하는 하나님께서 ‘한 신격(One Godhead, 데오테스, 2320)’이심에 무지하다. 그 결과 성부, 성자, 성령의 삼위를 마치 세 사람처럼 각각 분리된 존재라고 착각한다. 그러나 바른 삼위일체론을 가진 저명한 개혁 신학자인 로레인 뵈트너는 그런 사상을 다음과 같이 일축한다.

“성부, 성자, 성령은 구별되시지만, 분리되실 수 없으시다. 그분들은 마치 워싱턴, 제퍼슨, 프랭클린이 그런 것처럼, 서로 나란히 존재하시는 것이 아니다.”

(로레인 뵈트너, 'Studies In Theology', Presbyterian and Reformed Publishing Co., p. 109)

“주기도문에서 …‘아버지’라는 단어는 …배타적으로 첫째 위격만이 아니라, 한 하나님인 세 위격들을 가리킨다. 삼일 하나님께서 우리의 아버지이시다."

(위의 책, p. 107)

삼위를 분리시키는 삼신론자들은 또한 하나님께서 한 신격을 소유하신 분임을 말하는 '하나님이 한 분(God is one)'이라는 성경 본문들(신4:35, 사44:6, 막12:32, 요5:44, 롬3:30)에는 매우 낯설다.

예를 들어, 성경의 처음 책인 창세기 1장은 모두 31개 구절인데, 그 안에서 '하나님'은 26차례나 언급된다. 그런데 여기서의 하나님은 이인규 씨의 주장처럼 셋으로 '분리'된 '세 하나님들'이 아니라 오직 '한 하나님(one God)'이시다. 그리고 이러한 그분의 존재론적인 특징은 어떤 상황에서도 영원히 파괴되지 않는다. 즉 이 분은 성부, 성자, 성령으로 '구별'되시지만, "워싱턴, 제퍼슨, 프랭클린처럼" 분리되지는 않는 '한 신격'의 하나님이시다.

그러므로 성경은 "이는 너를 지으신 이가 네 남편이시라 그의 이름은 만군의 여호와이시며 네 구속자는 이스라엘의 거룩한 이시라 그는 온 땅의 하나님이라 일컬음을 받으실 것이라(사54:5)"라고 말씀하실 수 있는 것이다.

즉 창조주 따로, 구속주 따로, 남편 따로가 아니라 동일한 한 하나님, 즉 "온 땅의 하나님"이 곧 창조주요 구속자요 남편이시다.

그런데도 이인규 씨는 삼위를 각각 "워싱턴, 제퍼슨, 프랭클린처럼" 이단적으로 분리시킨 후, "창조주요 구속자이며 우리의 남편이신 한 분 하나님"이라고 성경대로 믿는 사람들을 양태론으로 오해한다.

이인규 씨를 포함한 이단 감별사들은 위트니스 리가 삼위를 '한 인격(One Person)'이라고 했으니 양태론임이 분명하다는 말을 해 왔다. 그러나 위트니스 리가 말한 '한 인격'은 세 위격들이 모두 포함된 의미로서의 '한 신격'(위 "신성한 존재의 총체")이지, 이들의 억지주장처럼 '삼위일체'를 부인하고 '일위일체'를 주장한 것이 결코 아니다(이 점은 별도 글로 다룰 것임).

진리가 분명하지 못하면 겸손히 배우면 된다. 그러나 이인규 씨가 지금처럼 자기에게 이단 사상이 있음에도 마치 삼위일체 교리의 전문가인 것처럼 행동하는 것은 옳지 않다. 우리는 한국교계를 위해서라도 이러한 이단 감별업계의 혼잡과 무질서가 반드시 바로 잡혀야 한다고 본다.

양태론 비판에 대한 지방교회 측의 반박(4)

'한 신격(One Godhead)' 개념에 무지한 이인규 씨의 이단성

이단 감별사들은 대부분 처음부터 이단으로 정죄할 목적으로 연구에 착수한다. 그러다 보니 그들은 실체적인 진실을 알기보다는 자신들의 이단 정죄의 구실을 찾으려고 자료를 읽는다. 그 결과, 글쓴이의 의도나 전후 문맥은 쉽게 무시된다. 자료 인용 시에도 자기 의도에 안 맞는 내용은 배제한다. 이인규 씨가 뽑아낸 위트니스 리의 말들은 대부분 이런 과정을 거쳐 왜곡되었다. 그 대표적인 사례 중 하나가 바로 '위트니스 리가 삼위 하나님을 한 인격이라고 말했다.'는 것이다. 우리는 이번 글에서 '한 인격'에 대한 이인규 씨의 왜곡과 그 치명적인 문제점을 다루려고 한다.

1. 이단적인 안경을 쓰고 성경이 말하는 가르침을 정죄하는 이인

규 씨의 무지

이인규 씨는 양태론에 관해, 유사한 내용을 제목만 살짝 바꿔 여러 차례 글을 썼다. 그런데 그가 "위트니스 리가 양태론이라는 것에 대해 별다른 설명이 필요 없을 것이다."라고 주장하면서 약방의 감초처럼 인용하는 내용이 있다. 바로 아래와 같은 위트니스 리의 말이다.

#우리 하나님은 한 분이시다. 왜, 어떻게 이 한 하나님이 세 위격을 가지셨으며 가지실 수 있는가? 위격(person)이라는 단어는 성경에 없다.

(『하나님』, 290쪽)

#왜 그분의 경륜을 이루는 데 하나님의 세 인격이 필요한가? 아버지와 아들과 성령은 서로 다른 세 하나님이 아니라, 세 인격으로 나타난 한 분의 하나님이다.

(『하나님』, 365쪽)

#아버지와 아들과 성령은 분리된 세 인격이나 세 하나님이 아니라, 그들은 한 하나님, 한 실제, 한 인격이다. 그러므로 아버지와 아들과 성령은 한 이름으로 지칭된다. 이름은 그 인격을 지칭하며, 그 인격은 그 이름의 실제이다. 신성한 삼일성의 이름은 그분의 인격과 동등한 신성한 존재의 총체이다. 하나님은 삼일, 즉 셋-하나이시다.

(『세 부분의 사람의 생명 되시는 삼일 하나님』, 52쪽)

그러나 상식적으로 보더라도 위 내용이 왜 양태론인지 의아스럽다. 우선 "위격이라는 단어는 성경에 없다."는 지적은 사실이 아닌가? 또한 하나님은 "서로 다른 세 하나님이 아니라는 것"은 말할 필요도 없다. "하나님이 한 분"이심도 문제가 안 된다.

오직 '분리된 세 인격'을 믿는 이인규 씨의 이단적인 기준에서만 문제가 될 뿐이다.

다만, "그들이 …한 인격이다."라는 부분은 오해의 여지가 있을 수 있다. 그러나 전후 문맥상 위트니스 리는 여기서 '삼위일체'를 부정하고 '일위일체'를 말한 것이 아니다. 그 증거는 그가 "한 인격"을 "신성한 존재의 총체", 즉 '구별되나 분리는 안 되시는 세 위격들 전체'의 의미로 말하고 있기 때문이다. 그런데 이인규 씨가 이러한 '한 신격' 개념에 무지하여 양태론으로 오해한 것이다. 그러나 위트니스 리는 아래와 같이 영원히 구별되시는 세 위격 하나님을 믿고, 이단설인 양태론(일위일체)을 배척한다.

2. 위트니스 리는 하나님께서 영원히 구별된 세 위격이심을 확고하게 믿는다.

위트니스 리는 아래와 같이 '영원히 구별된 세 위격' 하나님을 믿고 '일위일체'를 거부한다. 이처럼 성부, 성자, 성령께서 영원하시고, 구별되심을 확고하게 믿는 사람은 결코 양태론자일 수 없다.

신성한 삼일성의 셋 가운데 구별은 있으나 분리는 없다. 아버지는 아들과 구별되시고, 아들은 그 영과 구별되시며, 그 영은 아들과 아버지와 구별되신다.

(『사람과의 연합 안에서의 하나님의 역사』, 26쪽)

다시 한 번 말하거니와 아버지와 그리스도와 그 영은 모두 동시에 존재한다. 내가 삼위 양식론(양태론)자라는 비난은 거짓된 것이며, 나는 절대로 그것을 부인한다. …양태론은 이단이며 우리는 그것을 믿지 않는다.

(『하나님』, 306쪽)

삼위 양식론(양태론)과 달리 우리는 신격의 셋, 즉 아버지와 아들과 그 영이 모두 동시에 존재하며 같은 상태 아래 있음을, 그 상호 내재성과 동시 존재성을 믿는다. 우리는 또한 셋 모두 영원하심을 믿는다. 이사야 9장 6절에서는 아버지가 영원하시다고 말하고, 히브리서 1장 12절과 7장 3절에서는 아들이 영원하심을 지적하며, 히브리서 9장 14절에서는 영원한 영을 말하고 있다. 아버지와 아들과 그 영은 일시적이지 않고 영원하시다.

(『하나님』, 307쪽)

3. 삼위 하나님은 구별되나 분리되지 않으시는 '한 신격(神格)'이시다.

이단 감별사들은 그동안 위트니스 리가 '삼위를 한 인격'으로 말한 것을 양태론의 결정적인 증거인 양 공격해 왔다. 그러나 이것은 이들의 억지 주장처럼, '삼위'를 부정하고 '일위(一位)'를 말하는 표현이 아니다. 그 이유는 이 '한 인격'이 '아버지와 아들과 성령의 이름(마 28:19)'을 말한 성경 본문을 설명하는 과정에 나온 말이고, '이름(단수)'은 어떤 '한 사물'이 아닌 '한 인격(one Person)'이시라는 말이다. 그런데 이 '한 인격'은 "신성한 존재의 총체"(성부, 성자, 성령)이다.

그렇다면 이처럼 '세 인격 중 어느 한 인격'이 아닌, '세 인격을 다 포함한 개념으로서의 한 인격'(즉 '한 신격')을 말한 사람이 위트니스 리뿐일까? 그렇지 않다.

미국 웨스트민스터 신학교 변증학 교수였던 고넬리우스 반 틸도 아래와 같이 위트니스 리와 같은 말을 했다.

> 우리는 '하나님, 즉 신격 전체가 한 인격이시다.'라고 단언한다(We do assert that God, that is, the whole Godhead, is one person). …다른 모든 피조물과는 대조적으로, 우리는 하나님의 존재가 절대적으로 하나의 수적인 동일성을 현시함을 신앙으로 간직해야만 한다. 심지어 존재론적인 삼위일체 내에서조차도 우리는 하나님께서 숫자상으로 하나이시라고 주장해야 한다.
>
> (Cornelius Van Til, An Introduction to Systematic Theology, p. 229)

반 틸은 위에서 "신격 전체(the whole Godhead)가 한 인격(one person)"이라고 말하고 있다. 그렇다면 이러한 반 틸의 말은 구체적으로 무엇을 가리킬까? 우리는 흥미롭게도 위트니스 리를 공격하는 입장에 선 노먼 가이슬러(Norman L. Geisler)의 아래 말에서 그 답을 찾을 수 있다.

> 의심스러울 때는 선의적으로 유리하게 해석하는 원칙을 적용하여, 반 틸이 하나님을 한 인격으로 주장하는 것은 삼중 인격적인 존재(a tri-personal being)인 신격 전반(the Godhead overall)을 가리키는 것

이었다고 이해하거나, '인격'이라는 용어를 사용할 때 한 분(as one)으로서의 하나님을 말할 때와 세 분(as three)으로서의 하나님을 말할 때가 정확히 똑같은 것을 의미한 것은 아니었다고 이해해야 할 것이다.

(가이슬러, 오픈 레터 반론문)

즉 가이슬러는 정통 신학자 반 틸이 하나님을 '한 인격'이라고 말한 것은 "신격 전반"을 의미하는 "삼중 인격적인 존재", 즉 "세 분으로서의 하나님"을 가리킨다고 이해한다. 그렇다면 그러한 '한 인격' 개념으로 위트니스 리의 위 본문을 읽어본다면, 반 틸과 위트니스 리는 똑같은 말을 하고 있음을 알 수 있다. 즉 위트니스 리는 한 인격을, '신성한 존재의 총체' 또는 '셋-하나'의 하나님으로, 반 틸은 '삼중 인격적인 존재' 또는 '세 분으로서의 하나님'으로 각각 표현했다. 둘은 같은 말이다.

따라서 여기에서 '한 인격'은 이인규 씨의 오해처럼 '일위일체'와 동의어가 아니다. 대신에 그것은 "신격 전체(성부, 성자, 성령)로서의 한 인격" 또는 〈구별되나 분리되지 않으시는 세 인격 전체〉를 가리킨다. 결론적으로 이인규 씨 같은 이단 감별사들이 성경적이고 정통 신학자들도 공감하는 '한 신격'의 개념을 양태론으로 정죄하는 것은 억지이고, 그들의 무지를 드러낼 뿐이다.

4. '세 인격이 다 포함된 신격' 개념은 성경과 정통 신조에서도 발견된다.

골로새서 2장 9절을 보자.

신약에서 〈세 위격들이 다 포함된 한 신격 개념〉이 유일하게 언급된 성경 본문은 골로새서 2장 9절("For in Him dwells all the fullness of the Godhead bodily")이다. 여기에서 사용된 '신격(Godhead)'은 헬라어로 '데오테스(θεότητος, 2320)'이며, 로마서 1장 20절이 말하는 '데이오테스', 즉 '신성(θειότης, 2305)'과는 전혀 다른 단어이다. 즉 '신격'은 성경 전반에 등장하시는 '한 하나님(One God)', 즉 삼위 전체(성부, 성자, 성령)이신(마 28:19) 하나님 자신이시고, '신성'은 그런 하나님의 본성을 가리킨다.

이 한 신격의 하나님은 세 위격으로 계시며, 그 각각의 위격은 3분의 1이 아니라 다른 두 위격이 포함된 완전한 하나님이시다. 따라서 삼위를 각각 분리된 세 위격으로 보는 이인규 씨와 달리, 정통 개혁 신학자인 로레인 뵈트너(Loraine Boettner)는 우리에게 익숙한 주기도문에서의 아버지(마 6:9)는, '배타적으로 제1격만'이 아닌 '세 위격이 다 포함된 삼일 하나님'이라고 말한다.

주기도문의 예에서처럼, 우리의 기도 안에서 '아버지'라는 단어가 사용될 때, 그것은 배타적으로 삼일성의 첫 번째 위격만을 가리키는 것이 아니라 한 하나님인 세 위격을 가리킨다. 삼일 하나님께서 우리의 아버지이시다.

[Loraine Boettner, Studies in Theology (Phillipsburg, NJ: The Presbyterian and Reformed Publishing Company, 1947), p. 107]

(영어원문) When the word "Father" is used in our prayers, as for example in the Lord's prayer, it does not refer exclusively to the first person of the Trinity, but to the three Persons as one God. The Triune God is our Father.

만일 정통 개혁신학자인 로레인 뵈트너도 한국에 있었다면 이런 말로 인해 이인규 씨에 의해 즉각 양태론 이단으로 정죄되었을 것이다. 그러나 이인규 씨가 틀렸고, 로레인 뵈트너가 옳다.

웨스트민스터 신조 2장 3절을 보자.

개혁신학의 골격이라고 할 수 있는 이 신조도 "단일하신 신격(神格) 안에 삼위(三位)가 계시는데, 본질과 능력과 영원성에 있어서 동일하시다(In the unity of the Godhead there be three persons, of one substance, power, and eternity)."라고 하여 '신격', '위격들', '본질'을 각각 구분하여 말하고 있다. 그러므로 세 위격이 다 포함된 '한 신격'을 '일위일체'라고 임의로 단정하고, 양태론으로 정죄하는 것은 어떻게 보더라도 부당하다.

이인규 씨는 혼자 신학을 배웠다. 그러다 보니 〈한 신격〉 개념에 낯선 것 같다. 그는 또한 자기가 선호하는 신학자의 말만 절대시하는 경향이 있다. 〈경륜적인 삼위일체〉에 대한 그의 무지와 독단이 좋은 예이다. 우리는 다음 글에서 이인규 씨가 무시하고 배척하는 '경륜적인 삼위일체'가 현재에도 정통 신학자들(백충현 박사의 『내재적 삼위일체와 경륜적인 삼위일체』에 서문을 써준 이승구 박사 등 다수의 신학자) 가운데 중요하게 논의되고 있는 개념임을 다루고자 한다(계속).

양태론 비판에 대한 지방교회 측의 반박(5)

경륜적 삼위일체를 양태론으로 오해한 이인규 씨의 이단성

인터넷 검색창에 '내재적 삼위일체와 경륜적 삼위일체'를 입력해서 검색해 보면, 이인규 씨가 쓴 글이 많이 뜬다.

그런데 이인규 씨는 소화되지 못한 신학자들의 말을 소개하다 보니 앞뒤가 안 맞을 때가 많고, 지방교회 측을 부당하게 양태론으로 정죄하고 있다. 그 한 예가, "경륜적 삼위일체는 4세기 이후에 양태론적이란 이유로 신학적 중심에서 밀려나 잊혀진 주장이 되고 말았다."라는 대목과 "이것을 빌려와서 정통신학인 것처럼 용어만 사용하는 지방교회는 자신들의 주장을 괴상망측한 논리로 만들고 말았다."라는 부분이다. 그러나 이것은 사실과 다른 경솔한 주장이자 무지에 따른 궤변일 뿐이다.

과연 이인규 씨의 주장처럼, "경륜적 삼위일체는 양태론적"이고 "4세기 이후에는 잊혀진 주장"일까? 절대 그렇지 않다. 삼위일체를 두 관점(내재적 삼위일체와 경륜적 삼위일체)으로 보는 접근 방식은 지금도 국내외 정통 신학자들 사이에서 유효하다. 오히려 정통 신학자들은 이인규 씨처럼 둘 중 어느 하나를 무시하면, 필연적으로 그의 삼위일체론이 이단이 될 수밖에 없다고 경고한다.

1. 내재적(본질적) 삼위일체와 경세적(경륜적) 삼위일체

성경은 하나님을 두 방면에서 기술한다. 한 방면은 하나님의 존재를 다루고, 다른 한 방면은 하나님의 사역을 다룬다. 전자는 어거스틴이 정립한 ‘내재적 삼위일체론’이고, 후자는 이레니우스 등이 정립한 ‘경세적 삼위일체론’이다.

이종성 박사는 “이 두 개념은 초대교회 때부터 많이 논의되었으며, 어느 하나만을 택한다면 그것이 이단적인 견해가 될 위험성이 있다. 그러므로 둘은 언제든지 동시적으로 이해되어야 한다.”라고 했다(이종성, 『삼위일체론』, 643쪽). 그런데도 이인규 씨는 오히려 이런 견해를 공격함으로써 자신이 정통에서 빗나갔음을 자인(自認)하고 있다.

이인규 씨와 달리, 위트니스 리는 아래와 같이 둘을 균형 있게 적용하는 방식으로 성경을 해석한다.

우리는 ‘본질적’이라는 단어를 그분의 본체 안에서의 그리스도의 존재를 언급하는 데, ‘경륜적’이라는 단어는 하나님의 경륜 안에 있는 그리스도의 사역을 언급하는 데 사용한다. 그리스도의 사역과 관련하여 아버지는 하늘에 계셨고 아들은 땅 위에 계셨다. 그러나 본질적으로, 즉 그분의 실체 안에서 그리스도의 존재하심에 따르면, 아들은 항상 아버지 안에 계셨고 아버지는 아들 안에 계셨다. 이것은 상호 내재의 문제이다. 아들은 아버지와 하나였을 뿐 아니라 아버지와 상호 내재하셨다.
(위트니스 리, 『그리스도』, 33~34쪽)

2. 정통 신학자들은 경세적 삼위일체론과 내재적 삼위일체론 모두를 존중한다.

경세적 삼위일체론을 양태론으로 깎아내려 공격하고 있는 이인규 씨와 달리, 정통 신학자들은 아래와 같이 경세적 삼위일체론과 내재적 삼위일체론 모두를 존중한다.

“초대교회 때부터 현재까지 많은 학자들이 삼위일체를 두 가지로 나누어서 논한다. 즉 경세적 삼위일체(Economy Trinity)와 내재적 삼위일체(Immanent Trinity)이다. 바르트도 이러한 분류를 따른다. 즉 하나님 자체 안에서의 하나님과 우리를 위한 하나님이다. 이 두 가지 길을 택할 수 있는 것은 하나님이 완전한 자유자이기 때문이다.”

(이종성, 『삼위일체론』, 631쪽)

“이와 같이 아우구스티누스는 한편으로는 경세적 삼위일체론을 말하면서도 더 깊은 관심을 가지고 삼위일체 하나님의 신비스러운 대내적, 대자적 측면을 추구했다. 이러한 생각은 아우구스티누스에게서만 발견되는 것이 아니라, 캅바도기아의 세 신학자들의 글에서도 발견된다.”

(위의 책, 261쪽)

3. 이인규 씨의 궤변과 부당한 양태론 정죄

이인규 씨는 빗나간 시각을 가지고 위트니스 리의 글을 읽고 있다. 그러다 보니 그는 아래와 같은 뜬금없는 질문을 하고, 또한 분리된 세 신을 믿는 전형적인 삼신론자처럼 말하고 있다.

1) 이인규 씨의 궤변1

(이인규 씨) 특히 양태론자들이 이러한 용어를 사용할 때에는 그들의 주장을 감추기 위한 변명에 지나지 않는다는 것에 주의하여야 한다. 특

히 양태론자인 지방교회가 사용하는 경륜적 삼위일체는 양태론적이다. 예수님이 제자들에게 기도를 가르쳐 주면서 "하늘에 계신 아버지께 기도하라."고 하셨을 때에, 경륜적(사역적)으로 하늘로 기도하라고 하셨단 말인가? 과연 예수님이 십자가에서 "왜 나를 버리셨나이까"라고 절규하실 때에, 그 절규의 소리를 내재적(본질적)으로 자신 안에 있는 자신에게 절규하셨는가? 과연 예수님이 겟세마네에서 성부 하나님께 피땀을 흘리시며 기도하셨을 때에, 그것이 위트니스 리의 주장과 같이 내재적과 경륜적 두 가지 관점을 나누어 기도하셨단 말인가?

(위 인용 출처 참조)

지방교회 측의 반론.

이런 반문들은 이인규 씨가 삼위의 내재적 관계와 경륜적 관계가 동시적이고, 상호 보완적임을 보지 못한 무지에서 온 것일 뿐이다. 질문 자체가 엉뚱하다.

2) 이인규 씨의 궤변2.

(이인규 씨) 위트니스 리는 내재적인 관점에서 한 장소 안에서의 동시 존재, 상호 내재를 주장하므로, 예수님이 겟세마네 동산에서 자신이 자신의 안에 있는 자신에게 기도하였다고 위트니스 리는 주장하고 있다. 그런데 위트니스 리는 다음과 같이 주장하기도 한다.

그러므로 요한복음 17장에서 기도하고 계셨을 때, 그분은 땅에 계셨으며 동시에 하늘에 계셨다. 그분은 땅에서 기도하고 계신 분이셨으며 동시에 하늘에서 기도를 들으셨던 분이시기도 했다.

(위트니스 리, 『신약의 결론, 하나님』, 323쪽)

지방교회 측의 반론.

위트니스 리는, 예수님께서 자신 속에 있는 자기에게 기도한다고 말한 적이 없다. 이 또한 위격들을 '분리해서' 생각하는 이인규 씨의 이단성에서 비롯된 심각한 오해일 뿐이다. "그분은 땅에 계셨으며 동시에 하늘에 계셨다."라는 위 위트니스 리의 말은 전적으로 성경에 근거한다. 즉 요한복음 3장 13절은 "하늘에서 내려온 이, 곧 하늘에 있는 사람의 아들(but he that came down from heaven, even the Son of man which is in heaven, KJV)"이라고 말씀하여 위트니스 리를 지지한다. 또한 정통 신학자인 로레인 뵈트너는 "주기도문에서의 기도를 들으시는 아버지는 배타적으로 제1격만을 가리키지 않고, 삼일 하나님이 우리의 아버지이시다."라고 말한 바 있다. 이런 균형 잡힌 시각이 이인규 씨 같은 삼신론자들에게는 양태론처럼 보일 뿐이다.

3) 이인규 씨의 궤변3.

(이인규 씨) 왜 위트니스 리는 스스로 모순되는 주장을 하고 있을까? 동시 존재하는 삼위가 어떻게 하늘과 땅에 분리될 수 있는가? 위트니스 리의 주장은 이 스스로 다른 주장을 경륜적 삼위일체라는 변명을 하고 있다. 즉 그는 위장과 변명을 위한 논리로서 이 용어를 사용하고 있는 것이다. 위트니스 리의 다음 주장을 들으면 모든 것이 드러나게 된다.

'경륜적'으로 말하자면 아들은 이 땅에 계셨고, 아버지는 하늘에 계셨다. 그러나 요한복음 14장에서 우리는 아버지와 아들 사이의 관계에 대한 '본질적인 측면'을 가지고 있다. 본질적으로 말해서, 아들이 이 땅에 계셨을 때, 아버지는 그분 안에 계셨으며, 그분은 아버지 안에 계셨다. …그리스도의 사역과 관련하여, 아버지는 하늘에 계셨고 아들은 땅 위에 계셨다. 그러나 본질적으로, 즉 그분의 실체 안에서 그리스도의 존재하심에 따르면, 아들은 항상 아버지 안에 계셨고 아버지는 아들 안에 계셨다. 이것은 상호 내재의 문제이다. 아들은 아버지와 하나였을 뿐 아니라 아버지와 상호 내재하셨다.

(위트니스 리, 『그리스도』, 33~34쪽)

지방교회 측의 반론.

위트니스 리의 위 말은 전적으로 성경적이고, 또한 정통 신학적인 표현이다. 거듭 지적하지만, 위트니스 리가 모순된 것이 아니라 이 땅의 성자와 하늘의 성부께서 각각 '분리되신 분'이라고 보는 이인규 씨의 삼신론 이단 사상이 문제일 뿐이다.

위 요한복음 3장 13절은 (경륜적으로) 이 땅에 계신 성자께서 (내재적으로) 여전히 하늘에 계신 성부와 함께 계심을 말씀한다 ['아버지 품속에 계신 독생자'(요1:18)도 참조]. 또한 그 반대의 경우도 성립한다. 즉 예수님은 이 땅에 계실 때 "내가 혼자 있는 것이 아니라, (경륜적으로) 나를 보내신 아버지께서 (내재적으로) 나와 함께 계십니다(요8:16)."라고 말씀하셨다. 따라서 위 양측의 말은 삼위의 분리를 주장하는 이인규 씨가 이단이고, 위트니스 리가 성경적임을 보여주고 있다.

4) 이인규 씨의 궤변4.

(이인규 씨) 그는 본질적으로는 삼중적인 동시 존재(결과적으로 한 인격, 한 실체)를 주장하지만, 경륜적(사역적)으로만 셋으로 구별된다고 말하는 것이다. 위트니스 리가 말하는 경륜적 삼위일체는 곧 양태론이 된다. 위트니스 리가 말하는 경륜적과 본질적인 설명을 살펴보자.

본질적이라는 것은 생존과 존재를 위한 것이며, 경륜적이라는 것은 일과 기능을 위한 것이다. 우리가 본질적이라고 말할 때 그것은 그분의 존재를 가리키는 것으로, 그분의 존재하심 안에 있는 거룩한 삼일성을 의미하는 것이다. 우리가 경륜적인 삼일성을 말할 때 이는 그분의 움직이심과 역사와 기능을 가리키는 것으로 그분의 경륜 안에 있는 거룩한 삼일성을 의미하는 것이다.

(위트니스 리, 『성령』, 69쪽)

지방교회 측의 반론.

위 위트니스 리의 말에 무슨 문제가 있는가? 지방교회 측은 '성부가 성자가 되신 후 성부는 소멸하신다.'라는 〈이인규식 양태론〉을 말한 적이 없다. 다만 세 위격들이 포함된 '한 신격'(골 2:9)을 말한 것을 그가 일위일체(한 인격)라고 착각했을 뿐이다. 삼위께서 영원하시며, 서로 안에 계신다고 믿는 사람들을 이인규 씨가 양태론으로 공격하는 것은 이웃에 대한 거짓 증거이다.

5) 이인규 씨의 궤변5.

(이인규 씨) 만약 경륜적 삼위일체, 경세적 삼위일체를 하나님이 한 분이라는 단일신론적인 개념에서 그대로 수용한다면 하나의 인격이 단

지 사역적, 기능적으로만 구분을 하는 것이 되므로 양태론이 될 수밖에는 없으며….

지방교회 측의 반론.

지방교회 측은 단일신론을 말한 적이 없다. 대신에 구별된 세 위격이신 한 신격, 즉 '한 분 하나님(one God)'을 믿고, 내재적으로 세 위격들이 상호 내재하시고, 동시에 경륜적으로 함께 역사하시는 삼위일체 하나님을 믿는다. 이것은 양태론이 아니다. 가장 성경적이고 균형 잡힌 정통 삼위일체이다.

결론적으로, 이인규 씨는 충분히 소화되지 못한 신학자들의 말을 가져와 인터넷에서 내재적 삼위일체와 경세적 삼위일체 전문가 행세를 하고 있다. 그러나 그는 자신의 삼신론 이단 사상을 기준으로, '이 땅에도 계시고 여전히 저 하늘에도 계신 아들 하나님'을 말씀하는 성경 본문(요 3:13)을 양태론으로 공격하고 있다. 이처럼 어설픈 신학 지식으로 이단 정죄하기를 즐기는 이단 감별사들로 인한 혼란과 폐해는 생각보다 심각하다. 우리는 한국교계를 위해서라도 이러한 자격 없는 이단 감별사들의 불의와 주제넘음을 지속해서 바로 잡을 필요가 있다고 본다.

[부록]

C목사 삼신론에 대한 연구보고서

제94회(2009) 예장통합 총회.

1. 삼신론

삼신론은 삼위 하나님의 본질의 통일성(단일성)을 부정하는 것으로 A.D. 550 아스쿠나게스(Johannes Askunages)와 필리포네스(Johannes Philipones)를 중심으로 한 단성론자들에 의해 주도된 이론이다.

"그리스도의 본성은 신성과 인성이 혼합된 단일 본성이며 삼위일체 안에는 세 가지 신적 본질(ousiai)이 있다."는 주장이다.

로스켈리누스(Roscellinus 1050~1128)는 "세 위격은 하나의 의지와 힘을 가지고 있다."고 주장하여 삼위일체의 통일성을 유지하려 하였으나 세 위격이 분리되는 세 하나님의 의미를 더 강조함으로써 삼신론에 빠진 제4차 라테란공의회(1214)에서 정죄되었다.

안톤 군테(Anton Gunthe 1783~1863)는 "고대 다신론적 종교의 삼신-스토아적 '로고스' (Logos)와 신플라톤적 '누스'(Nous,이성) 및 절대자의 자기현시에 있어서의 삼중적인 운동"을 주장한 헤

겔(Hegel)의 범신론적인 주장에 반대하여 "그리스도의 본질은 삼중적이며 지각을 통해서 서로 끌어당기는 세 본질이 형식상 통일을 이룬다."고 주장하였다. 군테의 주장은 1857년 교황 피우스9세에 의해 정죄되었다.

그런데 유의해야 할 점은 비록 삼위일체를 반대하여 정죄된 사람들의 동일한 주장은 "이 교리가 유일신론을 희생하여 삼신론으로 만든다."는 것이다. 이러한 주장은 전혀 다른 인간 자아의 형상에서 비롯된 신적 인격성에 대한 잘못된 개념에서 발전된다는 점이다. 즉 신성이 정의상 인격이어야 한다는 것과 삼위는 각각의 인격을 소유한 개별적 존재이며 각각의 신성을 소유한 것으로 삼신이 된다는 주장이다. 삼위를 분리적 의미로 이해하고 있는 것이다.

이에 대하여 기포드(Gifford 1918)는 "삼위를 하나님의 인격보다는 하나님 속에 존재하는 인격으로 이해해야 한다."고 주장하였다. 즉 세 위격을 한 인격으로 보는 것은 분명 잘못된 것이나 그러나 세 위격을 한 인격이라고 보기보다는 세 위격이 모두 인격을 가진 존재로 보아야 한다는 것이다.

이들의 노력은 삼신론이나 다신론을 배격하고 이교세계와는 다른 기독교의 가장 귀한 유일신앙, 하나님의 단일성을 보존하려는데 있었다.

분명한 것은 성경의 계시는 일차적이며 최상의 것으로서 고대 세계의 다신론과 실제적인 무신론에 반대하여 전체에 걸쳐 유일신앙, 곧 하나님의 유일성의 진리를 제시하고 있다.

2. C목사의 삼위일체 주장 비판

C목사의 삼위일체 신관을 분석하기 위해 그가 위트니스 리 측(지방교회)과 지상논쟁을 벌였던 내용(월간 교회와 신앙, 96년12월호~2001년11월호)을 참고로 한다.

3. 문제의 발단

C목사는 지방교회의 삼위일체 주장을 비판하면서 교회와 신앙 96년 12월호 136쪽에 다음과 같이 주장하였다.

"위트니스 리는 '하나님의 세 인격은 세 영들이 아닌 하나의 영'으로 세 인격이 한 영 안에 있는 삼일 하나님이 되었다고 하는 말이 그렇다. 그는 비록 인격이라는 용어를 사용할 때는 '셋'이라는 말을 쓰고 있으나 영을 말할 때는 '한' 영 안에 삼일 하나님이라고 말하고 있다. 그렇다면 구약이나 신약이나 아버지 하나님도 '한' 영시요 성령님도 '한' 영이신데 어떻게 이 둘이 하나라고 하는가?" 그러므로 "위트니스 리가 '한' 영의 하나님을 주장하고 있는 점이 바로 양태론적 삼위일체이다."

이런 주장에 대해 지방교회 측이 "'영'은 하나님의 본질을 가리키는 말로서 C목사의 주장대로 하면 하나님 아버지와 성령님은 두 본질을 가진 존재가 되므로 이는 정통신앙에 위배될 뿐 아니라 이단적인 것이기 때문에 반드시 수정되어야 한다."(교회와 신앙 97년 3월호)고 비판하자 C목사는 교회와 신앙 97년 6월호에서 "'하나님은 세 영들이 아닌 하나의 영'이라는 주장은 이단적인 것으로 '하나님은 하나의 영이 아닌 세 영들의 하나님'이 되어야 한다."고 거듭 주장하였다.

이에 대해 지방교회 측은 "C목사는 '세 위격의 하나님의 한 본질(영)'을 부인하는 삼신론자이다."(교회와 신앙 97년 7월호)라고 비판하자 교회와 신앙 97년 8월호에 "위트니스 리가 '한' 영이란 말을 하나님의 본질에 대하여 한 말이라면…이 말이 맞다."고 마지못해 인정하고 "그러나 위트니스 리는 '한'영이란 말을 본질에 대한 말로 사용하지 않는다."고 다시 비판하였다.

4. C목사 주장의 문제점

위와 같은 양측의 논쟁에서 서두에 밝힌 것처럼 위트니스 리 측의 주장에 대해서는 더 이상 언급할 필요가 없다(중략).

C목사는 "필자는 삼위 하나님의 상호내재를 부정하지 않으며 본질의 단일성을 믿고 인격의 구별성을 믿는다."(교회와 신앙 97년 11월호)고 하였다.

그렇다면 "성부(하나님)도 한 인격으로서 영이시요 성자도 한 인격으로서 영이시요 성령도 한 인격으로 영이시다. 그러나 세 영이 아니라 한 영이시다."라고 해야 한다.

그러나 C목사는 "성부도 한 인격으로서 한 영이시요 성자도 한 인격으로서 한 영이시요 성령도 한 인격으로서 한 영이시다. 그러므로 하나님은 (한 영의 하나님이 아니라) 세 영들의 하나님이다." 라고 주장한다(교회와 신앙 96.12월호).

C목사는 자신의 이와 같은 주장이 삼신론에 해당한다는 공격을 받자 [교회와 신앙 97년 8월호]에서는 "필자가 각각 한 영이라고 한 말은 셋에 속한 부분으로서 한 말이다. 즉 아버지 하나님도 한 인격으로서 영이시요 아들 하나님도 한 인격으로서 영이시요(물론

아들 하나님만은 육을 취하셨지만) 성령님도 한 인격으로서 영이시라는 말이다."라고 처음 주장인 삼위가 "한 영이시다."라고 교묘히 말을 바꾸어 96년 12월호에서 주장한 내용에서 〈한-하나〉라는 말을 빼 버렸다. 이것은 그의 첫 주장이 문제가 있음을 보여주는 것이다. 다시 말하면 하나님은 세 영들의 하나님이 아니라 한 영의 하나님임을 인정하고 있음을 보여주는 것이다.

또 "각각 한 영이라고 한 말은 셋에 속한 부분으로서 한 말이다."라고 주장한 것도 문제가 된다. "성부의 영, 성자의 영, 성령이 셋(삼위)에 속한 부분이다."라는 주장은 삼위일체론에서는 불가능하다. 왜냐하면 '삼위가 셋에 속한 부분이라는 표현은 삼위 하나님은 셋이 합하여 온전한 하나가 되며 성삼위 각위가 독자적으로 온전하지 못하다는 뜻이 되기 때문이다.'

더 자세히 살펴보자.

C목사는 위트니스 리의 삼위일체론을 비판하는 글에서 "위트니스 리가 비록 인격이라는 말을 사용할 때는 '셋'이라는 말을 쓰고 있지만 영을 말할 때에는 '한 영 안에 있는 삼일 하나님이라고 말하고 있다. 그렇다면 구약이나 신약이나 아버지 하나님도 한 영이시요 성령님도 한 영이신데 어떻게 이 둘이 하나라고 하는가?"(교회와 신앙 96년 12월 136쪽)라고 했다.

C목사의 주장은 하나님 아버지도 한 영이시고 성령도 한 영으로서 하나님은 두 본질(영)을 가진 분으로 '이 둘은 결코 하나가 될 수 없다.'고 주장하는 것으로 자신이 주장한 하나님은 '한 영이 아니라 세 영들이며 결코 하나가 될 수 없음'을 주장하고 있는 것이다.

이러한 주장은 앞서 언급한 "영을 하나님의 본질을 나타내는 말이라면 맞다." "필자는 하나님의 상호내재를 부정하지 않으며 본질의 단일성을 믿는다."는 자신의 주장을 뒤엎는 것으로 그의 주장은 삼위 하나님은 영이 각각 다른 본질을 지닌 세 하나님이라는 뜻이 되고 만다.

더 자세히 살펴보자.

분명히 그는 "성부도 한 인격으로서 한 영이시요 성자도 한 인격으로서 한 영이시요 성령도 한 인격으로서 한 영이시다. 그러므로 하나님은 세 영들의 하나님이시다."라고 주장하였다. 그의 주장에서 인격과 영은 동질이다. 그러므로 인격=영이다. 인격은 페르소나(persona)를 번역한 말이다. 그러므로 영도 페르소나이다. 그러므로 C목사의 주장은 '(하나님은) 세 (영) 페르소나라는 것이다. 이것이 어떻게 삼신론이 된다는 것이냐?'라는 뜻이다.

앞서 언급한 대로 '하나님은 영이시다.'라고 할 때 이것은 하나님의 본질(본성)을 나타내는 극히 제한적 용어이다. 그러므로 C목사 자신도 "삼위 하나님은 본질적으로 영이시다."라고 인정하였다. 이렇게 볼 때 영은 페르소나가 아니라 숩스탄티아(substantia)—곧 본질(본성)을 나타내는 말—가 되어야 한다.

그러나 C목사의 주장대로 옮기면 "성부도 한 페르소나로 한 숩스탄티아이시며 성자도 한 페르소나로 한 숩스탄티아이시고 성령도 한 페르소나로 한 숩스탄티아이시다. 그러므로 하나님은 세 숩스탄티아(본질)이다."가 된다.

C목사는 분명 각각의 본질을 가진 '세 영들의 하나님', 곧 세 분 하나님을 주장하고 있으므로 그의 주장은 삼신론으로 충분히 오해

를 받을 수 있다.

"삼위일체론에서 '페르소나'를 '영'으로 표현하는 것은 잘못된 것이며 신론에서 '하나님은 영이시다.'라고 할 때는 언제나 영은 하나님의 속성-곧 본질을 나타내는 것이다. 혹 '영'이란 단어를 한 하나님 안에서 인격의 개체를 표현하는 의미로 쓸 수 있으나 그러나 삼위 하나님을 세 영들의 하나님으로 표현하는 것은 삼위일체론에서는 적절하지 못하다.

그러므로 "하나님도 한 인격으로 한 영이요 아들 하나님도 한 인격으로 한 영시며 성령 하나님도 한 인격으로 한 영시다. 그러므로 하나님은 세 영들의 하나님이다."라는 주장은 삼신론의 근거가 될 수 있으며 이것은 결국 세 하나님이 되어 우리가 믿고 고백하는 아다나시우스 신조와 상충된다.(중략)

C목사는 자신이 사용하고 있는 '분'이란 말은 '페르소나'란 말을 변역한 것으로 이것은 우리가 '위(격)'으로 번역하여 사용하는 말이다. C목사는 "'분'이란 말에는 오해의 소지가 있다고 본다. (그러므로) 칼빈의 기독교강요 원문에는 한국말의 '분'이란 개념이 없다." 고 말하면서도 "칼빈도 하나님이…세 분이심도 말했다."고 앞뒤가 맞지 않는 주장을 하는 이유는 이해하기 어려운 부분이다.

C목사는 자신의 주장을 정당화하기 위해서 한국교회나 세계교회가 자칫 삼신론적 의미로 받아들여질 위험성이 있으므로 사용하지 않는 '세 분'이라는 표현까지 서슴지 않고 있는 것으로 보인다.

C목사는 '아다나시우스 신조'의 "성부도 신이고 성자도 신이고 성령도 신이다. 그러나 신은 셋이 아니라 하나만 존재한다."는 의미는 "본질의 단일성을 주장하는 것임을 명확히 알 수가 있다."라

고 하였다(2001. 1월호 p.144). 이 글은 성삼위 하나님의 본질의 단일성을 인정한 말이다.

교회가 정통교리로 인정하는 아다시우스 신조는 하나님(신)을 본질적으로 한 분임을 강조한다. 그러나 C목사는 아다나시우스 신조의 본질의 단일성을 인정하면서도 동시에 '신을 셋(세 영들)'으로 주장하는 이율배반적인 주장을 하고 있다.

C목사의 주장대로 한다면 '성부도 신이고 성자도 신이고 성령도 신이다. 그러므로 하나님은 세 신들의 하나님이다.'라고 해야 한다. 그러나 분명 아다나시우스 신조는 "한 신만 존재한다."고 밝히고 있다(중략).

C목사는 자기주장이 잘못된 것이라면 '통합 측 교단의 위트니스 리에 대한 정죄가 잘못되었다고 해야 한다.'고 주장하였다(2001. 11호 p144). 이것은 위트니스 리를 이단으로 정죄할 때 총회에 보고한 보고서가 C목사 자신의 글이었음을 간접적으로 시인한 것이다(중략).

5. 성령론에 대한 문제점

C목사의 문제점은 삼위일체론만이 아니다. 그는 성령론에서도 성경의 가르침과 또 우리 교단의 신조와 신앙고백과는 다른 주장을 하고 있다(중략).

6. 결론

(1) 삼위 하나님은 본질적으로 영이시다. 영은 페르소나(위격)가

아닌 숩스탄티아(본질)을 나타내는 말이다. 삼위일체론에서 페르소나를 영으로 표현하는 것은 잘못된 것이며 신론에서 '하나님은 영이시다.'라고 할 때는 언제나 영은 하나님의 속성, 곧 본질을 나타내는 것이다.

혹 영이란 단어를 한 하나님 안에서 인격적 개체를 표현하는 의미로 사용할 수도 있다. 그러나 '삼위 하나님을 세 영들의 하나님'이라고 표현하는 것은 삼신론으로 지적받을 수 있다.

그러므로 '성부 하나님도 한 인격으로 한 영이시오, 아들 하나님도 한 인격으로 한 영이시며, 성령 하나님도 한 인격으로 한 영이시다. 그러므로 하나님은 세 영들의 하나님이시다.'라는 주장은 결국 하나님은 세 하나님이 되어 삼신론의 근거가 되며 모든 기독교회가 믿고 고백하는 아다나시우스 신조와 상충된다.

(2) "성부의 영, 성자의 영, 성령이 각각 하나라고 한 것은 셋에 속한 부분"이라는 주장은 하나님을 삼등분하여 성부, 성자, 성령을 각기 3분의 1로 분리시킴으로써 성삼위가 하나의 신적 본질 안에 서로 구별되며 나뉘거나 혼합되지 않고 상호 종속됨이 없이 온전하신 개별적 실재를 손상시키고 삼위가 하나가 될 때만이 완전한 하나님이 될 수 있다는 주장으로 온전하신 삼위 하나님의 존재를 부정하는 결과가 된다.

(3) '영'이 하나님의 본질, 곧 성부, 성자, 성령이 하나의 영이심을 의미하는 것임을 인정하면서도 "구약이나 신약이나 아버지 하나님도 한 영이시요 성령님도 한 영이신데 어떻게 이 둘이 하나라고 하

는가?" 하는 주장은 하나님의 영과 성령은 각기 다른 영이라는 뜻으로 성부의 영과 성령의 하나 되심을 부정하고 성부의 영과 성령이 각각 다른 영이라고 주장함으로써 이신론, 또는 삼신론의 오류에 빠지고 있다(후략).

참고: 보고서 전문은 여기를 참조 http://theologia.kr/borad_idan/25416

[부록]

한기총의 최삼경 목사 삼신론 등에 대한 이단 규정 발표문

한국기독교총연합회 질서확립대책위원회(이하 대책위, 위원장 김용도 목사)는 2011년 11월 24일 기독교연합회관에서 기자회견을 열고, 최삼경 목사(예장통합)를 사실상 이단으로 규정했다. 대책위는 유인물을 통해 '한기총 소속 7개 교단 총무들의 최삼경 목사의 삼신론과 월경잉태론에 대한 조사를 의뢰한 결과 심각한 이단이자 신성모독에 해당한다고 판단했다.'고 밝혔다. 예장통합 이단사이비대책위원장이자 10여 년 동안 한기총 이단사이비대책위원회 부위원장과 상담소장을 맡아 이단사이비 문제를 대처해 왔던 최삼경 목사를 이단이라고 규정한 것이다. 아래 내용은 한기총의 최삼경 목사 삼신론 등에 대한 이단 규정 발표문이다.

한기총 이단 규정 발표문

최삼경 목사(예장 통합)의 삼신론과 월경잉태론은 그간 교계에서 지속적으로 논란이 되어 온 사안으로, 한국기독교총연합회(한기총)에서는 이에 대해 엄벌해 달라는 7개 회원교단 총무들의 진정서가 들어와, 지난 10월 7일 임원회 논의 후 이를 본 질서확립대책위원회(질서위)에 위임해 조사토록 한 바 있다.

본 질서위에서는 이후 그간 논란이 된 최삼경 목사의 글과 강의 내용 등의 모든 자료를 입수해 조사한 결과, 심각한 이단이자 신성모독에 해당한다고 판단했다. 그러나 최종 결론을 발표하기에 앞서 본인 스스로의 변증과 회개의 기회를 주는 것이 옳다고 여겨, 이를 위해 지난 11월 21일 청문회를 가졌다.

헌데 최삼경 목사는 처음에는 본 질서위가 준비한 질의에 답변하겠다고 하여, 정회하고 준비할 시간을 30분씩이나 주었음에도, 그는 정회 후 갑자기 돌변해 답변을 거부했고, 그럴 뿐 아니라 따로 기자회견을 열어 이단을 돕는다며 한기총을 모독하고, 한국교회가 망한다는 극단적인 발언까지도 서슴지 않았다.

이에 본 질서위는 최삼경 목사에게 더 이상의 사과나 회개의 의지가 없는 것으로 판단하고, 심각한 이단이자 신성모독을 범한 최삼경 목사의 삼신론과 월경잉태론에 대해 회원교단과 단체들에 극히 경계하고자 다음과 같이 결의하고 발표하니, 앞으로는 교계에서 이 같은 사상을 주장하거나 옹호함이 절대 없어야 할 것이다.

최삼경 목사의 삼신론

삼신론은 성삼위 하나님의 본질의 통일성(단일성)을 부정하는 것으로 삼위일체 안에는 세 가지 신적 본질(ousiai)이 있다고 주장하는 이단사상을 지칭하는 말이다.

최삼경 목사는 “성부도 한 인격으로서 한 영이시요 성자도 한 인격으로서 한 영이시요 성령도 한 인격으로서 한 영이시다. 그러므로 하나님은 (한 영의 하나님이 아니라) 세 영들의 하나님이다.”라고 주장할 뿐 아니라, 하나님도 한 영이요, 성령님도 한 영인데 어

떻게 이 둘이 하나라고 하는가?"라고 주장한 바 있다.(교회와 신앙 96.12월호)

최 목사의 주장은 하나님 아버지도 한 영이시고 성령도 한 영으로서 하나님은 두 본질(영)을 가진 분으로 '이 둘은 결코 하나가 될 수 없다.'고 주장하는 것으로 자신이 주장한 하나님은 '한 영이 아니라 세 영들이며 결코 하나가 될 수 없음'을 주장하고 있는 것이다. 이러한 주장은 삼위 하나님은 영이 각각 다른 본질을 지닌 세 하나님이라는 뜻이다.

장로회신학대학교 총장을 역임한 고 이종성 박사는 "하나님은 영이시며……영은 삼위일체 하나님의 존재 형식을 의미한다. ……하나님은 처음부터 그 존재방식에 두 가지 특성을 가지고 있었다. 하나는 삼위일체라는 형식이요 다른 하나는 영적 존재라는 것이다." 라고 하였다.

최 목사는 삼위 하나님을 각각의 본질을 가진 '세 영들의 하나님', 곧 세 분 하나님으로 주장하고 있다.

최삼경 목사의 신론에 대한 연구 결론

1. 삼위 하나님은 본질적으로 영이시다. 영은 페르소나(위격)가 아닌 숩스탄티아(본질)을 나타내는 말이다. 삼위일체론에서 페르소나를 영으로 표현하는 것은 잘못된 것이며 신론에서 '하나님은 영이시다.'라고 할 때는 언제나 영은 하나님의 속성, 곧 본질을 나타내는 것이다.

혹 영이란 단어를 한 하나님 안에서 인격적 개체를 표현하는 의미로 사용할 수도 있으나 그러나 '삼위 하나님을 세 영들의 하나님'

이라고 주장하는 것은 본질의 단일성을 부정하는 것으로 삼신론 사상이다. 이 문제와 관련 최삼경 목사가 예장(통합) 총회에 그가 삼신론자가 아니라고 해명한 신학자들이 제출한 답변서 중 김영제 박사(합동신학원 교수)의 답변서에는 "persona를 영으로 번역하면 안 된다."고 지적하며 최삼경 목사가 하나님을 세 영(persona)으로 주장한 것은 문제가 있음을 지적한 바 있다.

그러므로 최삼경 목사가 주장한 '성부 하나님도 한 인격으로 한 영이시요 아들 하나님도 한 인격으로 한 영이시며 성령 하나님도 한 인격으로 한 영이시다. 그러므로 하나님은 세 영들의 하나님이시다.'라는 주장은 결국 하나님은 세 하나님이 되어 삼신론의 근거가 되며 모든 기독교회가 믿고 고백하는 아다나시우스 신조와 상충된다.

2. "성부의 영, 성자의 영, 성령이 각각 하나라고 한 것은 셋에 속한 부분"이라는 최삼경 목사의 주장은 하나님을 삼등분하여 성부, 성자, 성령을 각기 3분의 1로 분리시킴으로 성삼위가 하나의 신적 본질 안에 서로 구별되며 나뉘거나 혼합되지 않고 상호 종속됨이 없이 온전하신 개별적 실재를 손상시키고 삼위가 하나가 될 때만이 완전한 하나님이 될 수 있다는 주장으로 온전하신 삼위일체 하나님의 존재를 부정하고 있다.

3. 최삼경 목사는 '영'이 하나님의 본질, 곧 성부, 성자, 성령이 하나의 영이심을 의미하는 것임을 인정하면서도 "구약이나 신약이나 아버지 하나님도 한 영이시요 성령님도 한 영이신데 어떻게 이 둘이 하나라고 하는가?" 하는 주장은 하나님의 영과 성령은 각기 다

른 영이라는 뜻으로 성부의 영과 성령의 하나 되심을 부정하고 성부의 영과 성령이 각각 다른 영이라고 주장함으로 이신론, 또는 삼신론 주장을 하고 있다(중략).

결론

2011. 9. 20 한기총 7개 교단 총무들이 최삼경 목사의 삼신론과 소위 월경잉태론에 대하여 철저한 조사를 의뢰하여 와 임원회에서 질서확립대책위원회에서 조사케 하고 조사한 내용을 임원회에 보고하기로 하였음.

최삼경 목사의 신론은 그 존재방식에 있어 삼위로 계시나 본질적으로 하나이신 성부, 성자, 성령 하나님을 각각 개체로 만들어 기독교의 하나님을 한 분이 아닌 세 신으로 만드는 삼신론 사상으로 기독교의 정통 삼위일체론을 부정하는 이단이다.

그가 자신이 주장한 삼신론 사상에 대하여 자신이 소속된 예장(통합) 교단 총회나 또는 한국교회에 이 문제에 대한 진솔한 사과나 해명을 하기보다는 교단의 배경을 업고 정치적으로 삼신론 굴레를 벗으려는 행위는 매우 유감스러운 일이다.

그러므로 소위 월경잉태론이나 삼신론은 그리스도의 선재성을 약화시켜 예수의 신성을 훼손할 뿐 아니라 마리아의 월경이 아니면 그리스도의 성육신이 불가능하다고 주장함으로 성령으로 잉태하신 그리스도의 인성을 부정하는 이단사상이다. 그리스도의 신성과 인성이 부정되거나 약화될 경우 기독론은 물론이요 신론, 구원론, 속죄론을 무너뜨리는 이단적 주장이다. 더구나 칼빈을 왜곡하여 예수 그리스도의 출생을 생물학적 주장으로 웃음거리로 만들어 기독교 신앙의 근간을 뿌리째 흔드는 결과를 가져왔다. 이는 교회사에 등장한 이단들 중 가장 악한 이단이라 할 것이다. 그러므로 본 질서확립대책위원회에서는 약 2개월 동안 각계각층의 교수 및 전문가와 그동안 수집된 자료를 토대로 결론을 내리고 임원회에 보고하기로 하였다.

2011년 11월 24일
한국기독교총연합회
질서확립대책위원회

한기총, 최삼경 목사 이단으로 최종 확정

임원회서 질서위 조사결과 보고 그대로 받아

한국기독교총연합회(대표회장 길자연 목사, 이하 한기총)가 최삼경 목사(빛과소금교회)에 대해 '이단·신성모독'으로 확정했다.

15일 열린 한기총 임원회는 최삼경 목사의 삼신론과 월경잉태론에 대해 질서확립대책위원회(위원장 김용도 목사, 이하 질서위)의 "기독론은 물론이요 신론, 구원론, 속죄론을 무너뜨리는 이단적 주장"이라는 보고를 받았다. 한기총 정관과 관례상 각 위원회의 보고는 임원회에서 받음으로써 확정되며, 임원회는 위원회의 보고에 중대한 하자가 없는 이상 그대로 받아왔다.

최삼경 목사를 옹호하는 일각에서는"위원회가 결의하고 임원회에서 그것을 받았을지라도, 실행위와 총회에서 뒤집을 수 있다."고 주장하고 있으나 근거가 없는 것으로 확인되고 있다. 한기총 정관에는 임원회가 "각 위원회의 사업을 지휘·감독·지원한다."는 조항이 있기 때문이다. 실행위나 총회에서는 위원회의 활동에 대해 가부를 결정할 법적 근거도, 그같이 한 전례도 전혀 없다.

한기총의 한 핵심 관계자 역시 "위원회의 결의를 임원회에서 받았으면 그것으로 모든 절차가 끝난 것"이라며 "실행위나 총회에서 이를 뒤집을 권한은 없다"고 밝힌 바 있다.

출처 : 크리스천 투데이 2011년 12월 15일자

[부록]

이인규 씨에 대한 고신교단의 이단 규정

대한예수교장로회 고신(총회장 박영호 목사) 총회는 2020년 10월 20일 고려신학대학교에서 열린 정책 총회에서 제70회 총회(2020년)에 보고된 〈미주 세이연〉과 이인규 씨에 관한 연구내용을 근거로 〈미주 세이연〉과 이인규 씨를 이단으로 규정했다.

미주 세이연(대표 김순관)과 이인규 씨에 대한 연구 보고서 (고신 교단)

Ⅰ. 미주 세이연 연구 보고

(중략)

Ⅱ. 이인규 씨 사상에 관한 연구보고

이인규 씨는 누구인가?

이인규 씨는 감리교 권사로서 이단연구를 하는 평신도 이단연구가라고 자처하고 있다. 그가 신학을 공식적으로 공부하지 않았다.

현재 그는 〈기독교이단대책협회〉(회장 백남선)이란 단체에서 사무총장으로 일하고 있으며, 〈미주 세이연〉(회장 김순관)의 상임위원이며 또한 〈평신도이단대책협의회〉(평이협〉)의 대표로 "무엇이든 물어보세요"라는 카페를 운영하고 있으며 (http://cafe.naver.com/anyquestion.cafe), 〈예레미야 이단연구소〉라는 인터넷 신문을 만들어 이끌어가고 있다.(http://researchheresy.com/) 이인규 씨는 특별계시와 하늘성소 문제로 예장 합동 2017년 101회 총회에서 교류 금지의 규정을 받은 자이다. 본 총회에서는 68회(2018년)기에 참여자제, 예의주시로 규정된 인물이다.

이인규 씨의 무엇이 문제인가?

이인규의 이단성은 예수님의 자존성을 부인하고 성부 하나님만 '여호와'라고 주장하는 이단 여호와의 증인의 교리와 같은 성부유일신 사상이다.

1. 예수님의 자존자(여호와)이심을 부인한다.

이인규 씨는 '여호와'라는 하나님의 칭호가 성부 하나님의 이름이기 때문에 예수 그리스도에게는 사용될 수 없다고 한다. 이인규 씨는 그의 반박문에서 주장하기를 "여호와라는 명칭은 구약에서 하나님께서 모세에게 가시나무 떨기 불꽃으로 나타나셨을 때에 이스라엘에게 자신을 계시하신 인격적인 명칭이다(출 3:14). '그리스도'라는 명칭은 신약에서 '호 크리스토(the Christ)'로서, 구약에서 장차 오신다고 예언되었던 그 메시아에 대한 헬라어 명칭으로서 기름부음을 받은 자라는 직분의 의미이다. 여호와 하나님이 메시아로 보낸 분이 그리스도이다. 그런데 그리스도가 여호와 하나님인가? 베드로의 신앙고백은 '주는 그리스도요 하나님의 아들'이다. 진용식 목사는 아직도 그리스도가 여호와 하나님이라고 생각하는가? 신약에서 오신 그리스도가 여호와 하나님이라고 생각하는가? 여호와 하나님이 그리스도로 오셨다는 것인가? "(10월 15일, 예레미야 이단연구소 홈피. 진용식 목사의 글에 대한 반박문)라고 하여 이인규는 그리스도는 여호와가 될 수 없다고 강력하게 주장하였다.

이인규 씨는 신학을 하지 않은 자이기 때문에 예수님의 자존자(여호와)이심을 부인하는 심각한 이단적 주장을 하게 되었다. 그러나 칼빈은 기독교강요에 그리스도가 '여호와'임을 분명하게 말하였다. "여호와라는 명칭은 어디서나 그리스도께 적용되어 있으므로, 그리스도의 존재는 신격에 관한 자존하시는 분이 되기 때문이다. 그가 여호와라면 이사야를 통하여 다음과 같이 말씀하신 분이 바로 그와 동일한 하나님이라는 것을 부정할 수 없을 것이다. '나는 처음이요 마지막이라 나 외에 다른 신이 없느니라.'(사 44:6)"(생명의말씀사, 기독교강요 상권, p219-220) 예수님의 자존자(여호와)이심을 부인하는 이인규의 주장은 심각한 이단 사상이다.

2. 이인규 씨는 오늘날에도 특별계시가 있다고 주장한다.

이인규 씨는 "계시는 일반계시와 특별계시가 있다. 특별계시는 1)현현, 2)전언, 3)기적 등으로 분류할 수 있는데, 물론 오늘날에도 특별계시가 없다고 말할 수는 없다. 성경도 특별계시이다. 대부분 일반 교회에서는 계시의 종결성을 주장하는데, 이러한 주장은 직통계시의 종결성을 뜻한다. …계시의 종결이라는 주장은 앞으로 모든 계시가 모두 끝났다는 뜻이 아니다."(이인규, 〈신사도운동의 정체와 비판〉, 182페이지)라고 했다.

이 씨는 기적을 특별계시의 하나로 보고 오늘날에도 하나님의 계시가 있다는 것을 전적으로 부정할 수는 없다(이인규, 〈다른 예수, 다른 영, 다른 복음〉, 36페이지)고 하며, "조직신학적으로 특별계시가 오직 성경만 해당되는 것이 결코 아닙니다.", "현재 특별계시가 종결되었다고 한다면, 하나님께서는 더 이상 인간에게 자신의 뜻을 전달하지 않는다는 의미가 되어버립니다. 역사적으로 루터와 캘빈, 웨슬레 등의 위인들을 도구로 사용하셔서 하나님께서 인간에게 뜻을 전달하신 것도 부정됩니다. 성경 이후 하나님께서는 크고 작은 수많은 사건을 통하여 계속적으로 자신을 계시하여 오셨습니다."

"성경이 기록된 AD 90년 이후 하나님이 계시를 모두 중단한 것이 되어 버리면 안 되지요.(이인규, 〈계시와 특별계시, 직통계시〉, 2016. 7. 29. 세이연 홈피,)"라고 주장한다.

이인규 씨는 신학을 하지 않았기 때문에 '특별계시'와 '성령의 감동'하심의 바른 의미와 특별계시의 방편을 모르고 있는 것으로 보인다. 현현, 전언, 기적은 특별계시 자체가 아니라 특별계시의 방편이다. 특별계시를 주신 방법을 가지고 특별계시가 남아 있다고 하는 견해는 근본적으로 잘못이다. 만일 기적이나 꿈이 있다고 해서 특별계시가 있다고 주장하면 모든 기적, 모든 꿈이 특별계시라는 말이 되고 만다. 예를 들어 성경은 사도들이 쓴 글이 다 성경이 아니라, 사도들이 성령의 영감으로 쓴 것만 성경이 되는 것처럼, 하나님께서 특별계시를 위하여 현현, 전언, 기적 등을 쓰시는 것이지, 현현, 전언, 기적이 특별계시는 아닌 것이다.

〈웨스터 민스터 신앙고백〉 제1장 1항을 보면 "주님은 여러 시대에, 그리고 여러 가지 방식으로 자신을 계시하시고(히1:1) 자기의 교회에 자신의 뜻을 선포하시기를 기뻐하셨으며, 그 후에는 진리를 더 잘 보존하고, 전파하기 위해서, 그리고 육신의 부패와 사탄과 세상의 악에 대비하여 교회를 더욱 견고하게 하며, 위로하시기 위해서 바로 그 진리를 온전히 기록해 두시는 것을 기뻐하셨다(잠22:19-21; 눅1:3-4; 롬15:4; 마4:4,7,10; 사8:19-20). 이 같은 이유로 성경이 절대적으로 필요하게 된 것이다(딤후3:15; 벧후1:19). 그리하여 하나님께서 자기 백성에게 자신의 뜻을 직접 계시해 주시던 과거의 방식들은 이제 중단되었다(히1:1-2)."라고 한 점을 보면 지금도 특별계시가 존재한다는 사상과 배치됨을 알 수 있다.

3. 이인규 씨는 하늘 성소가 실제로 존재한다고 하고, 예수님께서 십자가에 죽으시고 부활하신 후에 하늘 성소에 들어가 다시 피를 뿌렸다고 한다.

2016년 4월 〈기이협〉 부활 복음 세미나 녹취록에서 이인규 씨는 "우리의 대제사장인 그리스도는 구약시대의 대제사장이 짐승의 피를 들고 들어간 것과는 달리 자신의 피를 들고(하늘성소에 올라가셨다). 똑 같은 사건을 이야기하는 것이라면 어떻게 자신의 피를 들고 하늘로 올라갔다고 합니까?"(이인규 씨 녹취록)라고 하였다.

이 또한 김성로 목사의 사상과 같은 사상으로 히브리서 9:11-12에 대한 잘못된 성경 해석에서 나온 것이지만 김성로 목사의 십자가와 부활의 이원성을 합리화하기 위하여 한 주장이다. 그러나 히브리서 9:11-12의 "손으로 짓지 아니한 것 곧 이 창조에 속하지 아니한 더 크고 온전한 장막"은 하늘에 또 다른 성막이 실제로 존재한다는 것이 아니라, 그리스도께서 피 흘리신 십자가 사건을 의미하는 것이 분명하다. 이 말씀은 구약에 성전에서 드려지던 '동물의 피의 제사'와는 전적으로 다른 그리스도의 십자가 제사를 설명하는 내용으로 보는 것이 바른 해석이다.

결론

〈미주 세이연〉은 신학적인 소양이 부족한 평신도들과 일부 잘못된 사상을 가진 목사들로 구성된 사설 단체로서 그릇된 이단 사상을 가지고 잘못된 이단 규정을 일삼고 있다. 이 단체는 마땅히 해체되어야 하고 한국교회는 이들의 이단 연구를 신뢰할 수도 없고 신뢰하지도 말아야 한다. 〈미주 세이연〉의 삼위일체관은 분명한 이단 사상이므로 〈미주 세이연〉을 이단으로 규정함이 옳다고 본다. 고신 총회 이단연구소장은 미주 세이연 한국 측 일부 상임위원들에게 탈퇴를 권유했으나 움직이지 않고 있다.

삼위일체와 특별 계시의 오류를 주장하는 이인규를 이단으로 규정하여 한국교회와 성도들은 그의 비신학적이며, 이단적인 이단연구를 의지하는 것을 삼가야 할 것이며, 한국교회와 목회자와 성도는 그의 인터넷 신문과 인터넷 '무엇이든지 물어보세요' 카페나 기타 그가 관련된 매체에 기고, 구독, 광고 및 후원하는 것을 철저히 금지해야 하는 것이 가한 줄 안다.

[부록]

합동 교단, 박형택·이인규 등 활동 미주 세이연 '이단·교류금지'

예장합동 측, 총대들 "반삼위일체를 주장하는 이단" 강력 제재

한때 한국교회의 이단 전문가를 자처했던 박형택 목사와 이인규 권사 등이 활동하는 세이연이 주요 교단으로부터 이단으로 결의되어, 충격을 주고 있다. 한국교회 내 수십여 이단을 양산하며, 이단 감별사로 군림해 왔던 이들의 씁쓸한 몰락이다.

예장합동 측(총회장 김종준 목사)은 지난달 개최한 제104회 총회를 통해 미주 세계한인기독교이단대책연합회(회장 김순관/ 이하 미주 세이연)에 대해 "반삼위일체를 주장하는 이단"이라며, '교류금지'를 결의했다.

미주 세이연은 박형택 목사와 이인규 권사가 주요 멤버로 활동하고 있는 단체로, 합동 측은 이 중 이인규 권사에 대해 이미 지난 2017년 102회 총회에서 '교류금지'를 결의한 바 있다.

먼저 미주 세이연과 이인규 권사에 대한 조사를 청원한 경기노회(노회장 원용식 목사)와 남중노회(고광종 목사)는 헌의안에서 "미주 세이연(회장 김순관) 박형택, 이인규, 한선희, 조남민, 김성한, 이태경, 서인실, 백남선, 이종명 등은 예수님의 자존성(여호와)을 부인하고, 성령의 여호와 되심을 부인하는 성부 유일신론 및 반삼위일체 교리를 주장하고 있다."면서 "위 사항을 조사해 이단성이 발견되면 전 교회에 공표해 주시기 바란다."고 명시했다.

이인규 권사와 관련해서는 "이인규 씨는 특별계시가 계속된다는 주장으로 2017년 본 교단 102회 총회에서 '교류금지'로 결의된 자다. 이번에는 예수님의 자존성(여호와)을 부인하는 것으로 알고 있다. 예수님의 여호와 되심을 부인하는 이인규를 조사하여 이단성이 있다면 전국교회에 알려주시기 바란다."고 요청했다.

이대위는 이번 헌의안에 대해 조사 보고에서 '교류금지'를 결의했던 지난 102회 당시의 조사 결과를 그대로 인용했으며, 미주 세이연 역시 이인규 권사와 입장을 함께 하고 있다고 판단했다.

앞서 합동 측은 이인규 권사에 대해 "이인규 씨는 평신도로서 이단 연구를 하고 있는 것이 훌륭한 점이기도 하지만, 얼마나 위험한 일인가를 말해주고 있다. 본 교단 성도들은 개혁주의 신학과 맞지 않고 이단성이 있는 이인규 씨의 이단 연구 결과물에 의지하는 것을 삼가야 할 것이며, 본 교단 산하 교회와 목회자와 성도는 그의 인터넷 신문과 인터넷 '무엇이든지 물어보세요' 카페에 기고, 구독, 광고 및 후원하는 것과 철저히 교류 금지해야 할 것이다."라는 결론을 내린 바 있다.

올해는 이인규 권사에 대한 교류금지를 유지하면서, 그와 같은 입장에 있는 미주 세이연에 대해 "본 교단 산하 교회와 목회자와 성도는 세이연과 그와 관련된 모든 인터넷신문과 인터넷 등에 기고, 구독, 광고 및 후원하는 것과 철저히 교류를 금지하기로 하다."는 결의를 추가했다.

특히 총대들은 미주 세이연에 대해 애초 교류금지라는 이대위의 보고에 더해 "반삼위일체를 주장하는 이단"이라는 내용을 추가하며, 더욱 강력한 제재를 보였다.

한국교회 대표 이단 연구기관을 자처했던 미주 세이연이 '이단'이라는 결론에 교계는 충격에 빠졌다. 무엇보다 박형택 목사, 이인규 권사 등 이들 주요 멤버들이 그간 특정인의 이단성을 연구하고 정죄한 결과가 완전히 신뢰를 잃을 수밖에 없다. 이미 일부에서는 이들이 그간 연구, 정죄한 결과를 모두 파기해야 한다는 여론도 일고 있는 실정이다.

특히 합동 측의 결의대로 이들에 이단성이 있다면, 이들에 의해 이단으로 정죄된 인물과 교회들은 사실상 잘못된 사상과 판단에 의한 피해자라며, 당사자들에 대한 재심, 해제가 반드시 병행되어야 할 것이라는 목소리가 커지고 있다.

한편, 예장통합 측도 올해 제104회 총회에서 미주 세이연과 이인규 권사의 이단성을 조사해 달라는 청원을 받아들여, 1년간 조사에 들어가며, 지난해 예장고신 측은 이인규 권사에 대해 '참여자제'를 결의한 바 있다.

〈교회연합신문 2019년 10월 5일자〉

예장합동, 세이연-이인규 씨 이단 규정 및 교류 금지 유지
박형택 목사 관련 '이단 옹호의 건' 한 회기 더 연구키로

예장합동 측이 세계한인기독교이단대책연합회(이하 세이연)와 평신도 이단 전문가 이인규 씨에 대해 단순 교류 금지뿐 아니라, 이단으로 규정키로 했다.

이단사이비대책위원회는 지난 104회 수임 안건 보고 중 먼저 세이연에 대해 인터넷 신문, 기고, 구독, 광고, 후원 등 교류 금지를 명시했으나, "반삼위일체를 주장하므로, 이단으로 규정하고, 교류 금지해야 한다."고 보고했다.

이와 함께 이인규 씨 역시 이단으로 규정하고 이 씨와 관련된 인터넷 신문과 '무엇이든 물어보세요' 카페 등의 교류 금지를 가결했다. 이인규 씨와 관련 지난해 104회기 이대위는 "이인규(감리교 권사) 씨는 특별계시가 계속된다는 주장으로 2017년 본 교단 102회 총회에서 '교류금지'로 결의된 자다."라며 "예수님의 여호와 되심을 부인하는 이인규를 조사하여 이단성이 있다."고 보고한 바 있다.

또한 "본 교단 성도들은 개혁주의 신학과 맞지 않고 이단성이 있는 이인규 씨의 이단연구 결과물에 의지하는 것을 삼가야 한다."며 이인규 씨와 세이연에 대해 104회 결의를 그대로 유지키로 했다.

반면 '목회와 진리수호' 발행인 박형택 목사에 대한 '이단 옹호의 건'은 한 회기 더 연구키로 했다.

〈교회연합신문 2019년 10월 5일자〉

3부
김홍기 목사와 지방교회

'세 분리된 위격들'을 믿는 것이 '정통 삼위일체'인가?

지방교회 측이 김홍기 목사에게 묻는다

독자들은 왜 갑자기 캐나다에 거주하는 김홍기 목사가 미국에 있는 지방교회 측을 한국에 있는 지면에서 비판하고 있는지 궁금해할 수 있다. 이 토론은 '교회와 신앙' 편집자가 밝힌 대로, 쌍방이 미주 크리스찬 투데이에서 가졌던 다섯 차례의 1차토론[1]의 연장이다. 따라서 지방교회 측의 아래 반론은 1차토론 내용과 함께 검토되면 좋을 것이다. 지방교회 측은 김 목사가 쓴 첫 글에 대해 1. 배경 설명, 2. 삼위의 '상호내재(페리코레시스)' 진리로 크게 둘로 나누어 반론하고자 한다.

1. 배경 설명

존 앵커버그와 존 웰던은 1999년에 『이단과 신흥종교 백과사전』을 집필하여 '하비스트 하우스 출판사'를 통해 출간했다. 저자들은 700쪽이 넘은 방대한 책에 단 1쪽 정도 분량으로 지방교회를 끼워 넣은 후(여호와의 증인은 82쪽), 총론 부분에서 이 책 안에 담긴 이단들은 인신매매, 사람을 제물로 바침 등 윤리적, 사회적으로 큰 문제가 있다는 식의 인상을 독자들에게 주려고 했다. 쌍방 간의 오랜 공방 후[2] 저자들과 출판사 측은 "지방교회들은 이 책에 담긴 이단들의 특징과는 무관하다."고 법정 선서 증언에서 밝혔고, 텍사스 법원은 종교 문제를 다루지 않겠다고 해서 법적 절차는 종결되었다.

그러나 그 후 위 출판사 및 저자들과 오랫동안 끈끈한 관계를 유지해 오던 노먼 가이슬러를 포함한 70여 명의 인사들이 위트니스 리의 책들에서 문맥을 무시하고 떼어낸 "이단처럼 보이거나 언어도단인 것 같은 충격적인 진술들"[3]이 담긴 서류에 서명한, 소위 '오픈 레터'라는 것을 지방교회 측에게 보내왔다. 지방교회 측은 그 내용에 대해 2차에 걸쳐 상세히 해명했고[4], 지방교회 측과 오랜 적대 관계에 있었던 CRI 측도 6년간의 재평가 후, 지방교회 측의 편에 서서 위 '오픈 레터' 내용을 조목조목 반박한 논문을, "우리가 틀렸었다(We Were Wrong)"라는 제목의 특집글로 발표했다.[5] 이에 대해 노먼 가이슬러가 '오픈 레터'의 연장에서 다시 반박했고, 이러한 노먼 가이슬러의 반박에 대해 지방교회 측이 『Brothers, Hear Our Defense』(DCP Press, 2011)라는 네 권의 소책자로 재차 반박했다.[6]

김 목사가 이곳에 쓰는 글은 지난 1차토론 때와 마찬가지로 큰 틀에서 볼 때 위 노먼 가이슬러의 주장과 같은 기조를 유지할 것으로 보인다(본인은 자신의 글이 독창적이라고 주장함). 이 점은 실제로 그의 첫 글로도 증명되고 있다. 그러나 지방교회 측에서 본다면, 이런 내용들은 이미 김 목사와의 지난 1차 토론까지 합치면 무려 네 차례에 걸쳐 거듭 반박 또는 해명된 것들이다.

김 목사는 첫 글의 서두에서, "지방교회가 한국보다 미국에서 훨씬 더 많이 알려지게" 된 이유로, 소송을 많이 걸고, 위트니스 리의 주요 사역지가 미국이고, 그가 "타고난 논쟁가"이고, '잘못된 진리'를 전한 것을 나열했다. 이런 주장은 가이슬러를 포함한 일부가 무지 또는 오해를 토대로 만들어낸 출처에 근거하나, 실체적 진실과는 거리가 멀다. 지금부터 과연 무엇이 실체적 진실인지를 간략히 해명해 보고자 한다.

워치만 니의 친밀한 동역자인 위트니스 리는 1962년부터 미국 LA 인근에서 사역을 시작했다. 그는 자신의 형제회 경험을 배경으로, 성경의 무오성, 주 예수님의 처녀 탄생, 대속의 죽음, 육체적 부활, 재림 등 소위 '근본주의 5대 원칙'을 굳게 믿는다. 아울러 그가 이러한 성경의 핵심 진리를 토대로, 말씀을 기도로 읽기 등 주님을 주관적으로 체험하도록 돕는 실행을 보급하자, 새 신자는 물론 활력 있는 신앙생활을 갈급해오던 기존 성도들이 지방교회들과 함께하는 숫자가 급격히 늘어나기 시작했다.

이러한 부흥 내지는 '성도들의 수평 이동' 현상은 점차적으로 기득권 세력이던 복음주의와 은사주의 진영의 주목과 견제를 받기 시작했다. 그런 토양 속에서 그 당시 유력한 변증가들이었던 AIA의 파산티노 부부와 월터 마틴의 '크리스천 리서치 인스티튜트(CRI)' 직원들이 위트니스 리를 양태론 등으로 비판하는 소책자들과 『신흥 이단들(The New Cults)』이라는 책자를 펴냈다. 그 후 이 자료들은 미국에서 이단 관련 새 책이 나올 때마다 약방의 감초처럼 재인용되고 또 거짓이 더해졌다. 이런 자료들은 지방교회들의 확산을 싫어하는 사람들에 의해 심지어 TV 광고 등으로 미 전역에 확산되었고, 그로 인해 지방교회 측 성도들 중 상당수가 가족

(관계 단절, 파혼)과 학교(왕따)와 직장(실직) 등 사회생활 전반에서 어려움을 겪게 되었다.

'소송을 많이 한다.', '위트니스 리가 "타고난 논쟁가"이다.'라는 김 목사의 주장은 위와 같은 혼란스러운 상황에서 거짓되고 악의적으로 만들어진 허상일 뿐 결코 실체적 진실이 아니다.

먼저 소송 문제는 김 목사가 인용한 Pement의 거짓 주장과는 달리, 지방교회 측이 소송을 제기한 것은 지난 반세기 동안 오직 세 번뿐이었다.[7] 그것도 대화를 통한 문제 해결이 거듭 거부되고, 달리 방법이 없을 때 부득이하게 취해진 조치였다. 결과적으로, 위 세 사례 중 SCP의 『갓멘』 책자의 경우는 심각한 명예훼손으로 확정 판결이 났다. 토마스 넬슨사의 『마인드 벤더즈』 책자는 미국 전역 18개 주류 신문에 공개 사과문을 게재하고, 모든 책을 유통에서 회수하는 조건으로 법정 합의되었다. 현재 본 토론과 연관이 있는 『이단과 신흥종교 백과사전』(하비스트 하우스 출판사)은 위 서두의 설명과 같다. 특히 이들은 먼저 소송을 걸어왔었다.

실상이 이러함에도 몰몬교와 여호와의 증인들을 들먹이고, 지방교회 측이 '소송을 좋아하는 이들'이라는 인상을 주는 것은 심각한 사실 왜곡이다. 김 목사가 참으로 피먼트의 자료를 신뢰한다면, 지방교회 측이 여호와의 증인과 몰몬교보다 "더 많은 소송을 제기했다."[8]는 터무니없는 거짓말에 대한 입증 책임은 김 목사 본인에게 있다(단지 뜬소문을 나열할 것이 아니라 소송을 제기했다는 증거를 제시하기 바란다).

또한 "타고난 논쟁가"와 관련하여 소개한 '배교' 문제도 원문에서는 그것이 '로마 천주교'를 가리킴에도, 김 목사는 중간에 일곱 줄이나 생략한 후 뒤의 내용을 임의로 끌어다 붙여 조작한 '오픈 레터'의 비양심적인 자료를 근거로, 위트니스 리가 '개신교'를 배교라고 공격했다며 호전적 논쟁가로 몰아갔다.

또한 김 목사는 "기독교에 관해서 담대히 말하지 않는다면 나는 평화를 가질 수 없다…."라는 위트니스 리의 말의 의도를 완전히 왜곡시켰다. 위트니스 리는 이 문맥에서 기독교계 내에서, "목사를 'reverend'라고 부르는 것", "크리스마스트리와 산타크로스" 실행, "분열" 등이 계시록 17장이 말하는 '바벨론 요소들(계17장)'의 일부임을 지적하지 않으면 평강이 없다는 말을 하고 있다. 그럼에도 김 목사는 이것을 "위트니스 리는 자신의 생각을 공격적으로 전하지 않고는 배겨날 수 없는 논쟁가이다."라는 식으로 비틀어서 소개하고 있다. 정직하지 않은 처사이다.

이처럼 조작된 문맥으로 다른 그리스도인들을 공격하는 것이 엘리옷 밀러가 말한 "나쁜 이단 사냥"이다. 우리는 김 목사가 왜 이런 의롭지 못한 일에 거듭 연루되려고 하는지 매우 궁금하고 또 안타까울 뿐이다.

1차 토론에서도 밝혔지만[9], 워치만 니와 위트니스 리의 사역의 대부분은 하나님의 경륜(딤전1:4), 생명이신 그리스도(요11:25), 그리스도의 충만인 그분의 몸(엡1:23), 몸의 최종 완성인 새 예루살렘(계21:2) 등 적극적인 방면에 할애되었다. 김 목사가 지적한 '소송' 또는 '다소 비판인 표현들'은 부당한 명예훼손에 대응하거나 성경 본문을 바르게 해석하고 선포하는 과정에서 발생한 지극히 부차적인 것이었다. 그럼에도 김 목사가 주객을 바꾸는 식으로 왜곡시킨 것은 이웃에 대한 거짓 증거에 해당된다(출20:16).

마지막으로 지방교회 측이 양태론 등 '비진리를 가르친다.'는 김 목사의 지적 역시 오해 또는 판단하는 쪽의 기준에 심각한 하자가 있는 상태에서 나온 결론일 뿐이다.

이 점은 별도의 항목으로 다뤄보겠다.

2. 상호내재 진리를 오해한 '잠재적 세 하나님들 사상'을 비판함

지방교회 측은 이번 삼위일체 토론이 또 하나의 난삽한 교리논쟁이 아니라, 참으로 한국교회들에게 도움이 되는 토론이 되기를 기도한다. 또한 지난 1차토론 내용이 너무 어려웠다는 일부 독자들의 반응을 감안하여 최대한 쉽게 표현하는 방식으로 토론 글을 쓰도록 노력하고자 한다.

먼저 김 목사가 첫 글의 끝 부분에서 인용 소개한, "오늘날의 수많은 복음주의자들"에게 주는 웨인 그루뎀의 경고를 다시 살펴보는 것으로 김 목사의 삼위일체론 주장에 대한 반론을 시작하겠다.

웨인 그루뎀은 "아버지와 아들과 성령의 구별된 위격을 인정하지만, 분리되지 않는 존재(being)로서의 하나님의 유일성(unity)을 좀처럼 인식하지 않음으로, 어쩌면 오늘날의 수많은 복음주의자들은 무심코 삼위일체에 관한 삼신론적인 견해를 향하여 나가는 경향이 있는지도 모른다."[10]라고 경고했다.

그렇다면 웨인 그루뎀은 지금 ①누구에게 ②왜 이런 경고를 하고 있는 것인가? 먼저 이 경고의 대상은 노먼 가이슬러와 김홍기 목사를 포함한 "오늘날의 수많은 복음주의자들"임이 분명하다. 그렇다면 그들은 왜 이런 경고를 들어야 하는가? 이 역시 인용 본문에서처럼, "그들이 '분리되지 않는 존재'로서의 하나님의 유일성(unity)을 좀처럼 인식하지 않기" 때문이다. 그런데 김 목사는 여기서 언급된 "분리되지 않은 존재(one undivided being)"는 곧 '분리되지 않은 본성'을 의미한다고 크게 착각한다.

그렇다면 질문해 보자. 김 목사 생각에, "오늘날의 수많은 복음주의자들" 중 누가 위 인용문처럼 '분리되지 않은 본성'을 인식하지 않는다는 말인가? 참으로 그런 사람이 있기나 한가? 만일 누구든지 삼위의 본성의 분리를 주장하는 복음주의자가 있다면, 그는 '복음주의자'는커녕 심각한 이단 사상의 소유자일 뿐이다.

우리는 김 목사에게 위 인용문 바로 위 두 단락을 다시 주의하여 읽어볼 것을 권유하겠다. 그렇게 한다면 웨인 그루뎀이 김 목사의 오해처럼 '본질의 단일성' 부정론자들을 염두에 둔 것이 아님을 알게 될 것이다. 대신에 웨인 그루뎀은 "분리되지 않는 존재(being)로서의 하나님의 유일성(unity)"을 소홀히 하면서, '세 위격들'이심을 지나치게 강조하고 그 "각 위격이 온전한 하나님(each person is fully God)"이라고 주장하면, 결국 본의 아니게 "세 하나님들(three Gods)"로 빗나갈 가능성을 경고하고 있는 것이다. 따라서 현재의 주장대로라면, 노먼 가이슬러와 김홍기 목사 본인도 이 경고로부터 결코 자유롭지 않다. 우리는 김 목사의 눈이 열려 이 점을 볼 수 있기를 바란다.

역시 김 목사가 첫 글에서 소개한 스코트 호렐(Scott Horrell)이 해당 논문[11] 서문에서 지적한 것처럼, 서방 신학은 삼위일체를 교리적으로만 취급해 왔고 또 오랫동안 크게 관심을 두지도 않아 왔다. 그러나 1990년대 초반에 판넨베르크의 등장과 함께, "삼위일체는 현재의 신학 토론에서 가장 중요한 주제가 되었다." 그 후 삼위일체론은 최근 들어 칼 라너, 몰트만, 밀리아드 에릭슨, 캐더린 라쿤자 등에 의해 활발히 논의되었다. 그럼에도 일반 성도들은 물론 심지어 신학 전공자들도 삼위일체 진리는 여전히 어려워한다.

따라서 이런 점을 고려하여, 지방교회 측은 이번 반론 글을 삼위일체의 다양한 방면들 중에서 "세 위격들 중에서 누가 사람 안에 내주하시는가?"라는 문제로 압축하여 내용을 구성하려고 한다. 즉 (1)이에 대한 김 목사와 지방교회 측의 주장을 압축하여 소개하고, (2)김 목사의 관점이 어떤 논리적 구조 틀을 가지며, (3)그런 가르침이 어떤 성경의 핵심진리를 놓치게 하는지를 드러낼 것이다. (4)아울러 성경과 '정통 신학자들'(김 목사의 주장과 달리, 이것은 소위 '전통적인 신학자들'과 동의어가 아니다.)의 성경적인 상호내재 개념을 소개할 것이다. (5)그 외에 지면이 허락된 만큼 김 목사가 문제 제기한 몇 가지 항목들을 말미에서 다루겠다.

1) 요약된 양측 주장의 대비

김홍기 목사는 웨인 그루뎀의 말을 빌려, "세 분리된 위격들(three separate persons)"(마3:16-17)을 주장한다. 그 결과, 제1격과 3격이 배제된 '제2격 아들만' 성육신하셨고, 역시 제1격과 2격은 배제된 '제3격 성령만' 위격적으로 내주하신다고 믿는다.

그러나 지방교회 측은 '페리코레시스'(요14:10-11) 원칙에 따라 '삼위께서 동일본질을 공유하심'은 물론이고 더 나아가 '세 위격 간의 상호내재'하심을 주장한다.

그 결과, 비록 아들 하나님께서 성육신하셨지만(갈4:4), 이 분은

'제2격'이실 뿐만 아니라 존재론적으로 구별되나 분리가 안 되시는 성부와 성령께서 포함된 '삼위 전체'이시며, 우리 안에도 삼위 전체가 내주하신다고 믿는다(엡4:6, 골1:27, 요14:17). 즉 "어느 한 위격의 오심은 다른 두 위격들의 오심"이다.

위에서 보듯이 양측은 분명히 서로 다른 주장을 하고 있다. 그리고 이런 차이가 나는 근본 이유는 첫째로 삼위의 '구별'과 '분리' 개념, 둘째로 상호내재에 대한 이해의 차이에서 기인한다.[12] 이 점은 뒤에서 다시 다루겠다.

2) 김 목사 주장의 논리와 그 모순점

그렇다면 위와 같은 김 목사의 주장의 문제점은 무엇인가? 독자들의 이해를 돕기 위해 편의상 김 목사 측의 주장 논리와 문제를 제기하는 시각을 함께 대비시키는 방식으로 구성해 보겠다.

(1) 김 목사는 웨인 그루뎀의 말을 인용하여, 마태복음 3:16-17에 따라 "성부(하늘), 성자(물 위), 성령(공중)은 '세 분리된 위격들(three separate persons)'이시다."라고 말한다.('그렇다면 이 분들이 어떻게 여전히 한 하나님이실 수 있는가?'라는 질문에는)

(2) '세 위격들은 동일본질을 공유하심으로 한 하나님이시다.'라고 답변한다.(바로 여기에서 문제가 발생한다. 이처럼 경륜적인 삼위일체를 말하는 본문을 근거로, 사실상 〈장소적으로 분리된 세 위격들〉을 강조하면, 결국 '세 하나님들(three Gods)', 즉 삼신론으로 기울 수밖에 없다.[13] 웨인 그루뎀은 이런 점을 "오늘날의 많

은 복음주의자들"에게 경고했다. 웨인 그루뎀은 삼위의 본질을 분리시키는 것을 경고한 것이 아니다. 이렇게 말하면, 나오는 반응이 다음 3번이다.)

(3) 세 위격들은 각각 분리되지만, 삼위가 각 위격 안에 '편재'하심으로 문제가 안 된다.(그러나 이것은 순환논법에 빠진 억지이다. 그렇다면, 어디든지 편재하시는데 성령이 비둘기 같이 성자에게로 '내려오실' 필요가 무엇인가? 또한 성령은 또 다른 보혜사로서 하늘에서 땅으로 보냄을 받으셔야 하는데, 위에서 내려오셨던 성령은 언제 다시 하늘로 '올라가셨는가?' 성경에 주 예수님의 승천은 있어도 '성령의 승천'을 기록한 곳은 어디에도 없다. 더구나 '세 분리된 위격들' 사상은, 성육신 하신 아들께서 여전히 '아버지 품속에 계신다.'(동사시재가 현재임)(요1:18), "하늘에서 내려온 이, 곧 하늘에 있는 인자"(요3:13) 같은 성경 본문을 소화할 수 없다. (여기서 '하늘에 있는 인자'는 '위격'을 가리킴으로 '본질상의 상호내재' 또는 '편재'와는 무관하다.)

이처럼 김 목사의 '세 분리된 위격들'의 하나님 주장은 적지 않은 모순이 있다. 그러나 이러한 교리와 논리적인 모순보다도 더 심각한 것은 이런 주장이 신약경륜을 이루는 데 핵심이 되는 아래와 같은 본문들에 대한 체험으로부터 믿는 이들을 '구조적'으로 격리시킨다는 점이다.

3) 김 목사 주장은 다음과 같은 핵심 성경본문들을 놓치게 만든다.

우선 우리가 분명히 알아야 할 것은 김 목사가 존 맥아더의 말을 빌려 설명한 "성령에 의한 그리스도의 내주", 즉 '그리스도의 위격은 내주하지 않는다.'는 주장은 성경에 전혀 근거가 없다[14]는 것이다.

또한 이처럼 그리스도의 위격적 내주하심을 부인하면, 다음과 같은 말씀들은 단지 공허한 지식일 뿐이다. 즉 이들에겐 '과거'의 그리스도(사복음서)와 '미래'의 그리스도(장차 만나게 될)만 있고, '현재'의 그리스도(신약 서신서가 생생하게 전하는)가 그들의 삶의 현장 속에는 없게 된다. 바로 이 점이 김홍기 목사가 주장하는 '성령만의 내주 사상'의 가장 치명적인 문제점이다.

(1) "'하나님의 아들(2격)'이 있는 자에게는 생명이 있고"(요일5:12)라는 말씀에 따라 그들에게는 성령만 계시고 정작 하나님의 아들 자신은 없으니 '생명 없는 자'가 되고 만다.

(2) 그들은 또한, "내게 사는 것이 그리스도니"(빌1:21)라고 고백할 수 없다.

(3) "모든 것을 배설물로 여기고 그리스도를 얻고"(빌3:8)라고 고백할 수 없다.

(4) "그리스도 안에서 발견됨이라"(빌3:9)라고 말할 수 없다.

(5) "그리스도의 충만인 몸"(엡1:23)에 대해서는 지식과 교리뿐이게 된다.

거듭 강조하건대, 성경 어디도 성령에 의해 '대리된' 그리스도의 내주를 지원하지 않는다. 도리어 성경은 '그리스도'께서 너희 안에 계신 줄을 스스로 알지 못하면 버리운 자라고 말씀한다(고후13:5).

바울은 만대로부터 감춰었던 비밀이 곧 "너희 안에 계시는 '그리스도'(Christ in you)"(골1:27)라고 말했다. '세 분리된 위격들'을 믿는 사람들은 이런 말씀들을 읽을 때, 자기 생각 안에서 "성령에 의해 대리된 그리스도"라고 임의로 고쳐서 읽는다. 그러다보니 "그리스도를 아는 지식이 가장 탁월하고" "그리스도 때문에 모든 것을 배설물로 여기고 그리스도를 얻고" "그리스도 안에서 발견되기"(빌3:7-9)를 힘쓴 신약의 대표적인 사도인 바울의 가르침과 삶의 간증은 이들에게는 그저 낯설기만 할 뿐이다.

더 나아가 이런 잘못된 가르침은 그리스도가 중심이 되어야 할 우리의 신앙생활이 그릇된 성령 운동에 휘둘리도록 생태 환경을 제공한 책임에서도 결코 자유롭지 못하다. 또한 그것은 "내가 아니요 내 안에 계신 그리스도를 삶"(갈2:20)으로써 우리 모두가 "하나님의 아들"을 아는 지식에서 하나 되고 …그리스도의 충만한 신장의 분량에 이르게(엡4:13) 하시려는 하나님의 일하심에도 역행한다. 이처럼 김 목사가 주장하는 "오직 성령만 내주 하신다."는 비진리가 우리에게 주는 후유증은 생각보다 깊고 넓다.

4) 성경적인 상호내재인 '위격 간의 내주'를 말하는 정통 신학자들

상호내재론(Perichoresis)[15]을 조금만 공부한 사람이라면, 이 신학 이론이 요한복음 14장 10~11절의 "내가 아버지 안에, 아버지가 내 안에 계신다.(I am in the Father and the Father is in Me)"라는 말씀에 주로 근거한다는 것을 알고 있다.

이러한 성경적인 상호내재는 각 위격이 동일 본질을 공유하심에 더하여 서로가 각기 다른 위격 안에도 내주하심을 의미한다. 김 목사(가이슬러)의 오해처럼 세 분리된 위격들(하늘의 성부, 공중의 성령, 물 위의 성자)이 동일 본질을 공유하는 것만을 의미하지 않는다. 이러한 상호내재 개념에 대한 인식 차이가 쌍방의 의견이 나뉘게 된 핵심 원인이다.

독자들은 아래 정통 삼위일체론자들의 상호내주 주장 모두는 〈위격 상호 간의 내주〉(지방 교회 측)이고, "동일한 신적 본질 안에서의 상호내재(Geisier and Rhodes, A Response, p.8)"(김홍기 목사)만을 말하지 않는다는 점을 눈여겨보기 바란다.

〈어거스틴〉

"그들은 각각 자체가 무한하시다. 그래서 하나하나가 다른 하나하나 안에 계시며, 모든 이 안에 계신다. 또 모든 이가 모든 이 안에 계시며, 모든 이가 한 이 안에 계신다(…So both are in each, and all in each… and all in all)"[16]

(어거스틴, On the Trinity(VI), p.103)

〈George Bull 주교〉

"상호내재는 세 위격들의 상호내주를 의미하고, 그들이 하나 안에 있는 것처럼 하나가 다른 둘 안에도 변함없이 있는 것이다."
(George Bull, Defense of the Nicene Creed, Oxford, 1851)

"셋이 서로가 서로 안에 거하시고, 말하자면, 서로가 서로에게 흘러 들어가시며, 서로 관통하신다."

(Defensio Fidei Nicaenae II.9.23)

〈A. H. 스트롱〉

"성부와 성자와 성령께서 각각의 위격에 관해서는 구별되는 존재이시지만, 그 위격 간에는 상호 왕래가 있으며, 한 신성한 위격이 다른 위격 안에 내재하시어 한 위격의 고유한 일이 다른 두 위격 중 하나에 속하게 하는 것을 가능케 한다. 또한 한 위격의 나타남이 다른 위격의 나타남으로 인식되기도 한다. 이러한 상호 왕래에 대한 성경의 묘사는 성부와 성자와 성령이라는 구별이 그분들의 분리를 의미한다고 생각하지 못하게 한다. 이러한 상호 왕래는 고린도전서 15장 45절("마지막 아담은 생명주시는 영이 되었나니")과 고린도후서 3장 17절("지금 주는 영이시니")에서 보듯이 그리스도를 '그 영'으로, 그 영을 '그리스도의 영'으로 지칭하는 것을 설명해 준다. 거룩한 삼위일체의 위격들은 분리된 개체들이 아니다. 각 위격은 다른 두 위격을 포함하며, 한 위격의 오심은 다른 위격들의 오심이다. 그러므로 그 영의 오심은 분명 아들의 오심을 포함했다고 보아야한다."

(A. H. 스트롱, Systematic Theology, p.p.332~333)

〈존 칼빈〉

"성부는 전적으로 성자 안에 있고 성자는 전적으로 성부 안에 있다."

(존 칼빈, 기독교강요, 169쪽, 성문)

〈스코트 호렐〉[17]

“말하자면 하나님의 각 위는 어떤 의미에서, 각자의 충만한 위격을 감소시킴이 없이 상호 내주하신다.”

〈로레인 뵈트너〉

“주기도문에서…‘아버지’라는 단어는…배타적으로 첫째 위격만을 가리키지 않고, 한 하나님인 세 위격들을 가리킨다. 삼일 하나님께서 우리의 아버지이시다.”

(Loraine Boettner, Studies in Theology, p. 107)

〈터툴리안〉

정통 교부 터툴리안은 “성부, 성자, 성령께서 계시는 곳에, 이 세 위격들의 몸인 교회 역시 있다(Where the Father, the Son and the Holy Spirit are, there too is the Church which is the body of the Three.)”라고 했다.[18]

위에서처럼 위격 간의 상호내재를 통해 삼위의 분리 가능성을 원천 차단하고 ‘상호’ ‘내재’임으로 삼위의 구별을 여전히 유지하는, 위에서 소개된 어거스틴, 터툴리안, George Bull 주교, A.H. 스트롱, 존 칼빈, 스코트 호렐, 로레인 뵈트너는 다 정통교부요 정통 신학자들이다. 지방교회 측은 “주후 4세기 이후 정통교리로 확정되어 현재까지 천칠백 년 이상 정통교회가 고수해 온” 이러한 ‘정통 삼위일체론’을 적극 지지하고 그들과 함께 서 있다.

이와 달리 노먼 가이슬러와 김홍기 목사는 ‘세 위격들 간의 상호

내재'(요14:11)를 "지방교회의 이단적 상호내재론"으로 애써 폄하하고, '세 분리된 위격들'을 강조하면서 그 '각각'이 '완전한 하나님'이시라고 말함으로써 사실상 "세 하나님들(three God)"을 주장하는 경향을 띠고 있다. 즉 이들은 어거스틴이 고백한 "all in each" 대신, 두 위격들이 배제된 "제3격 성령만"의 내주를 외침으로써 스스로 정통 삼위일체론자인 어거스틴과도 다름을 자백하고 있다. 그렇다면 이들이 바로 위트니스 리가 말한 "전통적인 삼위일체론자들"이자 웨인 그루뎀이 위에서 경고한 "오늘날의 많은 복음주의자들"이 아니겠는가!

결론적으로, 위 "정통 신학자들"이 가르친 '위격들 간의 상호내재'에 따르면, 비록 성자께서 성육신하셨지만 그분은 곧 삼위 전체이시기도 하다. 또한 우리 안에는 단지 3격 성령님만이 아니라, 구별되나 분리되지 않으시는 '삼위 전체'가 내주하신다. 따라서 이와 다른 '상호내재'개념에 기초한 김홍기 목사의 "제3격 성령만의 내주" 주장은 성경에 전혀 근거가 없고 정통 신학자들과도 다른 비(非)진리일 뿐이다.

5) 이제 남은 지면에서 김 목사가 첫 글에서 언급했으나 위에서 다루지 못한 몇 가지를 간략하게 살펴보겠다.

(1) 위트니스 리가 "한 인격"이라고 한 것을 "일위일체(양태론)"라고 비판한 것에 대하여

바로 이런 점이 문맥을 무시하고 꼬투리를 잡아내어 토론에 활용하는 '나쁜 이단 사냥'의 또 다른 예이다. 김 목사는 자신의 첫 글

에서 위트니스 리가 "그 셋은 항상 동시 존재하며 상호 내재한다. 한 분이 이곳에 있을 때는 셋 모두 이곳에 있다."라고 한 말도 소개했다. 그렇다면 '상호내재하시는 셋'을 말하는 사람을 '일위일체'를 말한다고 비판하는 것은 비양심적인 거짓 참소일 뿐이다.

위트니스 리가 말한 '한 인격'은 '일위일체'와는 전혀 무관하다. 왜냐하면 그것은 마태복음 28장 19절의 "아버지와 아들과 성령의 이름 안으로 침례를 주라."에서 '단수의 이름'을 가리킨 말이기 때문이다. 즉 "삼위는 '한 사물'이 아니라 '한 인격(이름)'이시다."라는 것이다. 그리고 그 실제 의미는, 웨스트민스터 신조 2장 3절도 말하는 "단일한 신격"(박윤선, 『웨스트민스터 신앙 고백서』, 영음사, 23쪽), 즉 '세 위격들이 내포된' '한 신격'[골2:9, 'theotees'(2320)]을 지칭한 표현이다. 따라서 김 목사는 더 이상 사실을 호도하지 말기 바란다.

(2) 지방교회 측 상호내재론이 "삼위의 상호내재를 통한 삼위의 구별이 없어짐을 의미한다."는 비판에 대하여

전혀 사실이 아니다. 지방교회 측은 삼위의 구별을 굳게 믿는다. 예를 들어 예정과 선택은 성부에게, 구속은 성자에게, 인침과 보증은 성령께만 돌려지는 속성이며 이는 결코 뒤섞일 수 없다(엡1장). 이 부분도 추후 필요시 상세하게 반론하겠다.

(3) 제2격만 성육신했음에도 "하나님 전부, 삼일 하나님이 육체가 되셨다."고 한다는 비판에 대하여

지방교회 측도 제2격이 성육신의 주체이심을 인정한다(갈4:4). 그러나 그 성자 하나님은 3분의 1 하나님이 아니라 '삼위 전체'이시라는 것이다. 이것은 위에서 A. H. 스트롱이 말한 "한 위격의 오심은 다른 위격들의 오심이다."라는 것과 전적으로 부합된다.

(4) "아들은 아버지이시고, 주는 성령이시다."라고 했다는 말에 대하여[19]

위 표현의 전반부는 이사야 9장 6절의 "한 아들은…영존하시는 아버지시라."라는 말씀, 후반부는 고린도 후서 3장 17절의 "이제 주님은 그 영이시니"라는 본문 말씀 그대로이다. 지방교회 측은 성경 본문에 대한 해석적 이견들에 대해서는 이미 『Brothers, Hear Our Defense』에서 상세하게 다룬 바 있다. 이 역시 김 목사가 추가 비판 시 상세하게 반론하겠다.

(5) 이제 1차 반박 글을 전부 마무리하기 전에 오해가 없도록 한 가지 분명히 해야 할 것이 있다.

가이슬러나 김홍기 목사는 성령께서 내주하실 때 "아들 하나님도 본성적으로는 내주하신다."고 말한다. 그러나 이들의 문제는 어거스틴이나 A.H. 스트롱 등과 달리, 성부와 성자께서 '위격적으로도' 우리 안에 내주하심을 부인하는 것이다. 그 결과 이들은 매우 애석하게도 "all in each"(어거스틴), "삼일 하나님(Triune God)이 우리의 아버지이시다."(로레인 뵈트너) 또는 "교회는 성부, 성자, 성령의 몸이다."(터툴리안)라고는 결코 고백할 수 없다. 이들은 또한 승천하신 예수께서 다소의 사울을 향해 "네가 왜 나를 박해하느냐"(행9:4)라고 말씀하신 것을 결코 이해할 수 없다.

그러다 보니 이들은 하나님의 경륜의 중심이신 그리스도께서 지금 이 순간도 우리 안에 인격적으로 내주해 계시면서(갈2:20) 그분 자신인 생명을 주시고 더 주심으로써(요11:25,10:10하) 그리스도의 충만인 그분의 몸(엡1:23)을 건축하고 계시는 신약의 중심 계시에는 눈멀어 있다.

우리는 김홍기 목사가 주님의 긍휼하심과 빛 비추심을 통해 제3격 성령만이 아니라 그리스도께서도 '인격적으로' 김 목사 자신 안에 또 모든 믿는 이들 안에 내주하심(골1:27)을 볼 수 있기를 간절히 기도한다.

지방교회진리변증위원회

[1] 쌍방의 1차 토론내용:
http://www.christiantoday.us/sub.html?section=sc170
[2]
http://www.contendingforthefaith.org/libel-litigations/harvest-house-et-al/responses/index.html
[3] "나쁜 이단 사냥"은 엘리옷 밀러가 자신의 논문에서 오픈 레터 서명자들을 겨냥하여 쓴 말이다.
[4] http://www.contendingforthefaith.org/open-letter.html (영문, E-Book)
[5] "우리가 틀렸었다" 전문(한글)은 여기를 보라.

http://www.equip.org/PDF/KoreanOpt.pdf

[6] http://www.contendingforthefaith.org/brothers hearourdefense.html 이 네 권의 소책자들은 오픈 레터 서명자들과 미국 내 주요 도서관, 신학교, 교계 리더들에게 무료로 배포된 바 있다.

[7] 세 번의 소송은 여기를 보라.

http://www.contendingforthefaith.org/libel-litigations/index.html

[8] 예를 들어 소위 피먼트 자료에서 CRI, James Bjornstad and Regal Books, Salem Kirban, Jeram Barrs and InterVarsity Press, Moody Press 등은 소송에 대한 언급조차 없었다. 자세한 내용은 여기를 보라.

http://www.contendingforthefaith.org/responses/Geisler-Rhodes/false-witness-re-litigiousness.html

[9] 위트니스 리 사역의 특징:

http://www.christiantoday.us/sub_read.html?uid=23135§ion=sc170§ion2=

[10] 웨인 그루뎀, 조직신학, 248쪽 참조(영문)

[11] 논문 전문:

https://bible.org/article/self-giving-triune-god-iimago-deii-and-nature-local-church-ontology-mission

[12] 엘리옷 밀러는 자신의 논문에서 이 '분리와 구별', 그리고 '상호내재' 문제를 균형있게 다루고 있다. 좀 더 자세한 내용은 여기 19-23쪽을 참조하라.

http://www.equip.org/PDF/KoreanOpt.pdf

[13] 김 목사는 비록 위격이 분리되어도 동일 본성을 공유함으로 분리가 아니라고 주장한다. 그러나 어떻게 변명하든 요한복음 14:11이 말하는 '내가 아버지 안에, 아버지께서 내 안에'라는 위격 간의 상호내재 관념이 없고, 이것을 "지방 교회의 이단적 상호내재론"이라고 정죄하는 한, 위격 간의 분리 혐의에서 벗어나기 어렵다.

[14] 혹자는 요한 일서 3:24를 성령이 성부를 대리하여 내주하시는 근거로 제시하기도 하나, 그런 주장은 헬라어 원문 상 '성령에 의해서'가 '안다'를 수식함에도 '그분이 우리 안에 거하신다'를 수식하는 것으로 잘못 오해한 것이다. 자세한 것은 http://www.localchurch.kr/2434 를 참조.

[15] 페리코레시스 관련된 자료들은 James D. Gifford JR.가 쓴 『Perichoretic Salvation』(WIPE&STOCK(Eugene, Oregon), 2011) Bibliography(p.p.193~217)를 참고하라. 저자는 이 책에서 '페리코레시스' 개념을 주 예수님의 두 본성, 하나님과 믿는 이들 간의 연합에도 확대하여 적용한다. 그 외에도 '페리코레시스' 개념은 김석환, 『교부들의 삼위일체』(기독교 문서선교회,2001) 29~30, 249~252, 299~300, 342~344쪽을 참고하라.

[16] 어거스틴은 이어서, "삼위일체 내의 어느 한 위격도 전체 삼위일체보다 더 작지 않으시다. 삼위일체의 존재양식은 하나님의 실체 자체와 동일하다. 각 위격은 신적 존재 전체와 동일하시고, 또 다른 두 위격을 합한 것이나 세 위격 전체와도 동일하시다. 이 세 위격은 모두 합하여 각자와 동일하시다."라고 말했다(김석환, 위의 책, 300쪽). 이런 말은 각 위격은 그 고유 위격 자체임과 동시에 삼위전체이시기도 하다는 지방교회 측 주장과 부합된다.

[17] 김홍기 목사가 지방교회 측을 비판하려고 인용했던 스코트 호렐의 아래 말은 '세 위격들이 서로 안에 거주함으로 신격의 단일성을 보존한다.'는 문맥이며, 이것은 오히려 지방교회 측의 주장을 뒷받침한다. 동일 본질을 공유한다는 말에 '상호(mutual)' '내주(indwelling)'라는 말을 쓰지는 않는다는 것은 상식이다. 김 목사가 인용했던 부분을 조금 넓게 인용하면 다음과 같다. "But if one stresses the three divine persons, how then is the unity of the Godhead to be defined? For much of the Eastern Orthodox tradition, as for an increasing number of scholars in the West, the unity of the Trinity is to be found in perichoresis, the inner habitation (or coinherence) of each divine person in the other.11 That is, each member of the Godhead in some sense indwells the other, without diminishing the full personhood of each. The essential unity of the Godhead, then, is found both in their intrinsic equality of divine characteristics and also in the intensely personal unity that comes from mutual indwelling."

[18] Tertullian De baptismo VI,1; see Boff, Trinity and Society 106. See also Schutte, Im Gesprch mit dem Dreieinen Gott, 361-363, and Thompson, Modern Trinitarian Perspectives, 80, 92. While Luther and Calvin made oblique references to the church and the Trinity, they never drew out the implications.

[19] 지방교회 측이 이사야 9장 6절, 고린도후서3장17 절 성경

본문 해석 과정에서 위와 같이 경륜적인 삼위일체 방면에서의 위격적인 동일시를 언급했지만, 이것은 삼위의 위격들에 대한 지방교회 측의 유일한 시각은 아니다. 위트니스 리는 다른 곳에서 아래와 같이 위격 간의 구별을 좀 더 분명하게 말하고 있다. 따라서 김홍기 목사가 위 내용만을 절대시하여 위트니스 리가 '일위일체'를 주장한다는 식으로 왜곡시키는 것은 부당하다.

신성한 삼일성의 셋 사이에는 구별은 있으나 분리는 없다. 아버지는 아들과 구별되시고, 아들은 그 영과 구별되시며, 그 영은 아들 및 아버지와 구별되신다. 신격의 셋은 상호내재하심 안에서 동시존재하심으로, 그분들은 구별되시나 분리되지는 않으신다. 삼일 하나님 안에 분리는 없고 오직 구별만 있다. 삼일 하나님은 그분의 상호 내재하심 안에서 존재하신다. 한 면에서 그 셋은 서로 안에 거하고 계시며, 동시에 그분들은 공존하고 계신다. 따라서 그분들은 하나이시다. 그분들은 분리되지 않으신다.

(위트니스 리, 『하나님과 사람의 연합 안에 있는 하나님의 역사』, 리빙스트림 미니스트리, 1993, 17쪽) (영문판)

전 합동신학대학 대학원 총장 박형용 박사도 '신학지남' 1978년 봄호(3월호, 통권 180권) 28~39쪽에서 고린도후서 3장 17절 본문을 중심으로 '경륜적인 삼위일체론에서의 위격 간의 동일시'를 다룬 바 있다. 이러한 견해는 미국 웨스트민스터 신학교 조직신학 교수였던 R.B. Gaffin의 견해이기도 하다. 해당 신학논문 전문은 여기를 보라.

http://www.localchurch.kr/23379

성경적인 교회는 공격하고, 비성경적인 교파주의는 끌어안는가?

김홍기 목사는 교계 인터넷신문 '교회와 신앙'에 워치만 니와 위트니스 리를 비판하는 자신의 두 번째 글("좌충우돌하는 지방교회의 처절한 교리 전쟁사(1)")을 게재했다. 먼저 김 목사가 비판하려는 상대방의 1차 자료를 폭넓게 연구한 후, 구체적인 내용들과 그 출처를 일일이 소개한 것은 매우 바람직한 토론 방식이다. 객관적인 사실을 근거로 비판하겠다는 의지가 읽혀진다. 그럼에도 다음 몇 가지는 큰 아쉬움을 갖게 한다.

첫째, 김 목사는 자신의 글 속에서 여러 가지 주장들을 펼쳤지만 그에 대한 성경적인 근거 제시는 전무하다. 단지 자기주장은 옳고, 상대방은 틀렸다는 식의 자의적인 판단과 정죄만 가득하다. 그 결과 김 목사는 '성경이 말하는 교회'는 배척하고, '성경에 없는 교파주의'는 옹호하는 어처구니없는 실수를 반복하고 있다. 이것은 지금과 같은 진리 토론에는 치명적인 하자이다. 성경은 "어리석고 무식한 논쟁들을 피하라."고 권고한다(딤후2:23). 따라서 올바른 진리 토론이 되려면, 쌍방은 하나님의 말씀을 절대기준으로 삼고 그와 다른 사적인 견해들을 걸러내는 식의 토론을 해야 옳다. 김 목사는 후속 글에서 이 점을 반드시 보완해 주기 바란다.

둘째, 김 목사는 '정통 교회'라는 말을 반복해서 썼지만, 무엇이 정통 교회인지를 밝힌 적이 없다. 또한 비판 대상인 '지방교회'에 대한 개념도 완전히 오해하고 있다. 이처럼 판단 주체나 판단 대상이 애매하다 보니 김 목사는 자기모순에 빠지거나 상대방의 의도를 크게 왜곡하고 불필요한 갈등을 조장하고 있다. 김 목사가 말하는 보편타당한 정통 교회의 정의는 무엇인가? 이 점도 피하지 말고 답변해 주기 바란다.

셋째, 김 목사는 '교회'와 '교파'를 동일하게 여기는 오류를 범하고 있다. 그러나 성경이 말하는 교회는 "그리스도 자신의 몸이자 충만"인 유기체(organism)이지(엡1:23) 단지 사람들로 이루어진 조직체(organization)가 아니다. 즉 '성경적인 교회'는 '종교'나 '기독교파'가 아니다. 대신에 주님께서 '나'라고 동일시하실 수 있는 '인격체'이다(행9:4). 그럼에도 김 목사가 이러한 성경적인 교회를 "정통 교회의 무덤 위에서 번성하는 집단", "정통 교회의 피를 먹고 성장한다."라는 식으로 혐오스럽게 말한 것은 교회의 머리이신 주 예수님을 모독한 것이다(골1:18). 누가 이런 불경죄를 지을 권한을 김 목사에게 주었는가?

넷째, 김 목사의 글에는 '종파'나 '계시'에 대한 오해, 진리와 성경지식을 동일시하는 잘못, 대만에서의 지방교회의 인수 증가의 배경에 대한 심각한 사실 왜곡, 신천지와의 무리한 연결을 통한 부당한 정죄, 선교회의 통제를 받는 지역 교회들이라는 비성경적인 구도를 옹호함 등 적지 않은 문제점들이 더 있다.

우리는 본 반박 글에서 위에서 지적된 것들을 김 목사의 글의 순서를 따라 차례로 다뤄갈 것이다. 부디 이런 토론을 통하여 바른 성경 진리, 왜곡되지 않은 사실들이 독자들에게 전달됨으로써 동료 믿는 이들 사이에 불필요한 반목과 분노를 낳게 하는 대적인 사탄의 간교한 역사가 무력화되기를 우리는 소망한다.

1. 지방교회들은 성경적인 교회의 모습이지, 종파가 아니다.

김 목사는 글의 첫 문장에서, "지방교회는 약 100년 전 중국 본토에서 시작된 종파이다."라고 했다. 그러나 이것은 첫 단추부터 잘못 꿴 것이다. 지방교회는 종파도 아니고, 100년 전에 시작되지도 않았다. 워치만 니와 위트니스 리가 말한 '지방교회'의 개념은 고린도전서 1장 2절의 '고린도에 있는 하나님의 교회', 또는 '예루살렘에 있는 교회'(행8:1), '안디옥에 있는 교회'(행13:1)와 같은 것들이다. 즉 지방교회란, "거듭난 모든 믿는 이들은 주님의 한 몸인 교회(엡1:23)인데, 그 몸 된 교회가 특정 지역(city)에 출현한 것이 그 지역에 있는 교회(속칭, 지방교회)"라는 뜻이다.

이러한 개념의 지방교회들은 "100년 전"이 아니라 오순절 때 시작되었다. 또한 처음 시작된 곳은 "중국"이 아니라 예루살렘이다. 이러한 교회는 "종파"가 아니라 〈가장 성경적인 지역 교회의 모습〉이다. 이러한 성경적인 지역 교회는 신약 성경에서 디모데 전후서 등 개인에게 보낸 서신 이외의 거의 모든 신약 성경 안에 있는 서신서들의 수신인들로 등장한다.

따라서 김 목사의 성급한 주장과 달리, 워치만 니는 지방교회의 창시자가 아니다. 단지 이러한 성경적인 실행들을 보고 자신의 사역처에 적용한 것이다. 그럼에도 이러한 〈한 지역 내의 모든 거듭난 믿는 이들〉인 지방교회 개념을 〈워치만 니와 위트니스 리를 존중하는 사람들〉로 김 목사가 마음대로 바꾼 것은 사실 왜곡이다. 참고로 김 목사가 말한 그런 개념에는 '주의 회복(Lord's Recovery)'이라는 표현이 가장 근접하다. 또한 위 두 성경 교사의 저술 또는 '주의 회복' 안의 성도들이 '지방교회(또는 지방교회 측)'라고 말할 때는 그에 대한 원래의 성경적인 개념에 따른 것이다.

어떤 이들은 우리를 지방교회라 하지만 이는 지나친 말이다. 물론 입장으로 보나 원칙, 본질, 증거 등 각 방면으로 보아 지방교회임에는 틀림없으나 양적으로 말할 때 지방교회의 일부에 불과하다. 예컨대 대북(臺北)의 지방교회는 응당 대북의 전 신도를 포괄 망라하고 있어야 하는데 현실은 그렇지가 못하다.
(위트니스 리, 『성경에 나타난 교회』, p.99~100, 한국복음서원).

이처럼 김 목사가 자신이 비판하는 대상인 '지방교회'라는 용어 하나만이라도 제대로 이해한다면, 지금과 같은 분노에 찬 여러 거친 말들이 사실상 불필요한 언사들이었음을 알게 될 것이다.

2. '계시'라는 말로 교주의 교리를 신성화, 차별화하여 정통 교회를 압박한다는 주장은 거짓이다.

먼저 지방교회들 안에는 '교주'가 있을 수 없다. 만일 그것이 워치만 니와 위트니스 리를 지칭했다면, 그들은 교주가 아니고 우리와 같은 형제일 뿐이다('브라더 니, 브라더 리'가 그들의 통칭이다). 만일 그들의 가르침이 교회 안에서 큰 영향력을 갖는다는 의미라면, 유력한 성경 교사라고 칭하는 것이 적당하다.

기존 신학이 계시와 조명을 구분하더라도 첨부된 글에서 보는 것처럼 이견이 있고, 성경 본문의 용례와도 다름으로 김 목사처럼 그것을 절대시할 수 없다

(http://www.localchurch.kr/10259).

그럼에도 김 목사는, "지방교회가 (계시라는 말을 쓰는 것은) 창시자의 가르침에 노예적으로 굴종하는 자세를 드러내는 것"이고, "정통 교회와의 치열한 교리 전쟁에서 우위를 선점하기 위한 선전 효과를 위한 것이다."라고 함부로 단정했다. 그러나 이것은 성경 말씀은 무시하고 전통만 중시하던 바리새인들이나 하던 주제넘은 일이다. 워치만 니와 위트니스 리가 '계시'라는 말을 사용한 것은 전적으로 성경에 근거한다.

우리 주 예수 그리스도의 하나님, 영광의 아버지께서 지혜와 계시의 영(a spirit of wisdom and revelation)을 여러분에게 주셔서 하나님을 온전히 알게 해 주시고(엡1:17).

위 말씀은 분명히 '조명의 영'이라고 하지 않고 '계시의 영'이라고 말하고 있다. 따라서 김 목사는 지극히 성경적인 용어를 쓴 것을 두고, "창시자의 가르침에 노예적으로 굴종하는 자세를 드러내는 것" 운운함으로써 전 세계 지방교회 측 성도들의 명예를 훼손했다. 이 점 반드시 사과하기 바란다(마5:23-25). 아울러 김 목사는

위 에베소서 1장 17절의 '계시'를 어떻게 이해하는지 본인의 의견을 밝혀주기 바란다.

3. 김 목사가 자주 사용한 '정통 교회'(또는 정통 교파)의 정의가 무엇인가?

김 목사는 "정통 교회가 의구심을 품을 수밖에 없는", "정통 교회를 붕괴시키는 것을 지상 과제로 삼는", "정통 교파들은 하나님의 섭리에 의해 시작되었고", "정통 교회의 치열한 반발", "정통 교회의 선교사들", "정통 교회의 등골을 빼먹으며" 등 자신의 글 전반에서 '정통 교회(정통 교파)'라는 말을 반복해서 썼다.

그러나 '정통 교회'라는 단어는 성경에 없다. 단지 교계의 기득권자들이 스스로를 지칭해 온 상대적 개념일 뿐이다(영어로 the Orthodox Church, 즉 정통 교회는 '정교회'를 가리킴). 로마 천주교 천년 통치 때는 로마 천주교가 정통 교회였다. 이 때 재침례교도들과 프로테스탄트들은 그들에게 이단이었다. 세월이 흐른 후 이단이었던 개신교가 스스로를 정통 교회라고 칭하기도 한다. 어제의 이단이 오늘의 정통이 된 것이다. 한편 침례교인인 베논 리온스(Vernon C. Lyons)는 "침례교는 개신교가 아니다."라고 주장한다(김홍기 목사는 성서 침례교 소속임). 이러한 침례 교단들 중에는 자신들만 참교회라고 하는 이들이 있다. 아래 내용은 한국에 침례교를 전해준 펜윅(Malcolm C. Fenwick) 신학 연구소가 편역한 책에 실린 것이다.

남 침례교인들에게 가장 큰 영향을 미친 19세기의 운동은 "지계석주의"라고 불리는 것이다. …지계석주의는 침례교만이 유일한 참교회라고 주장했다. …침례교회만 참교회이기 때문에, 다른 교단에서 받은 안수는 유효하지 않다.…강단의 교환은 지금까지는 단지 침례교인들 사이에서만 있어 왔는데, 특별히 장로교인들과 감리교인들과의 강단 교환은 완전히 금지된다.

(『침례교회』, 침례신학대학교 출판부, 1997, 39쪽)

김 목사는 "침례교만이 유일한 참교회", 즉 정통 교회이고 정통이 아닌 장로교나 감리교와는 강단 교환을 금지시킨 위 〈지계석주의(또는 랜드마크) 침례교단〉을 다음과 같이 두둔하고 있다.

남 침례교회에서 분열해 나온…이들(랜드마크 침례교인들을 가리킴)의 분리는 참된 침례교회 사관을 정립하고 참된 침례교회, 신약 교회를 세우려는 진지한 신앙의 표현입니다. 그래서 이들은 외로운 순례자의 길을 선택하고 그 길을 믿음으로 걸어가는 것입니다(http://www.localchurch.kr/20328).

만일 위 김 목사의 말대로라면, 랜드마크 침례교인들은 장차 참된 침례교회, 참된 신약교회를 세우려고 원래의 소속인 남 침례교단에서 분리되었으니, 남 침례교단도 '참된 교회'가 아닌 셈이다. 이처럼 소위 정통 교회는 '귀에 걸면 귀걸이 식'으로 자의적이고 가변적이며 상대적이고, 어느 면에서는 모순된 개념이다. (예를 들어, 특정 교리를 놓고 이단시하는(하던) 두 교단 모두 '정통 교회'라고 하는 주장은 모순이다).

따라서 랜드마크 침례교단만이 정통 교회이면, 강단 교류가 금지된 장로교단, 감리교단은 물론이고 심지어 남 침례교단도 정통 교회가 아니어야 한다. 김 목사가 성경적인 교회를 정죄하는 기준으로 삼고 있는 소위 정통 교회의 정체는 과연 무엇인가? 김 목사는 답변을 얼버무리거나 회피하지 말고 다음 글에서 이에 대한 성경적이고 논리에 맞는 답변을 꼭 해주기 바란다.

4. 워치만 니가 본 성경적인 교회와 김 목사의 심각한 사실 왜곡

워치만 니가 본 성경적인 교회는 그리스도 자신의 충만인 그분의 몸(엡1:23), 한 새사람(엡4:24), 신랑을 위해 단장된 신부이다(고후11:2, 계19:7-8, 21:2). 이 모두 생명 되신 그리스도(골3:4)와 거듭난 사람의 연합을 전제한다(고전6:17). 그의 교회관은 한 마디로, "그리스도에게서 나온 것만이 교회"(마치 하와가 아담에게서 나왔듯이)라는 것이다.

이와 달리 김 목사는 교회를 '에클레시아'로 이해하는 것 같다. 그 말은 '세상에서 부름 받아 나온 무리들'이라는 뜻에서 교회를 가리키기도 하지만, 사도행전에서는 사도 바울을 고소한 '폭도들'을 지칭한 용어이기도 하다(행19:32, 41). 우리는 이러한 워치만 니와 김 목사의 성경적인 교회를 이해하는 깊이의 차이가 현재와 같은 갈등의 핵심 원인이라고 본다.

김 목사는 워치만 니의 교회관을 두 방면에서 비판했다. 첫째는 그가 교파주의를 비판했다는 것이고, 둘째는 교파 사람들을 빼앗아갔다는 것이다.

첫 번째 문제는 뒤에서 별도로 다시 다루겠다. 그러나 하나님의 뜻을 따라 사도가 된 바울이 그리스도의 몸인 교회의 특징들과 그 몸의 하나를 왜 힘써 지켜야 하는지에 대해 적은 성경 기록들(고전1:10, 12:12-27, 엡4:1-6, 12-16, 고후11:28)을 김 목사도 눈이 열려서 본다면, 워치만 니가 왜 교파주의를 강하게 경계했는지를 이해하게 될 것이다. 즉 하나님께서 갈망하시는 주님의 '한 몸'의 건축(마16:18, 엡4:4, 16)과 분열을 정당화하는 교파주의는 결코 양립할 수 없다. 그렇다면 각자가 자기 소신대로 행하고, 훗날 그분의 심판대 앞에서 자기 몸으로 행한 대로 심판받으면 될 것이다(고후5:10).

그럼에도 워치만 니가 성경적인 교회관을 전파한 것을 두고 김 목사가 신천지 또는 "지방교회 판 산 옮기기"라고 말한 것은 김 목사의 교회관의 현주소를 보여주고 있다. 그러나 교회는 워치만 니의 소유도 김 목사의 소유도 아니다. 교회는 전적으로 오직 자신의 피 값을 주고 교회를 사신 하나님의 소유일 뿐이다(행20:28, 마16:18). 복음 전파자들과 목양자들은 하나님께 고용된 종으로서 다만 수고하고 보상은 훗날 목자장께 받는 것이 성경의 가르침이다(눅17:7-10, 벧전5:2-4). 워치만 니는 일생동안 그런 삶을 살았다. 그럼에도 만일 김 목사를 포함하여 누구든지 교회나 성도들을 자기 개인 소유물쯤으로 착각한다면 그가 바로 주님께서 꾸짖으신 '삯꾼'(hireling) 목자가 아니고 무엇이겠는가!

주지하다시피, 워치만 니는 대부분 문서를 통해 사역했다. 따라서 〈한 지방에 한 교회의 입장〉에 선 이들은 자발적으로 워치만 니가 발간한 문서를 구독하고 그것을 통해 성경적인 교회가 무엇인지를 깨달은 후 스스로 그 길을 선택한 것이다. 워치만 니가 자신의 정체를 숨기고 접근했거나 강요한 것이 아니다. 그런데 여기에 왜 엉뚱한 신천지가 거론되고 '지방교회 식 산 옮기기'가 거론되는

가? 김 목사가 굳이 그런 식의 표현을 고집하려면, '성경적인 교회로 돌아가기'가 맞는 표현이다.

그리고 이렇게 세워진 지방교회들의 행정은 전적으로 해당 교회의 복수의 장로들 손에 있었다(행14:23, 딛1:5). "행정은 지방적으로 독립, 교통은 우주적으로 하나"가 성경적인 지방교회의 확고한 원칙이므로 심지어 워치만 니조차도 교회 행정에는 관여하지 못하는 구조였다. 또한 워치만 니는 지방교회들이 얼마가 세워지든지 재정적으로 이득을 취한 것이 전무했다. 즉 그는 평생을 믿음으로 살았고, 교회로부터 단 한 푼의 사례비도 받지 않았다. 따라서 김 목사가 오늘날의 대형 교회 담임 목사 또는 대형 교단의 총회장쯤의 지위를 워치만 니가 취했을 것으로 추측하고 막말을 한 것은 사실 왜곡이자 평생을 신실하게 주님만 바라보고 살았던 워치만 니의 삶을 거짓되게 더럽힌 것이다.

5. 위트니스 리의 대만에서의 사역에 대한 심각한 사실 왜곡

김 목사는 1949년에 위트니스 리가 약 1천 명에서 약 2만 명으로 성도수를 증가시켰다는 엘리옷 밀러의 말을 인용하여 소개한 후 바로 이어서 다음과 같이 말했다.

> 그러나 이러한 눈부신 성장의 배경 뒤에는 정통 교회의 선교사들(또한 사모들)과 목회자들(또한 사모들)의 고통과 피눈물과 마음의 깊은 상처가 있다는 것을 밀러는 간과하고 있다. 오랜 인내와 사랑의 수고를 통해 양육한 성도들이 지방교회로 훌쩍 떠나고 난 후의 비참한 심정을 밀러 같은 연구실 중심의 작가들이 헤아릴 수 있겠는가?

이러한 김 목사의 단정은 독자들에게 마치 대만의 성도 수 증가가 잘 있는 교파 성도들을 빼내어 이뤄진 것이라는 인상을 주고 있다. 그러나 이것이야말로 책상 앞에 앉아 자신의 입맛에 맞는 내용만 골라 글을 쓰고 있는 김 목사의 엉뚱한 상상력의 표현일 뿐 결코 사실이 아니다. 그 당시의 대만은 중국 공산당을 피해 급히 중국 본토를 떠나 피난 온 사람들로 북적일 때였다(6.25 때 급히 피난 내려온 성도들의 처지를 생각해 보라). 따라서 그들 중에 어떤 이들은 이미 성도였겠지만, 피난길에 오름으로 현지 사역자들과 헤어진 것이지 김 목사의 주장처럼 "지방교회로 훌쩍 떠나서" 사역자들을 "비참하게" 한 것이 아니다.

사실 위트니스 리는 대만에서 복음을 전할 때 기존 성도들이 찾아오면 우리는 교파가 해준 것처럼 결혼이나 직업이나 의약품을 줄 수 없으니 참되게 교회의 길을 갈 사람만 남으라고 하여 대부분을 돌려보냈다. 그 대신 다음과 같이 가가호호 방문 전도, 노방 전도, 복음지 배포 등을 통해 믿지 않는 불신자들에게 복음을 전하는 일에 주력했다.

교파를 상대하는 것은 헛된 시간 낭비이다. 그들이 원하는 대로 하나님을 섬기게 두라. 그들이 만일 우리가 진리를 인식하고 있으며, 공급이 있고, 주의 길을 가고 있다는 것을 느껴서 오기 원한다면 우리는 당연히 환영한다. 그러나 이것은 그들이 결정할 일이다. …우리가 여기서 마땅히 해야 할 일은 적극적으로 (불신자에게) 복음을 전하는 것이라고 말했다. 먼저 우리는 대북의 인구수에 따라 복음지를 뿌렸다. 그때 대북 인구수는 칠십 만이었으며, 우리는 지도에 있는 거리에 따라 구분하여 골목마다 한 집씩 한 집씩 복음지를 나누어 주며 대만 전역에 배포

했다. 다음에 우리는 큰 복음 표어를 인쇄하여 큰 거리와 작은 골목, 역전 및 중요한 장소에 붙여 놓았다. 그때 대북의 도로에는 어디에 가나 복음 표어를 볼 수 있었다.

(위트니스 리, 『역사와 계시(상)』, 284~285쪽)

따라서 김 목사가 진심으로 양들을 빼앗긴 선교사와 목회자와 그들의 사모들의 마음을 헤아리고 싶다면, 지금처럼 엉뚱한 곳으로 화살을 날릴 것이 아니다. 대신에 해마다 3천 개(2006년 기준)가 넘는 작은 개척교회들을 문 닫게 만드는 것과 관련이 있는 대형 교회 목회자들에게 지금과 같은 쓴 소리를 하라. 우리는 김 목사가 참으로 그럴 용기가 있는지 궁금하다.

최근 한국 교회가 대형 교회 중심으로 부흥되면서 해마다 3천 개가 넘는 작은 교회들이 문을 닫는 등 교회 양극화가 갈수록 심화되고 있다. …한국 교회 살리기 운동 본부에 따르면 현재 한국 교회 가운데 60% 이상이 교인 50명 미만의 미자립 개척교회인 것으로 파악됐다. 이런 가운데 대형 교회에 출석하는 교인들은 갈수록 늘어나는 추세이다. …교계에선 대형 교회들이 작은 교회 교인들의 수평 이동보다는 비기독교인들을 전도하는 데 주력해야 한다는 자성의 목소리가 나오고 있다.

(CBS 노컷뉴스 2006·06·01)

또한 김 목사와 달리, 엘리웃 밀러는 6년간의 지방교회 재(再)연구 기간 동안 중국, 영국, 한국 등 여러 나라의 지방교회들을 직접 방문했다. 특히 중국본토 방문 시 자신이 지방교회를 이단시한 책자 때문에 17년간 투옥되었던 한 성도를 직접 만나 마음을 열고 그의 간증의 말을 들었다. “We Were Wrong!”은 이때 밀러의 입에서 나온 말이다. 사실이 이러함에도 엘리옷 밀러를 “연구실 중심의 작가”로 애써 폄하한 것은 사실 왜곡이며 김 목사가 크게 실수한 것이다. 김 목사는 다른 동료 진리 변증가를 이처럼 부당하게 공개적으로 깎아 내리기 전에 엘리옷 밀러에게서 현장조사 하는 것과 상대방의 말을 귀담아 듣는 것부터 배우라.

6. 교회의 단일성 원칙과 김 목사가 옹호하는 교파주의는 양립할 수 없다.

역대로 초기 교회는 ‘주님의 몸인 교회는 하나’라는 교회의 단일성의 원칙을 굳게 믿어 왔다(엡4:4). 그러므로 그들에게는 어떤 이유로든 주님의 몸이 분열되는 것은 매우 심각한 일이었다(갈5:20, 고전12:25, 롬16:17, 딛3:10-11). 이 점은 장로교 통합 교단 원로였던 고(故) 이종성 박사의 다음 글에서도 발견된다.

“성서의 교훈이 하나의 교회를 가르치고 있으므로 그 교훈에 따르려고 했다. 교회를 그리스도의 몸으로 믿는다면, 그 몸이 둘이나 셋으로 찢어질 수가 없다. 몸이 둘로 또는 찢어진다는 것은 그 몸을 죽이는 것이다. 그리고 그것은 곧 예수 그리스도를 다시 십자가에 못 박는 것을 의미한다. (……)개신교는 교회의 통일성을 파괴한 용서받을 수 없는 큰 죄인이다. 종교 개혁자들은 자신이 분열된 상태에서 개혁운동을 전개하여 각기 자기들의 교파 교회들을 세웠다. …1517년부터 개신 교회는 분열, 따라서 예수의 몸을 찢는 일에 대한 반성도 없이 현재까지 계속되고 있다."

(이종성, 『교회론』, 151~152쪽)

합동신학 대학원 송인규 교수도 『그리스도의 찢긴 몸』(예영커뮤니케이션, 1995)의 결론 부분에서 이렇게 말한다.

"한국 교회는 지금까지 너무나 자주 분립했다. …걸핏하면 또 하나의 교단이나 교회를 세우며 흡사 상점 운영하듯 교회에 임하는 것은 하나님의 영광을 가리는 일이요, 그리스도의 몸을 우습게 아는 사단의 행위로서, 하나님의 심판과 징벌을 받아 마땅할 것이다."(69쪽)

초기 교회는 물론 그 후에도 위와 같은 양심적인 신학자들은 주님의 몸을 나누는 '교파주의'를 배격한다. 그럼에도 김 목사는 성경에도 없는 '교파주의'는 옹호하고, 성경을 따라 몸의 하나를 강조하고 분열을 거부하는 지방교회 측을 향해 분노를 표출하고 있다.

그러나 김 목사는 지금처럼 자신이 교파주의를 두둔할수록 성경적인 교회관을 허물고, 교회의 단일성을 외쳤던 초기 교회의 실행에 역행하고 있음을 알아야 한다. 성경은 믿음이 약할지라도 거듭난 모든 믿는 이들을 받으라고 명령한다(롬14:1-15:13). 따라서 자신들의 특정 교리에 동의하지 않는다고 거듭난 다른 믿는 이들을 배척하는 교파주의는 비성경적이다.

관련하여, 김 목사는 "동성애와 동성 결혼 문제로 '정든 교파'를 떠난 경우도 '죄악'인가?"라고 반문했다. 사실 참되게 거듭난 사람들로 구성된 '성경적인 지방교회'에는 그런 실행을 거론하는 자체가 역겹다. 따라서 그들은 성경적인 교회의 위치로 돌아가 굳게 서는 것이 필요할 뿐, '정든 교파(동성연애를 지지하는)'를 떠나거나 새로운 교파를 만들 필요가 없다. 즉 그런 일들은 참되게 거듭나지 않은 사람들도 교회로 간주하거나 겉모습만 보고 성급히 '정통 교회' 딱지를 붙여준 잘못된 교회론에 근본 원인이 있다.

7. 김 목사가 성경 지식을 진리와 동일시한 것은 큰 실수이다.

김 목사는 워치만 니 책에서 "(형제회의) 버넷은 성경 지식의 정확성을 강조했던 반면 워치만 니는 생명의 필요성을 강조했다."라는 대목을 가지고 아래와 같은 온갖 비난을 쏟아 붓고 있다.

"워치만 니는 사실상 진리를 무시하고, 제쳐놓고, 심지어 희생하면서까지 그리스도인의 일치를 이루어야 한다고 주장한 것이다." "이런 맥락에서 진리를 소홀히 한 채 생명만 강조하는 니의 주장은 비성경적인 것이다."

바로 이런 가벼운 모습들이 김 목사가 무게감 있는 학자로 대접받을 기회를 스스로 포기한 증거들이다.

김 목사는 마음을 진정하고 워치만 니의 1차 자료를 다시 정확히 읽어보라. 김 목사가 소개한 인용문은 워치만 니가 성경 지식, 즉 교리의 정확성보다는 진리요 생명이신 그리스도를 먼저 주목하고 강조했다는 말이다. 단순한 성경 지식과 진리이신 주님 자신을 구분하는 것은 아래에서 보듯이 전적으로 성경에 기초한다. 워치만 니는 김 목사의 말처럼 성경 진리 즉 그리스도를 무시하거나 희생시킨 적이 없다.

여러분이 성경 안에서 영원한 생명을 얻는 줄로 생각하고 이 성경을 자세히 연구하는데 … 여러분은 생명을 얻기 위하여 나에게 오려고 하지 않습니다."(요5:39-40). "문자(letter)는 사람을 죽이는 것이지만, 그 영은 생명을 주시는 것이기 때문입니다."(고후 3:6)

워치만 니는 진리 때문에 20년간 감옥에 갇혔고 진리 때문에 순교했다. 중국 공산정부의 온갖 모함과 회유가 있었지만, 그는 단 한 번도 진리를 타협하거나 포기한 적이 없다.

단지 해당 문맥은 생명을 주시는 주님 자신 곧 진리를 제쳐 놓고 형제회 출신의 버넷이 (구약의 예표의 해석 등) 교리적인 지식을 강조한 것을 경계한 것이다.

8. 김 목사는 삼위의 한 신격(神格)과 삼위일체의 경륜적인 방면을 인정해야 한다.

김 목사는 자신의 유튜브에서 지방교회 측이 "삼위를 한 인격이라고 한다." "성자가 아버지이시고, 또한 성령이시다."라고 한다며 양태론이라고 함부로 정죄하고 있다. 그러나 이 또한 상대방의 말에는 귀를 막고 자신이 하고 싶은 말만 반복한, 학자답지 못한 처신일 뿐이다.

먼저 우리가 '삼위가 한 인격(Person)이시다.'라고 한 것은 마태복음 28장 19절의 '이름(단수)'을 가리킨 것으로써 사실은 골2:9의 '한 신격(神格)' (데오테스, 2320)의 의미임을 지난 글에서 충분히 해명했다. "이 한 신격은 그 안에 세 인격들이 모두 담긴 개념이고, 웨스트민스터 신조 2장 3절에도 나온다."라고까지 알려 주었다(In the unity of the Godhead there be three persons, of one substance). 그렇다면 "한 인격이라고 하니 양태론이다."라는 김 목사의 유튜브 주장은 양심이 있다면 즉각 삭제하는 것이 옳다.

또한 "성자가 성부이시다."라는 것은 이사야 9장 6절 본문 말씀이고, "성자가 성령이시다."라는 것은 고린도후서 3장 17절의 본문 말씀이다. 이러한 위격 간의 동일시는 삼위의 경륜적인 방면을 가리킨다는 점도 충분히 설명했다. 참고로 개핀 교수(전 웨스트민스터 신학교)와 박형용 박사도 동일한 관점을 가지고 있음을 소개했다. 따라서 김 목사가 지적한 "워치만 니는 그의 찬송에서 주님을 성령으로뿐 아니라 아버지로도 칭했다."라는 것도 같은 맥락에서 이해하기 바란다.

김 목사는 '위격'에 대한 정의를 묻는 질문에 지방교회 측이 답하지 않았다고 했다. 먼저 '위격(페르소나)'은 성경 용어가 아니다. 그러므로 김석환 박사는 칼빈조차도 "'삼위일체', '위격' 등의 용어 문제에 관하여 (특히 '위격'과 '실체'라는 용어에 대하여) 옛 교부들이 서로 의견의 일치를 보지 못하였다."라는 진술을 했다고 적고 있다(『교부들의 삼위일체』, 338쪽).

이처럼 '위격'은 교부들 간에도 이견이 있는 용어이지만, 지방교회 측은 에베소서 1장에 근거하여, 선택과 예정은 성부에게, 구속은 성자에게, 인침과 보증은 성령에게 각각 귀속시킨다. 또는 "하나님의 경륜을 '계획'하신 분은 성부, '성취'하신 분은 성자, '적용'하시는 분은 성령이시다."라고 구별한다. 이제 김 목사 본인은 '위격'을 어떻게 정의하는지 답변할 차례이다.

9. 과연 특정 선교회가 지역 교회들을 주관하는 것이 성경적인가?

김 목사는 허드슨 테일러가 만든 중국 내지 선교회 산하의 모임들을 워치만 니가 복수의 장로들이 전적으로 행정을 주관하는 〈한 지역에 한 교회〉라는 성경적인 위치로 되돌린 것을 두고, 허드슨 테일러의 사역에 해를 끼쳤다고 했다. 이 말은 특정 선교회가 복음을 전해서 얻은 사람들을 자신의 선교회 산하 지부처럼 두면서 통제하고 관할하는 것이 정당하다는 전제가 깔린 비판이다.

그러나 성경에는 김 목사의 주장과 같은 사상이나 실행을 전혀 발견할 수 없다.

즉 바울과 바나바가 여러 차례의 전도 여행을 통해 각지에 지방(city) 단위의 교회들을 세웠지만, 그들을 〈바나바와 바울 선교회〉 산하 지부로 두고 통제했다는 기록은 어디에도 없다. 따라서 김 목사의 중국 내지 선교회를 두둔하는 발상은 비성경적이다.

만일 김 목사의 주장이 옳다면, 네비게이토, UBF, C.C.C. 같은 학생 선교단체들이 대학 캠퍼스에서 심혈을 기울여 양육한 대학생들을 자신들의 교회 구성원들로 삼아 별도로 주일 예배를 드리고, 헌금도 선교단체 교회에 내도록 권해도 할 말이 없게 된다. 이것이 김 목사가 말하고자 하는 것인가? 이 점도 다음 글에서 명확하게 자신의 입장을 밝혀주기 바란다.

이처럼 원칙도 성경의 근거도 없는 김홍기 목사의 교파주의 옹호는 일부 사람들을 기쁘게 할지는 몰라도 한 몸(엡4:4)인 교회를 세우고 계시는 하나님을 대적하는 일이다. 몸의 하나를 깨고 분열을 조장하는 주장이다.

끝으로, 김홍기 목사는 자신의 글에서 교파가 정통 교회라는 전제 아래, 신약 성경의 서신서에서 분명하게 발견되는 지방 단위의 성경적인 교회를 다음과 같이 자극적인 언사로 함부로 비난했다.

지방교회의 자료가 선명하게 보여주는 바와 같이 지방교회는 정통 교회의 무덤 위에서 번성하는 집단이다. 그들은 정통 교회의 피를 먹고 성장했고, 정통 교회의 등골을 빼먹으며 몸집을 불려왔다. 지방교회의 성장의 역사는 곧 정통 교회의 퇴보의 역사이다.

그러나 워치만 니나 위트니스 리 누구도 지방교회를 자기 호주머니에 있는 소유물로 여기지 않았으므로 위와 같은 비난은 합당치 않다. 워치만 니가 한 푼의 사례비 없이 믿음으로 살았던 것은 이미 소개했다. 위트니스 리 역시 자신이 양육하던 수 만 명의 성도들을 남겨두고 대만에서 미국으로 이주할 때 빈 손으로 떠났다.

그가 1964년 1년 수입에 대한 세금 보고를 할 때 그를 돕던 회계사는 그의 1년 전체 수입이 고작 600달러에 불과한 것을 알게 되었다. 이것은 그의 12명의 대가족에겐 터무니없이 부족한 생활비였다. 대만의 성도들은 부자 나라인 미국에 갔으니 그곳에서 지원할 것으로 생각하고, 미국의 성도들은 대만에 성도들이 많으니 그들이 도울 것으로 여겨 생긴 결과였다. 이에 대해 위트니스 리는 "이것이 우리의 가풍이었으므로 나는 결코 원망하지 않았다."라고 했다(『역사와 계시(상)』, 한국복음서원, 2003, 291~292쪽).

두 성경 교사뿐 아니라 지방교회 측 성도들 대부분은 금등잔대(계1:11, 20)로 상징된 주님의 몸이 이 땅의 각지에서 출현하는 이상의 성취를 위해 모든 대가를 지불하고 이 좁은 길을 가고 있다. 그것은 "내가 이 반석 위에 내 교회를 세우리라."(마16:18)라고 하신 주님의 위대한 예언이 이뤄져야 하고, 또한 아래와 같은 주 예수님의 마지막 기도가 반드시 성취되어야 하기 때문이다.

그들이 모두 하나 되도록 하여 주십시오. 아버지, 아버지께서 내 안에 계시고 내가 아버지 안에 있는 것 같이, 그들도 우리 안에 있도록 하여 주십시오(요17:21).

우리의 귀에는 “그들이 모두 하나 되도록 하여 주십시오.”라는 주 예수님의 마지막 피를 토하는 심정의 기도가 생생하게 들리는데, 김홍기 목사의 귀에는 이 기도가 들리지 않는가? 답변해 보라!

지방교회들을 오해한 가이슬러의 치명적인 문제점(1)

김홍기 목사는 지방교회 측과의 일곱 번째 토론 글을 노먼 가이슬러 등의 학력과 경력을 거창하게 소개한 후, 그들이 작성한 영어 원문을 번역 소개하는 식으로 작성했다. 그러나 그의 "가이슬러가 지방교회를 이단으로 규정한 이유(1)"라는 제목의 글에는 새로운 논점이 거의 없다. 그 이유는 김 목사가 그동안의 토론을 바로 이 '가이슬러 자료'를 가져와 거기에 자기 의견을 보태는 식으로 진행해 왔기 때문이다.

이런 배경에서 지방교회 측이 그동안 김 목사의 문제점으로 지적해 온 내용들은 노먼 가이슬러에게도 그대로 적용된다. 즉 이들은 웨인 그루뎀(Wayne A. Grudem)이 날카롭게 지적한 대로 "하나님의 유일성(unity)을 좀처럼 인식하지 않음으로", "무심코 삼위일체에 관한 삼신론적인 견해를 향하여 나가는 경향"을 가진 "오늘날 수많은 복음주의자들"의 범주에 속한다.

또한 이들은 그 분야의 동료였던 CRI 측이 바르게 지적한 것처럼, '존재론적인 삼위일체와 경륜적인 삼위일체'(요8:16), '한 신격(神格)'(골2:9), '성경적인 상호내재 개념'(요14:9-10)에 대한 인식이 현저히 부족하다.

그 결과 이들은 어거스틴 등의 정통 신학자들이 고백한 것처럼,

‘한 위격의 오심은 다른 두 위격 모두의 오심이다.’ ‘삼일 하나님이 (주기도문상의) 우리의 아버지이시다.’라고 고백할 수 없는 치명적인 ‘구조적’ 약점이 있다. 그렇다면 가이슬러와 김홍기 목사는 지금처럼 심히 왜곡된 자료로 지방교회들을 정죄하기 전에, 자신들의 심각한 이단성부터 먼저 해결하는 것이 순서일 것이다.

우리는 이 글과 이어지는 글에서 기왕의 토론 자료들을 토대로 가이슬러와 김홍기 목사가 주장하는 내용들에 담긴 여러 문제점들을 지적하여 바로 잡고자 한다.

1. 가이슬러와 사도 바울 중 누가 정통인가? (판단기준)

김 목사가 아무리 치켜세워도 가이슬러는 주님께서 사도로 세우신 바울과는 비교 대상이 못 된다. 따라서 우리는 특정 진리 항목에 대해 둘의 견해가 다를 때는 사도 바울이 ‘정통’이고 가이슬러가 ‘사이비’ 또는 ‘비(非)정통’이라고 판단할 수밖에 없다.

먼저 가이슬러와 김 목사는 사실상 ‘분리된 세 위격들’을 고집하는 자신들의 잠재적 삼신론을 기준으로, ‘주는 영이시다.’(고후3:17)라고 바울처럼 말한 지방교회 측을 양태론이라고 정죄했다. 또한 이들은 자신들의 교파주의를 기준으로, 위트니스 리가 바울처럼 ‘몸의 하나’(엡4:4)를 강조하고, 주님 자신의 충만인 유기체로서의 몸(엡1:22-23)을 분열시키며(고전1:10-11, 딛3:10-11), 누룩으로 부풀리는 것(마16:12, 고전5:7-8)을 단호히 배격한 표현들에 대해 거듭 불만을 표출해 왔다.

그러나 가이슬러 또는 김 목사와 달리, 사도 바울을 객관적으로 연구한 이들은 위와 같은 바울의 견해를 긍정적으로 이해하려는 자세를 취하고 있다. 이것은 너무나 당연한 것이다.

한 예로 루이스 스미디즈(Lewis B. Smedes)는 『바울의 그리스도와의 연합사상』(여수룬, 1991; 미국 웨스트민스터 신학교에서 공부하고 합동신학대학원대학교에서 박사학위를 받은 오광만 교수가 번역) 제2장에서 현재 쟁점이 되는 '그리스도와 성령의 관계'를 깊이 다뤘다(64~88쪽).

여기서 저자는 "주는 영이시니"(고후3:17)라는 바울이 한 말에 대해 "바울이 주라고 부르고 있는 예수님은 이제 성령이라고 표현되고 있다."라고 했다(65쪽). 그는 또한 위 본문을 심층적으로 분석한 후 "성령은 내재하시는 그리스도이시다."라고 말했다(70쪽). 저자는 이어서 위 책 74~75쪽에서 사도 바울이 주님과 성령에 관해 언급한 여러 성경 본문들을 길게 소개하면서 "이러한 두 위격들의 동일시"는 "우리의 체험(76쪽)과 구원 사역(82쪽)의 방면에서 그러하다."라고 말하고 있다. 저자는 이 제2장을 "결론: 성령은 우리 역사 가운데 역사하고 계시는 예수 그리스도시다."라는 소제목과 관련 내용으로 마무리한다(81~88쪽).

이처럼 존재론적인 삼위일체에서의 위격 간의 구별을 유지하되, 구원 또는 체험 방면을 다루는 '경륜적인 삼위일체' 방면에서 위격 간의 동일시를 말하는 것은, 바울과 위트니스 리뿐만 아니라 대부분의 건전한 정통 신학자들이 가지는 균형 잡힌 관점이다.

우리는 박형용 박사(전 한국복음주의신학회 회장)와 개핀(전 웨스트민스터 신학대학원 교수) 등도 여기에 포함된다는 점을 여러 차례 소개했다.

그럼에도 불구하고 가이슬러와 김 목사는 "위격 간의 구별은 삼위일체의 본질적인 방면과 경륜적인 방면 모두에서 늘 유지된다."라는 자신들의 억지 주장(이런 주장은 고후3:17, 사9:6, 계5:6 본문과 상반된다.)을 근거로, 위트니스 리 그리고 더 나아가 사도 바울을 양태론 이단으로 몰아가고 있다. 그러나 이것은 그들의 무지를 스스로 드러낸 것이며, 실상은 '주는 영이시다.'라고 말한 사도 바울이 정통이고, 그것을 이단이라고 말하는 가이슬러와 김홍기 목사가 비(非)정통이다. 아울러 바울과 같은 말을 하는 지방교회 측이 정통이다.

저자 스미디즈는 위 책 제7장에서 사도 바울이 말한 '그리스도의 몸'에 대해서도 자세히 다뤘다. 즉 저자는 "바울은 그 기능에 있어서 성령을 예수 그리스도와 동일하게 보고 있듯이, 몸을 그리스도와 동일하게 보고 있다."라고 했다(250쪽).

사실 바울의 이런 말은 그가 예루살렘 교회를 박해하다가 "네가 왜 나를 박해하느냐"(행9:4-5)라는 주님의 음성을 직접 들음으로써 얻은 계시에 따른 것이다.

그러나 김 목사는 '주님의 몸은 그리스도 자신'(고전12:12)이라는 관점도 강하게 거부한 바 있다.

이런 점들을 종합해 볼 때, 가이슬러와 김 목사의 삼위일체론과 교회론은 사도 바울의 그것과 크게 다르다. 그러므로 삼위일체론과 교회론 모두에 있어서 이들의 판단 기준은 치명적인 하자가 있으므로 비(非)정통이고 비(非)성경적이다.

2. 가이슬러와 CRI 중 누가 지방교회 측을 더 많이 연구했는가? (판단대상)

김홍기 목사는 가이슬러를 "지방교회를 가장 강력하게 비판해 온 용기 있는 학자요 변증가"라고 소개했다. 그러나 애석하게도 가이슬러는 그의 명성과는 달리 지방교회들을 제대로 연구한 적은 단 한 번도 없다. 단지 '오픈 레터' 입안자들이 왜곡시킨 위트니스 리의 1차 자료만을 놓고, 자신의 잠재적 삼신론의 잣대로 판단한 CRI 저널에 대한 '답변서(Response)'(지금 김 목사가 소개하고 있는) 하나가 있을 뿐이다.

그런데 이런 가이슬러의 글은 자기 쪽 사람들에 의해 의도적으로 왜곡된 위트니스 리의 말만을 판단 대상으로 했다는 점에서 치명적인 하자가 있다. 이 점의 심각성은 재판 과정을 대비해 보면 금방 드러난다. 즉 아무리 학력과 경력이 화려하고 다른 사건들에서는 명 판결을 해온 판사라고 하더라도 특정 사건에서 실체적 진실 파악에 실패하여 심각하게 왜곡된 사실을 근거로 판결했다면, 그 판결은 치명적인 하자가 있는 것이다. 그런 판결(결론)은 결정적인 새로운 사실이 발견되면 뒤집어질 수 있다.

그런데 가이슬러가 지방교회 측에 대해 경솔하게 단정한 소위 "경륜적 양태론(Operational Modalism)"이라는 결론이 이 경우에 해당된다(사실 '경륜적 양태론'이라는 표현 자체가 자신의 신학적 무지를 말해주고 있다!).

가이슬러는 위 답변서(Response)를 쓸 때 지방교회 측의 조직신학이라고 할 수 있는 『신약의 결론』 시리즈 책자들을 포함한 워치만 니와 위트니스 리의 수백 권의 저서들을 직접 읽지는 않은 것으로 보인다. 대신에 그는 ECNR 측이 양태론으로 보이도록 의도적으로 '가공한 사실들'만 가지고 판단했다. 또한 가이슬러는 그의 답변서의 문제점들을 심도 있게 반박한 지방교회 측 변증서인 『Brothers, Hear Our Defense(1-4)』 책자를 우편으로 받아 보고도 4년이 지나도록 침묵하고 있다. 사정이 이러할진대, 그가 여전히 '학자요 변증가'이기를 자처한다면 그는 무책임하고 '게으른 학자'이거나 '만용을 부리는 변증가'일 뿐이다.

이와 달리 CRI 측은 6년간 지방교회 측의 말에 진지하게 귀를 기울였고, 초기 연구 당시 번역이 안 되어 접할 수 없었던 위트니스 리의 영문 자료들을 추가로 확보하여 읽었으며, 실제로 여러 나라를 다니며 지방교회 측 성도들을 직접 면담했다. 이 과정에서 그들은 지방교회 측 성도들(주로 중국본토)의 삶 속에서 나타난 참된 믿는 이들의 빛나는 모습들을 보았다.

그 결과 (1)본질적, 경륜적 삼위일체 (2)한 신격 (3)성경적인 상호내재에 대한 지방교회 측의 가르침 등을 비로소 제대로 이해할 수 있게 되었다. 그 후 CRI 측은 자신들의 과거의 '판결'을 스스로 뒤집고 "우리가 틀렸었다!"라고 공개적으로 고백했다.

바로 이런 것이 "용기 있는 변증가"의 모습이 아니겠는가! 이와 대조적으로 가이슬러는 '사실 파악'에 실패한 사람이다. 따라서 가이슬러는 최소한 그 점에서는 자신의 잘못을 바로 잡는 참된 용기를 CRI로부터 배워야 할 것이다.

3. 가이슬러의 답변서(Response)에 나타난 왜곡 및 지적 사항들에 대한 반론

지방교회 측은 이미 지난 여섯 차례의 반론에서 김 목사가 소개한 가이슬러의 글에 대해 반박해 왔다. 그러나 김 목사가 같은 내용을 지금처럼 재차 소개했기 때문에 우리도 요약하여 재차 반론하고자 한다.

1) 지방 교회에 대한 CRI 저널의 방어의 배경

우리가 지난 회의 반론 글에서 ECNR 측이 지방교회들은 이단이 아니라는 것을 자체적으로는 인정하고 있었다는 사실을 소개했다. 그럼에도 그들은 교묘한 편집 방식으로 지방교회들을 사회적으로도 문제가 있는 이단처럼 만들어 매장시키려고 했다. CRI 측은 그들의 이러한 변칙적인 변증 방식과 태도가 옳지 않다고 생각했기에 지방교회 측을 위해 법정에서 증언한 것이다. 가이슬러는 자신의 글에서 이 점을 명확히 설명하지 못했다.

대신에 그는 에릭 페먼트의 근거 없는 거짓말을 빌려 지방교회 측을 소송을 좋아하는 사람들로 낙인찍으려고 했다. 그러나 우리는 여러 차례 그것은 사실이 아니며 반세기 동안 단 세 번의 소송만 있었음을 밝혔다.

한편 엘리옷 밀러는 백과사전을 펴낸 '하비스트 하우스' 출판사를 포함한 주류 복음주의 출판사들이 "자신들의 악성부채를 해결하려고" 서점 등 자신들의 채무자들에게 제기한 소송들은 훨씬 더 많았고, 이런 것이야말로 "고린도전서 6장이 금지하는 범주의 행위들"임을 지적하고 있다(우리가 틀렸었다, 46쪽).

2) CRI의 지방교회에 대한 방어를 평가함

가이슬러는 이 단락에서 “지방교회 측을 반대하는 ‘압도적 다수의 의견’이 ‘부정확한 것’이고, 그것은 ‘적대감’에서 비롯된 반대”라고 CRI가 말한 것에 대해 언급했다.

우리는 CRI 측의 말이 근거가 있다고 본다. 왜냐하면 소위 “압도적 다수의 의견”은 CRI가 과거에 지방교회들을 비판했던 자료 또는 ‘백과사전 팀’이 의도적으로 가공한 위트니스 리의 ‘1차 자료’를 기초로 한 경우가 대부분이기 때문이다.

그러므로 두 경우 모두 ‘정확성’에 심각한 하자가 있다는 CRI의 지적은 사실이다. 지금까지 CRI나 풀러 신학교 외에 지방교회 측을 제대로 연구한 후 비판한 개인이나 단체는 가이슬러를 포함해서 한 곳도 없다. 그 이유는 아마도 시간이 많이 소요되는 방대한 작업이고 또 실체적 진실을 아는 것이 그들에게 그렇게 절실한 필요가 아니기 때문일 것이다. 그런 점에서 CRI와 풀러 신학교는 공정했고 또 용기 있었다.

또한 ‘적대감에서 비롯된 반대’의 좋은 예는 현재 이런 왜곡된 글들을 올리고 있는 김홍기 목사 자신이다. 사실 예전에도 위트니스 리가 성경 본문 강해 과정에서 주로 로마 천주교를 겨냥해 언급한 ‘바벨론’, ‘배도한 이들’ 또는 ‘음녀’라고 한 말을 일부 변증가들이 자신들에게 적용한 후, 우리가 바벨론, 음녀라면 너희는 양태론 이단이라는 식으로 반응했었다.

그러나 위트니스 리는 동료 믿는 이들을 무조건 정죄하고 배척하지 않으며, 단지 성경 본문을 문맥을 따라 해석한 것뿐이다. 사실 과거에 종교 개혁가들이 로마 천주교나 교황을 향해 했던 말들은 상대방을 더 화나게 할 만한 것들이었다.

3) CRI가 지방교회에 관해 인정한 것

가이슬러는 CRI가 예전에 “본질적인 교리들에 관한 그들(지방교회 측)의 어떤 가르침들은 기껏해야 모순된 것이며, 최악의 경우에 이단적이라고 확신했다.”라는 말을 소개했다. 그러나 이 말은 과거에 그러했었지만, 지금 다시 보니 “그것이 틀린 확신이었다.”라는 말을 CRI가 하고 있는 것이다.

4) 논쟁적이고 모순되는 진술들

가이슬러는 진술 #1에서 진술 #5까지를 열거하며 “이 진술은 … 하나님의 제2 위격이 강생하셨다는 교리에 정면 도전하는 것이다.”라고 했다. 그러나 가이슬러가 알아야 할 것은 아래에서 보듯이 위트니스 리 역시 성육신의 주체가 제2격 아들 하나님이심을 부인하지 않는다는 점이다.

“때가 찼을 때 삼일 하나님은 신성한 삼일성의 두 번째 위격이신 하나님의 아들을 사람의 몸을 취하여(히10:5) 성육신하시도록 보내셨다.”
(위트니스 리, 『신약의 결론-그리스도』, 193 쪽)

그러나 가이슬러의 거짓 주장과 달리, ‘하나님 전체가 사람의 육체 안에서 오신 것’은 성경 본문과 정통 삼위일체론자들이 말하는 바이다. 먼저 골로새서 2장 9절은 “신격(데오테스)의 모든 충만이 육체로 거하신다.”라고 말했다. 여기서 신격은 웨스트민스터 신조 2장 3절에서처럼, 삼위 모두를 포한한 개념이다.

또한 A. H. 스트롱 등은 "거룩한 삼위일체의 위격들은 분리된 개체들이 아니다. 각 위격은 다른 두 위격을 포함하며, 한 위격의 오심은 다른 위격들의 오심이다."라고 말했다. 따라서 이 점은 가이슬러가 세 위격들을 분리시켜 생각하는 자신의 잠재적 삼신론 사상만 버린다면 모순도 아니고 논쟁거리도 아니다.

5) 교리적으로 부주의한 진술들

가이슬러는 "지방교회의 수많은 진술들이 부주의하고 양태론적인 이해에 적합하며"라 했고, CRI나 그레첸 파산티노도 "지방교회 측이 논쟁적인 가르침들의 미묘한 차이를 설명하는데 더 큰 주의를 기울였어야 했다."거나 "어떤 가르침들은 외부인들에게 혼동을 준다는 점을 인정했다."라고 말했다.

우리는 이 점에 대해서는 어느 정도 공감한다. 그리고 대부분의 책자들이 위트니스 리가 집회에서 청중들을 상대로 말한 것을 편집한 것으로써 정교한 신학 논문처럼 일목요연하지 못한 점에 대해 양해를 구한 바 있다. 그러나 CRI처럼 지방교회 측이 참되게 믿는 것을 알고자 한다면 '양태론' 등의 오해는 해소될 것이다. 엘리옷 밀러는 이와 관련하여 정통 교부들 역시 유사한 상황이 있었음을 다음과 같이 소개하고 있다.

"신학의 역사에 정통한 독자들이라면 이레니우스, 터툴리안, 어거스틴, 그리고 정통성에 의심의 여지가 없는 다른 교사들의 글도 정도에서 빗나간 것으로 오해될 소지가 있으나 그들의 글의 다른 부분에는 그들의 정통성을 확증해 주는 균형 잡힌 언급들이 있다는 것을 알고 있을 것이다. 위트니스 리 역시 이와 같은 균형 잡힌 언급들을 하였으나, 그러한 언급들은 그가 이단이라는 것에 대한 '증거물'로 출판된 책자들에서는 거의 찾아보기 어렵다."

(엘리옷 밀러, 『우리가 틀렸었다』, 18쪽)

우리는 위트니스 리 동역자들이 외부인들의 이해를 돕는 차원에서 신학 논문 형식으로 발간한 신학 잡지도 위트니스 리의 가르침에 대한 바른 이해에 도움이 될 수 있다고 본다 (http://www.affcrit.com). 문제는 읽는 사람들의 동기가 어떠한가에 달려 있다.

6) '명백하게 비정통적인 진술들'

가이슬러는 제목은 위와 같이 달았지만 어떤 부분이 "명백하게 비정통적인 진술들"인지에 대해서는 밝히지 못하고 있다. 단지 CRI가 재연구하기 이전에 지방교회들의 자료에서 다소 부정적인 '인상들'을 느꼈었다는 것만을 언급했다. 그러나 CRI는 지금 "과거에 지방교회들에게서 느꼈던 그런 부정적인 인상들은 틀린 것이었다."라는 말을 하고 있는 것이다. 그럼에도 가이슬러가 '과거의 틀린 인상'을 근거로 지방교회 측에게 그것을 바꾸라고 요구하지 않는다고 CRI를 나무라는 것은 핵심을 놓친 것이다.

7) 다른 종교 단체들에 관한 명백하게 유감스럽고 가혹한 진술들

가이슬러는 지방교회 측이 (1) 다른 종교 단체들을 '바벨론', '영

적 음행' 등으로 지칭하고 (2) 또한 자신들이 '우주적인 교회의 유일하게 합당한 표현'이라고 하는 것에 대해 알고 있으면서도 CRI가 여전히 지방교회들을 지지하는 것에 대해서 항의성 질문을 하고 있다.

이에 대해서는 엘리옷 밀러의 『우리가 틀렸었다』라는 글 안에 이미 그 답변이 나와 있다. 먼저 첫 번째 문제 제기에 대해 밀러는 "위트니스 리가 거절한 것은 교파주의 자체일 뿐" 기독교계 내의 성도들 자체에 대해서는 "다른 그리스도인들과의 일치와 그들을 향한 겸손과 그들을 받아들이는 태도가 일관되게 장려되고 있다." 라고 증언한다. 또한 다른 개신교 단체의 적법성에 의문을 제기한 사람이 위트니스 리만이 아님을 전제로 다음과 같이 말한다.

> 위트니스 리는 또한 로마 천주교와 개신교 교파를 차별화하여 가장 혹독한 비평은 로마 천주교에 대해 제기한다. 그는 또한 다른 개신교 단체의 적법성에 처음으로 의문을 제기한 개신교 단체의 인도자는 아니다. 사실 서로가 서로를 비난하는 것은 종교개혁 초기부터 있어왔던 개신교의 부정적 전통이라 할 수 있다.
>
> 루터교와 다른 개혁 교회 지도자들이 알미니안주의 신봉자들과 재침례파들을 비난했을 뿐만 아니라 서로를 비난한 데서 그 기원을 찾아볼 수 있다. 최근에 형성된 교파들은 말할 것도 없고, 얼마나 많은 장로교인들과 루터교인들과 침례교인들과 개혁교회 교인들이, 창립자들의 분열적 진술을 철회하라는 요청을 받아왔던가?
>
> (위의 책, 34~35쪽)

밀러는 또한 "위트니스 리는 종종 다른 그리스도인들 인도자들이나 단체들의 가르침과 복음주의와 선한 행실에 대해 칭찬하는 말을 했다."라고 말하면서 다음과 같이 그 근거를 제시하고 있다.

이에 대한 사례는 많다. 마르틴 루터, 요한 웨스리와 찰스 웨슬리, 죠오지 휘트필드, 조나단 에드워드, 플리머스 형제회, 찰스 스펄전, G. 캠벨 모건, A. J. 고오든, 앤드류 머레이, D. L. 무디에 대한 좋은 평가, 특별히 허드슨 테일러와 중국 내지 선교회, 빌리 그레함이 포함된다.(위트니스 리의 『장로 훈련』 제4권 [2007년 개정판] 33쪽, 위트니스 리의 『장로 훈련』 제5권 [2007년 개정판] 27쪽, 위트니스 리의 『장로 훈련』 제7권 [2007년 개정판] 41~42쪽을 보라.)

(위의 책, 37쪽 각주 2)

그는 '지방교회의 놀라운 포용성'이라는 소제목에서 다음과 같은 위트니스 리의 말을 인용 소개하기도 한다.

우리는 배경이나 기타 여러 가지에서 다른 그리스도인들과 상당히 다를 수 있다. 그들은 일부 성도가 먼저 휴거된다는 것을 믿지 않는 반면 우리는 그 교리를 지지할 수 있다. 하지만 휴거에 관해 어떤 교리를 믿든지 간에, 하나님의 아들 예수 그리스도, 곧 육체를 입은 사람이 되시고 우리 죄들 때문에 십자가에서 죽으시고, 죽은 자들 가운데서 부활하신 분을 믿는 한, 우리는 모두 구속받고, 의롭게 되었으며, 거듭난 구원받은 사람들이다. 그리고 우리는 모두 안에 신성한 생명을 갖고 있다. 따라서 우리는 모두 한 몸에 속한다. 우리가 서로 교통을 가질 수 있는 것은 바로 이 사실에 근거한다. 우리는 어떤 것에 대해 특정한 견해를 표명할 수 있지만 너무 지나쳐서는 안 된다. 그것이 논쟁에까지 이르러서는 안 된다. 우리는 교통의 근거를 오직 주님 자신에게만 두어야 한다.

(위의 책, 35쪽)

밀러는 위 두 번째 쟁점에 대해서도 지방교회 측이 풀러 신학교에 보낸 진술문에서 밝힌 내용을 다음과 같이 소개하고 있다.

지방교회가 교회의 합당한 표현이라는 이러한 관점은, 결코 시공을 초월하여 모든 믿는 이들을 포함하는 우주적인 교회, 곧 그리스도의 몸의 내재적인 방면을 문제 삼거나 축소시키지는 않는다. 물론 '한 도시 한 교회'의 원칙에 따른 모임이 교회의 합당한 표현이지만, 이러한 원칙은 참된 믿는 이라면 누구나 갖는 그리스도의 몸인 하나님의 교회에 포함되는 자격을 무효화하지 않는다. 더구나 이 원칙은 그리스도인의 구원 여부를 좌우하거나, 누가 참된 그리스도인이고 누가 참된 그리스도인이 아닌지를 결정하지도 않는다. …다만 그리스도가 육체로 오신 하나님이시고, 그분의 십자가의 죽음을 통하여 우리를 죄들에서 구원하시고, 그분의 부활을 통하여 우리를 죽음에서 구원하신 바로 그 하나님이심을 선포하기만 하면 된다. 이것만으로 우리가 살고 있는 도시에 소재한 교회의 구성원이 되기에 충분하며, 해당 지방교회의 교통에 온전히 참여할 자격을 얻기에 충분하다. 어떤 사람들이 우리에 대해 말하는 것과는 달리, 우리의 이상과 실행은 전혀 배타적이지 않으며, 그리스도 안에 있는 사람들을 평가하고 실제적으로 받는 데 있어서 우리는 모든 믿는 이들을 포함한다.

(위의 책, 35~36쪽)

따라서 위 내용을 종합적으로 볼 때 다른 믿는 이들을 향해 "유감스럽고 가혹한 진술들"을 했다는 지적도 교회의 빗나간 상태를 묘사한 성경 본문의 표현들(마 13장, 계 17장 등) 자체인 경우가 많고, 소위 지방교회 측이 다른 믿는 이들을 배타적으로 정죄한 것이 아님을 알 수 있을 것이다.

8)명백하게 또는 실제적으로 모순되는 진술들

가이슬러는 자신이 보기에 "모순되는 듯한" 진술이라며 몇 가지를 제시했다. 그러나 이것은 가이슬러의 시각 자체에 문제가 있어 그렇게 보이는 것일 뿐 사실은 다음에서 보듯이 결코 모순되지 않다.

(1) 성부와 성자 등 위격 간에 "구별이 있다."라고 하고, 또 어디서는 "동일하다."라고 한다.

이것은 이미 수차례 해명했듯이 전자는 본질적인 삼위일체에서 그러하고, 후자는 경륜적인 삼위일체를 말하는 본문들(사 9:6, 고후 3:17, 계 5:6)에서 그러한 것이다. 특히 후자는 구원의 여정에서 '기능상' 또는 우리의 '체험' 안에서의 동일시를 가리키며, 이것은 존재론적인 방면에서의 삼위의 구별을 손상시키지 않는다.

(2) 신조들의 진술들을 받아들이기를 거부한다.

우리는 이미 칼케돈 신조 내의 '하나님의 어머니' 부분을 제외한 모든 고대 신조 내용들을 성경적이라고 믿고 받아들인다는 점을 설명했다. 단지 짧은 신조 내용이 삼위일체의 모든 방면을 다 포괄하지 못하므로 어떤 신조는 '삼신론적인 구조'를 갖는다는 점을 지적했다. 그러나 이것은 다른 내용으로 보완하여 신앙으로 삼는다는 차원의 말이었지, 그러므로 그 신조를 배척한다는 말이 아니다. 우리는 '사도 신조'가 삼위의 셋만 강조하고 하나를 말하지 않아서 삼신론 구조라는 이종성 박사의 말을 소개하며 그렇다면 이종성 박사도 이단인지를 물었지만 김홍기 목사는 묵묵부답이다.

(3) '인격(페르소나)'이라는 말을 꼭 써야 하며 그렇지 않으면 문제가 있다.

우리는 삼위가 구별되심을 확실히 믿는다. 그러나 '세 하나님들'을 가리킬 여지가 있는 '페르소나'를 안 쓰면 양태론 이단이라는 식의 가이슬러의 주장에는 반대한다. 왜 그러한지는 이미 여러 증거들을 제시하며 반론한 바 있다.

특히 밀러는 대부분의 사람들이 '한 본질 안에 계신 세 위격'이라는 간결한 정의에만 너무 많이 의존해 왔다며, "인간이 경험하는 영역에 다른 사람과 분리된 개체가 아닌 사람이 있는가?"라고 반문한다(21쪽). 즉 '인격'이라는 용어는 '세 분리된 위격들'이라는 삼신론 사상을 전달할 수 있다는 것이며, 그 증거로 다음과 같이 달라스 신학교 창립에 기여했던 그리피스 토마스(W. H. Griffith Thomas)의 말을 인용 소개하고 있다.

"위격(Person)이라는 말도 가끔씩 반대를 당한다. 모든 인간의 언어가 그러하듯이, 그것이 부적절하고 심지어 의문의 여지가 없는 오류라고 비난받는 것은 불가피하다. 그것은 확실히 지나치게 강조되어서는 안 된다. 그렇지 않으면 삼신론에 이를 것이다."

(밀러, 위의 책, 21쪽)

(4) "삼위가 서로의 활동에 참여한다."라고 말하는 것은 성부고난설이다.

이런 지적 자체가 바로 가이슬러가 성경과 정통 신학계의 동향에 무지한 잠재적 삼신론자임을 스스로 자백하는 것이다. 왜냐하면 "삼위가 서로의 활동에 참여"하신다는 것은 성경의 여러 곳에 언급되어 있고 대부분의 권위 있는 정통 신학자들

http://www.contendingforthefaith.org/korean/responses/Geisler-Rhodes/scholars-on-coworking-of-the-Three.html 도 인정하는 것이기 때문이다.

엘리옷 밀러는 "성부께서 십자가에서 고난 당하셨다는 암묵적인 믿음 때문에 성부 고난설 주장자들이라고 불리던" 양태론자들을 위트니스 리가 반대한다는 증거를 다음과 같이 밝히고 있다.

또한 우리는 아버지께서 육체가 되셔서 이 땅에 사셨다고 말할 수 없다. 더 나아가, 우리는 아버지께서 십자가로 가셔서 우리의 구속을 위해 죽으셨다고 말할 수 없으며, 십자가 위에서 흘려진 피가 아버지 예수의 피라고 말할 수도 없다. 우리는 하나님의 아들 예수께서 피를 흘리셨다고 말해야 한다(요일1:7). 우리는 아버지께서 십자가에서 죽으셨다고 말할 수 없으며, 아버지께서 죽은 자 가운데서 부활하셨다고 말할 수도 없다.

(엘리옷 밀러, 위의 책, 17쪽)

(5) "삼위일체의 각 구성원이 다른 구성원들 안에 있다는 것과 각 구성원이 다른 구성원이라는 주장은 차이가 있다.

당연한 말이다. 그리고 지방교회 측도 둘을 엄격하게 구별한다. 왜냐하면 전자는 본질적인 삼위일체 방면에서 그러하고 후자는 경륜적인 삼위일체의 방면에서의 '기능상'의 동일시이기 때문이다. 엘리옷 밀러도 "그러므로 지방교회가 아들을 아버지와 그 영과 동일시하는 것의 대부분은 경륜적인 삼위일체의 운행을 말하는 문맥에서이고, 성경에 언급된 유사한 동일시에 근거를 두고 있다."라고 말함으로써 이 점을 확증해 주고 있다.

(6) 지방교회는 삼위일체 안에 오직 "한 인격"이 계시다고 주장한다.

이 점도 이미 여러 번 해명했다. 즉 여기서의 '한 인격'은 마태복음 28장 19절의 단수의 "이름"에 근거한 것이며, 이것은 세 위격들 모두를 포함한 '한 신격(데오테스, 스트롱 번호 2320)'을 가리킨다. 따라서 '세 위격들"을 부인하는 의미에서의 "한 인격"을 말한 것이 결코 아니다. 가이슬러나 김 목사는 골로새서 2장9절과 웨스트민스터 신조 2장3절이 말하는 '한 신격(Godhead)' 개념에 무지하므로 자꾸 이런 것이 문제가 되는 것 같다.

이상에서 보듯이 가이슬러가 "모순된 진술들"이라고 열거한 항목들은 전혀 모순이 아니고 문제가 없다.

9) 지방교회를 위한 CRI 주장들에 대한 응답

가이슬러는 CRI가 주장한 두 가지 논증들에 대하여 검토하겠다고 했다. 즉 (1) 문맥들을 이해한다면 지방교회 측을 비정통이라고 말하지 않을 것이다. (2) 정통 상호내주론과 본질적인 삼위일체와 경륜적인 삼위일체를 바로 알면 지방교회 측을 이해하게 될 것이다.

10) 잠재적 박해의 두려움

가이슬러는 '지방교회 측을 부당하게 이단시하면 그것이 박해받는 지역(예를 들어 중국본토)에 악영향을 미칠 수 있다.'라는 취지의 엘리옷 밀러의 말에 대해, '진리의 적법성은 박해를 가져오고 안 오고에 결정되지 않는다.'라는 취지로 말했다. 밀러는 『백과사전(ECNR)』 측이 지방교회 측을 향해 교묘히 시도하고 있는 이단 정죄가 부당하다는 전제에서 위의 말을 한 것인데, 가이슬러는 그 진의를 놓치고 엉뚱한 말을 하고 있다.

11) 풀러 신학대학원의 인정

가이슬러는 풀러 신학교가 지방교회 측의 교리들을 철저하게 조사한 후에, "지방교회의 가르침과 그 회원들의 행실은 모든 본질적인 면에서 참된 역사적, 성경적 그리스도인의 신앙을 나타낸다."라고 선언한 것을 애써 폄하했다. 그는 그 이유로 풀러 신학교 측이 '성경의 무오성' 교리에 문제가 있다는 것이다.

사실 가이슬러는 '미국의 복음주의 철학협회(EPS)'와 '미국의 복음주의 신학협회(ETS)'도 동일한 이유로 등을 돌리며 절교를 선언했다. 그럼에도 김홍기 목사는 이런 사실을 아는지 모르는지 가이슬러가 절교를 선언한 위 EPS와 ETS와 관련한 가이슬러의 경력을 자랑삼아 소개하고 있다.

우리가 지적하고 싶은 것은 이것이다. 가이슬러와 김홍기 목사가 정직하다면 첫째, 가이슬러가 성경 이슈로 미국 복음주의를 사실상 대표하는 단체들인 위 EPS와 ETS를 비판하며 절교했을 경우 가이슬러가 미국 복음주의를 대표한다는 식의 소개를 해서는 안 된다는 것이다. 둘째 성경의 무오성을 이유로 풀러 신학교를 폄하하려면 한국교계 각 교단에도 동일한 기준을 적용하고 평가해야 한다는 것이다. 그러나 김홍기 목사는 현재 이 두 가지 모두에 있어서 정직하지 않고 어정쩡한 태도를 취하고 있다.

12) 더 많은 연구를 했다는 주장

가이슬러는 CRI가 그 주제에 관하여 더 많은 조사를 통해 지방교회를 지지하는 결론을 얻게 되었다는 말에 대하여 진리는 '더 많은 연구'보다 '더 잘 추론하는 것'에 달려 있다는 식의 동문서답을 하고 있다. 즉 CRI는 진리의 판단 기준 문제가 아니라 양태론인지 아닌지 등을 판단할 수 있는 지방교회 측의 1차 자료, 즉 판단 대상에 있어서 결정적인 영향을 미칠 추가적인 '사실들'을 발견했다는 말이다. 가이슬러는 이런 사실 파악 노력은 하지 않고 '오픈 레터' 팀이 건넨 왜곡된 문장들만으로 판단한 치명적인 오류가 있다.

13) 하나님 안의 상호내주의 교리

가이슬러는 엘리옷 밀러가 ‘상호내재’ 교리를 위격의 동일시의 근거로 제시하는 것은 부당하다는 점을 지적한다. 그러나 사실 엘리옷 밀러가 『우리가 틀렸었다』에서 강조한 것은 첫째, 삼위의 상호내재론은 가이슬러 등의 “삼신론의 경향에 대한 최상의 해독제”라는 점과 둘째, 삼위의 상호내재로 인해 “신격 전체, 삼일 하나님이 육체가 되셨다.”라는 위트니스 리의 말을 더 잘 이해하게 되었다는 것이다. 셋째, 상호내재론을 위격 간의 동일시에 적용하는 것은 A. H. 스트롱의 글 본문에 나타나지만, 여기서 강조하는 항목은 아니다. 거듭 강조하지만 ‘위격 간의 동일시’는 주로 경륜적인 삼위일체 방면의 특징이다. 차례로 보기로 하자.

(1) 삼위의 상호내재와 삼신론

상호내재론은 “내가 아버지 안에 있고 아버지께서 내 안에 계신 것을 그대가 믿지 않습니까?”(요14:10)라는 주 예수님의 말씀에 근거한다. 이것은 “동일한 신적 본질 간의 상호내재”를 말하는 것이 아니다. 왜냐하면 둘 이상의 개체에나 쓰는 ‘상호’라는 말을 ‘본질’에 끌어다 쓰면 ‘두 본질’을 전제한 말이 되기 때문이다. 위 본문은 상호내재하시는 주체가 ‘내가’와 “아버지께서”라는 두 위격이심을 보여주고 있다. 엘리옷 밀러는 바로 이런 점을 간파함으로, “삼위일체의 세 위격이 결코 분리되지 않는 이유는 그분들의 본성의 하나가 단지 동일 속성을 공유하는 것 이상이기 때문이다. 그것은 한 실체로 존재함과 서로간의 상호침투를 포함한다.”라고 했다(『우리가 틀렸었다』, 22쪽).

즉 삼위는 동일 본성을 공유하실 뿐 아니라 “서로간의” 상호침투를 통해 "한 실체(한 신격)"로 존재하므로 분리되시지 않는다는 것이다. 또한 이러한 이유로 "한 위격의 오심은 다른 두 위격들의 오심"이라고 말할 수 있다. 그런데 이러한 성경적인 상호내주를 가이슬러와 김 목사는 단지 '신적 본성 안의 상호내주'로만 알다보니 '주기도문의 성부는 삼일 하나님이시다.'라고 고백하지 못하는 것이다. 왜냐하면 그들에게는 각각 분리되신 세 위격들이 계실 뿐이기 때문이다.

(2) 어느 한 위격의 오심은 다른 두 위격들의 오심이기도 함

주 예수님이 요한복음 14장10-11절에서 "아버지께서 내 안에 계신다."라고 말씀하실 때 이것은 '본성' 또는 '편재의 속성'상 그러하신 것이 아니라 '존재'론적으로 내주하심을 말한 것이다. 그렇지 않다면 빌립에게 "나를 본 것이 아버지를 본 것"이라고 말씀하신 것은 거짓말이 되고 만다. 이 점은 주님께서 "나를 보내신 아버지께서 나와 함께 계신다."(요8:16)라고 말씀하시면서, 율법에 따르면 '두 사람의 증언'이 있으면 참된 것인데 자신 그리고 아버지 이렇게 두 분이 증언하니 자신의 증언이 참된 것이라고 말씀하신 문맥(요8:16-19)으로도 확증된다. 한편 위트니스 리는 이러한 성경적인 상호내재에 대하여 다음과 같이 정확하게 이해하고 있다.

셋-아버지와 아들과 그 영-은 동시에 존재하실 뿐 아니라 상호 내재하신다. 삼일 하나님에 적용된 '상호내재'라는 용어는 그 셋-아버지와 아들과 그 영-이 서로 안에 존재하신다는 뜻이다. 무엇보다도 이것은 주 예수님이 복음서에서 하신 말씀에 근거한다. …이와 동일한 표현

이 요한복음 14장 10절 외에 14장 20절, 10장 38절, 17장 21, 23절에서도 발견된다. 이 다섯 구절은 모두 아들과 아버지께서 동시에 서로 안에 계심을 가리킨다. 이 구절들은 신성한 삼일성이 셋인 동시에 하나라는 비밀을 이해하는 데 핵심적인 구절이다.

(위트니스 리, 『하나님의 계시와 이상』, 42~43쪽)

위트니스 리의 위 말은 세 위격들은 서로 안에 계심으로 여전히 '구별'을 유지하면서도 '분리'되지 않으시며 어느 한 위격이 가는 곳에 다른 두 위격들도 가시게 되는 것임을 분명하게 보여주고 있다.

(3) 위격 간의 동일시

거듭 밝히거니와 "주는 영이시니"(고후3:17) 또는 "아들은 …영존하시는 아버지"(사9:6)라는 말씀 자체에서 볼 수 있는 위격 간의 동일시에 대하여 우리는 이것을 일차적으로 경륜상의 동일시로 이해한다. 그러나 아래와 같이 상호 내주 또는 상호 왕래를 위격간의 동일시의 근거로 삼는 신학자도 있다. 그렇다면 아래와 같이 말하는 정통 삼위일체론자인 A. H. 스트롱도 양태론자인가?

이러한 상호 왕래는 또한 고린도전서 15장 45절("마지막 아담은 생명주는 영이 되었나니")과 고린도후서 3장 17절("지금 주는 영이시니")에서 보듯이 그리스도를 '그 영'으로, 그 영을 '그리스도의 영'으로 지칭하는 것을 설명해 준다. …거룩한 삼일성의 위격들은 분리된 개체들이 아니다. 각 위격은 다른 위격들을 포함하며, 한 위격의 오심은 다른 위격들의 오심이다. 그러므로 그 영의 오심은 분명 아들의 오심을 포함했다고 보아야 한다."

(A. H. 스트롱, 『조직 신학』 [Old Tappan, NJ: Revell, 1960, c1907] 332~333쪽)

한편 주 예수님께서도 빌립에게 "나를 본 사람은 아버지를 본 것인데 어떻게 아버지를 보여 달라고 하십니까?"(요14:9)라고 자신과 아버지를 동일시하신 후에, 이어서 "내가 아버지 안에 있고 아버지께서 내 안에 계신다."(요14:10)는 상호내재 사실을 그 근거로 제시하셨다. 그렇다면 가이슬러와 김홍기 목사가 보기에 이러한 주 예수님도 '경륜적 양태론' 이단인가? 그렇다면 그것은 참람한 것이 아닌가?

결론적으로, 김홍기 목사는 자신의 글 서두에서, 가이슬러 등의 답변서(Response)가 "지방교회를 '양태론 이단'으로 규정한 이유"를 밝히고, CRI를 '이단옹호자'요 심지어 '양태론 이단'으로 규정한 배경을 설명할 것임을 천명했다.

그러나 가이슬러는 위에서 본 그의 글 어디에서도 CRI를 '양태론' 또는 '이단 옹호자'로 규정하지 않았다.

또한 그는 지방교회 측을 향해서 몇 가지 비판적인 말을 했지만 그것 또한 절대기준인 사도 바울과 배치되는 자신의 이단적인 기준에 의한 것임이 밝혀졌다. 따라서 우리는 가이슬러가 CRI와 지방교회 측을 향해 무슨 말을 했든지 그것들은 고려할 가치조차 없는 것임을 분명히 밝혀둔다.

우리는 김홍기 목사 또는 가이슬러가 동료 믿는 이들을 정죄하기 이전에 CRI처럼 먼저 판단의 대상이 되는 '실체적 진실'을 아는 데 더 성의를 보여줄 것을 요청한다. 또한 주 예수님(요14:9)과 사도 바울(고후3:17) 그리고 A. H. 스트롱 같은 정통 신학자들도 "경륜적 양태론" 이단이라고 무책임하게 정죄하는 자신들의 비(非)정통적이고 비(非)성경적인 교리 틀을 과감히 던져버리고, 성경의 지지를 받는 참된 진리 안으로 속히 돌아오기를 거듭 촉구한다. 이것이 주님 앞에서 합당한 태도라고 본다.

지방교회들을 오해한 가이슬러의 치명적인 문제점(2)

김홍기 목사는 예상대로 여덟 번째 글도 가이슬러 글의 나머지 부분을 번역 소개하는 것으로 대신했다. 그런데 이번 글 역시 김홍기 목사와 가이슬러의 고질적인 문제점인, '분리된 세 위격들'(잠재적 삼신론)을 기준 삼는 삼위일체관을 토대로 쓰였다. 우리는 한국 교계가 이번 토론을 통해 이들의 이러한 〈잠재적 삼신론 사상〉이 정통 신학자들의 〈균형 잡힌 삼위일체론〉과 어떻게 다른지를 바르게 분별할 수 있게 되기를 간절히 기도한다.

거듭 지적하거니와, 김홍기 목사가 소개한 가이슬러 글의 가장 심각한 문제점들은 다음과 같다.

1) 무지함.

이들이 성경적인 '위격 간의 상호 내재'(요14:10)에 대해 무지하다는 것이다. 즉 이들에게는, '한 위격은 다른 두 위격들을 포함한 삼위 전체'(어거스틴의 말을 빌리면, 'all in each')라는 정통 신학자들이 가졌던 인식이 전혀 없다.

그럼에도 이들은 '각 위격이 완전한 하나님(each person is fully God)'이심을 말함으로써 결국 분리된 '세 하나님들'을 주장한다. 정통 삼위일체론자들은 이처럼 삼위가 '분리'되는 구조적인 약점을, '성자가 성부 안에, 성부가 성자 안에 계신다.'라는 '위격 간의 상호내재' 이론으로 보완해 왔다.

그러나 김 목사는 이러한 안전장치마저 '지방교회 식 이단론'이라며 거부한다. 그 결과 이들은 변명의 여지마저 '구조적으로 차단된 분리된 세 하나님들' 신봉자가 되었다. 가이슬러(김 목사)는 이 한 가지만 보아도 함량 미달의 변증가에 불과하다.

2) 오해.

또한 이들은 정통 신학자들이 인정하는 '경륜적인 삼위일체론에서의 기능상의 동일시'(고후 3:17)를 양태론으로 오해한다. 이것은 위격을 동일시한 사도 바울(고후 3:17)과 주 예수님 자신(요14:9-11)까지 양태론 이단이 되게 했다. 그러나 주 예수님까지 양태론자로 만드는 판단 기준이라면 그것은 설득력이 없다. 이 점이 가이슬러와 김 목사가 아무리 지방교회 측을 향해 '경륜적 양태론' 운운해도 일고의 가치도 없는 공허한 외침이 될 수밖에 없는 이유이다.

3) 이중 잣대 적용.

이외에도 이들은 삼위 전체가 포함된 '한 신격'(골2:9, 마28:19) 개념에 무지하거나 반 틸과 지방교회 측에게 각기 다른 이중 잣대를 적용하는 변증을 했다.

4) 왜곡된 자료로 판단.

마지막으로 전후 문맥을 무시한 왜곡된 자료만으로 판단하는 것은 이들의 또 다른 고질적인 문제점이다.

위 네 항목들은 가이슬러가 최소한 지방교회 측에게는 전혀 전문가답지 않게 변증하고 있음을 폭로한다. 그럼에도 김 목사는 한국교계를 향해 가이슬러가 대단한 변증가인 양 계속 과대광고를 하고 있다. 즉 김 목사는 '가이슬러가 이단이라고 했으니 이단이다.'라는 식이다.

그렇다면 가이슬러가 칼빈주의 5대 교리도 비성경적이라고 강하게 비판했으니 칼빈주의에 기초한 한국의 장로교단들 역시 비성경적인 이단이 되어야 옳다. 그러나 김 목사는 이런 가이슬러의 반(反)장로교단적인 모습에는 입을 굳게 다물고 있다.

1. 가이슬러의 학력과 경력이 주는 인상은 무엇인가?

김홍기 목사가 자신이 "세계 최초"로 한글로 번역했다는 말까지 써가며 가이슬러의 글을 소개한 것은 역설적으로 지방교회 측의 반박자료 등을 통해 영어권 내에서만 폭로된 가이슬러의 치부가 한국교계에까지 알려지게 되는 빌미를 제공했다.

또한 김 목사는 가이슬러의 학력과 경력을 장황하게 소개했지만, 그러한 세속적인 성취만으로 하나님을 참되게 알 수 있는 것은 아니다. 오직 겸손하게 주님의 긍휼을 앙망하여 '지혜와 계시의 영'을 받아야 '하나님'(엡 1:17)과 '그리스도'(하나님의 비밀이신)(골 2:2)와 그분의 '몸 된 교회'(그리스도의 비밀인)(엡 3:4-6)를 참되게 알 수 있다(마 16:17).

그러나 유감스럽게도 가이슬러가 관여했다는 100여 권의 책들 중에서 그가 그리스도를 '생명'(요 11:25)으로 알고, 몸인 교회를 '그분 자신의 충만'(엡 1:23)으로 알고 체험한 흔적을 발견하지 못했다. 그렇다면 그는 겉핥기식의 교리적인 성경 지식은 있으되(요 5:39-40), 정작 성경의 핵심은 놓치고 있는 것이다(요 10:10, 마 16:18).

또한 김 목사의 의도와 달리, 소개된 가이슬러의 학력과 경력은 몇 가지 우려와 의구심을 불러일으키고 있다. 먼저 가이슬러가 신학을 공부했다는 휘튼 칼리지는 한 종신 여교수가 "무슬림과 기독교는 같은 하나님을 예배한다."라고 말해 논란이 된 바로 그곳이다(교회와 신앙, 2016. 3. 23자 관련기사 참조).

또한 가이슬러가 철학을 공부했다는 로욜라 대학은 천주교의 예수회(Jesuit)가 설립한 학교이다. 예수회의 주된 목적은 가톨릭 교리와 사상을 전파하는 것이며, 이 과정에서 성경과 개신교의 가르침들은 교묘하게 왜곡되고 거부된다. 학교 이름이기도 한 '로욜라(Loyola)'는 이 예수회의 창시자이다.

가이슬러는 『나니아 연대기』의 저자인 C. S. 루이스(말년에 천주교로 개종함)와 가톨릭 성인 중 한 명인 토마스 아퀴나스에게 영향을 받은 것으로 알려져 있다. 아퀴나스의 『신학대전』은 현대 가톨릭 신학의 뿌리라고 평가된다. 이러한 그의 가톨릭 관련성은 요한계시록의 큰 바빌론과 음녀를 로마 천주교로 본 위트니스 리의 해석에 왜 그가 그토록 민감하게 반응하는지를 이해하는 한 단서가 될 수도 있을 것 같다. 물론 가이슬러는 개신교인이다.

가이슬러는 현재 '복음주의 신학자 협의회(ETS)'와 '복음주의 철학자 협의회(EPS)'에 등을 돌린 상태다. 그는 복음주의 확산에 기여한 것으로 평가되는 풀러 신학교를 우습게 여기고, 지방교회 측을 가장 철저히 연구한 CRI와 AIA(행동하는 답변)와도 불화하고 있다. 그는 칼빈주의 5대 교리도 신랄하게 비판하고 반대한다. 오직 자신의 책을 펴낸 적이 있는 '하비스트 하우스' 출판사, 그리고 자신이 동역자(동업자)로서 자주 출연하는 기독교 TV쇼 진행자인 존 앵커버그, 이 둘과 직·간접으로 관련을 갖는 '오픈 레터 서명자들' 정도가 가이슬러의 우군으로 평가된다.

그러나 그 서명자들 역시 엘리옷 밀러의 말을 빌리자면, 왜곡된 1차 자료로만 지방교회들을 판단하고 있는 "가장 나쁜 종류의 이단 사냥"의 희생자들이다.

요약하면, 가이슬러는 신학과 철학을 공부하여 교리적인 성경 지식은 있으되, 생명도, 주님의 몸도, 주님의 몸의 하나도 모르고, 단지 자신의 논리적 사고 능력을 과신하는 또 한 명의 '잠재적 삼신론자'일 뿐이다.

2. 가이슬러는 칼빈주의의 핵심인 '튤립(TULIP)'도 공격하여 이단시한다.

한국교계의 다수를 차지하는 장로교단은 칼빈의 가르침을 성경 다음으로 매우 비중 있게 여긴다. 이러한 칼빈의 가르침은 통상 1) 전적 타락 2) 무조건적 선택 3) 제한된 속죄 4) 저항할 수 없는 은혜 5) 성도의 견인으로 요약되고, 그 영어 첫 글자들을 모아 'TULIP(튤립)'이라고 부르기도 한다.

그런데 가이슬러는 〈Why I Am Not A 5 Point Calvinist?〉라는 제목으로 소개된 유튜브 강연에서, 위 다섯 가지 항목들 각각에 대해 그것이 왜 비성경적인 가르침인지를 조목조목 비판하고 있다. 물론 그 유튜브 아래에는 독자들의 논쟁적인 반응들이 댓글로 길게 달려있다(https://www.youtube.com/watch?v=d9n_NUoslp0). 그의 이런 주장의 진위를 떠나서 만일 가이슬러의 비판이 정당하다고 간주한다면, 존 칼빈 그리고 그의 가르침을 존중하고 신봉하는 한국 장로교단은 구원론에 치명적인 문제가 있는 이단이 될 수밖에 없다.

김홍기 목사는 현재 자신이 "정통 신학의 보루"라고 광고한 가이슬러가 '지방교회들을 양태론 이단이라고 했으니 지방교회들은 이단이다.'라는 논리를 펴고 있다. 그렇다면 바로 그 가이슬러가 칼빈주의 5대 교리가 비성경적이라고 강하게 비판했으니 장로교단 역시 구원론에서 비성경적인 이단이 되어야 옳다. 만일 '같은 가이슬러의 비판이지만, 지방교회 측만 이단이고 장로교단 측은 이단이 아니다.'라고 한다면 그것은 두 개의 다른 저울을 사용한 것이므로 여호와 앞에 가증한 것이 될 것이다(신25:13, 16).

3. 이사야 9:6의 "영존하시는 아버지"에 대한 해석 문제

지금부터는 김 목사가 소개한 가이슬러의 주장들을 하나씩 재반박하고자 한다. 김 목사가 지난 토론 글들에서 가이슬러 본문을 가져와 사용하였기에 지방교회 측은 그 중 상당 부분은 이미 반박했다. 따라서 이 글은 추가 반박이 필요한 것들에 집중하고, 필요하면 예전 반박을 간략히 소개할 것이다. 사실 아래에서 검토할 가이슬러의 주장들 자체도 이미 영어권에서는 수 년 전에 지방교회 측에 의해 철저히 반박된 것들이다. 가이슬러는 현재 이에 대해 재반박 없이 5년째 침묵을 지키고 있는 중이다.

가이슬러는 이사야 9장 6절의 '영존하시는 아버지'가 첫째로 신약 용어이고, 둘째로 히브리어 원어 성경인 탈굼은 "메시아의 영원함"을 가리키며, 셋째로 "영원한 생명의 공급자"라는 뜻이라고 주장한다. 과연 그러한가?

1) '아버지'가 신약 용어라는 가이슬러의 주장.

지방교회 측은 이미 『Brothers, Hear Our Defense (2)』에서 이런 가이슬러의 주장이 터무니없는 거짓임을 다음과 같이 밝혔다.

가이슬러와 로우즈는 "삼위일체의 첫 번째 위격으로 사용될 때, '아버지'라는 용어는 명백히 신약적인 용어이다."라고 말한다. 그들은 틀렸다. 사무엘하 7장 12-14에서 나단 선지자는 다윗에게 여호와에게서 임한 다음의 말씀을 전했다. "네 수한이 차서 네 조상들과 함께 누울 때에 내가 네 몸에서 날 네 씨를 네 뒤에 세워 그의 나라를 견고케 하리라. 그는 내 이름을 위하여 집을 건축할 것이요 나는 그의 나라의 왕위를 견고케 하리라. 나는 그에게 아버지가 되고 그는 내게 아들이 되리니."…예표론에서 이 예언은 솔로몬을 가리켰지만, …다윗의 씨에 관한 그 예언의 참된 성취이신 분은 바로 그리스도이시다.
(마 9:27; 12:23; 15:22; 20:30-31; 21:9; 22:42, 45; 눅 1:32; 롬 1:3; 계 22:16)

가이슬러가 공동 저자로 되어 있는 한 책에서 그는 사무엘하 7장 14절에서 "나는 그의 아버지가 되리라."라고 한 것은 '다윗의 계보에 속한 아버지이신 하나님'을 가리킨다고 말한다. 그러나 그는 다른 곳에서는 로우즈가 그랬듯이 이 절이 다윗의 아들이신 그리스도에 관한 예언임을 인정한다. 그리스도는 아들이시기에 하나님을 가리켜 '그의 아버지'라고 한 표현은 신격 안에 계신 아버지를 가리켜 말한 것임에 틀림없다. 따라서 가이슬러와 로우즈가 삼일성의 첫 번째 위격을 가리키는 '아버지'는 구약에서는 사용되지 않았다고 말한 것은 지지를 받을 수 없는 주장이다(위의 책, 68쪽).

2) "영존하시는 아버지"가 단순히 "메시아의 영원하심"이라는 가이슬러의 주장.

지방교회 측은 이 점에 대해서도 위 지방교회 측 변증서 안에서 상세히 반박했으나, 지면상 가이슬러가 의존한 '탈굼' 번역 부분에 대한 반박만 인용 소개하고자 한다.

핀란드에 있는 '아보 아카데미'의 유대학 분야의 구약 강사직을 맡고 있고, 1995년부터 '탈굼 연구를 위한 국제기구 조종 위원회(the Steering Committee of the International Organization for Talgum Study)'의 일원이기도 한 로저 사이렌(Roger Syrén)은 위의 절에 대한 탈굼 학자들의 의역에서 "그분의 이름은 이전부터 불리었다."라는 표현은 별도로 독립되어 있다. 즉 히브리어 본문에서와 같이 약속된 메시아에 대한 묘사의 연장이 아니라고 논평했다. 사이렌은 다음과 같이 결론을 내린다.

따라서 탈굼 학자들은 메시아에게 '하나님'이라는 칭호를 부여하는 것을 피하기 위해 여기 9장 5절(6절)의 본문을 조작했던 것으로 보인다.

(위의 책, 75쪽)

지방교회 측은 위 내용이 포함된 반박문에서, "가이슬러와 로우즈는 성경이 고백한 것을 고백하기보다는 이렇게 생략한 해석을 옹호하고 있으며, 그럼으로써 그리스도의 신성을 회피하기 위하여 의역한 탈굼에 근거해 자신들의 주장의 정당성을 획득하고자 했다."라고 가이슬러의 문제점을 제대로 짚어내고 있다.

3) '아버지'가 영원한 생명의 공급자라는 가이슬러의 주장.

이 역시 '위격 간의 동일시'라는 교리적 모순을 회피하려는 꼼수요 근거도 설득력도 없는 억지 주장에 불과하다.

그렇다면 '이 아들은 …영존하시는 아버지'라는 이사야 9장 6절 본문을 어떻게 이해하는 것이 옳은 것인가? 그것은 성경을 쓰인 문자 그대로 읽되, 그것을 삼위일체의 경륜적인 방면의 동일시로 이해하는 것이다. 지방교회 측 신학 잡지인 '확증과 비평' 고정기고가인 케리 로비쇼우는 1996년 1월호인 창간호에서 'Some Biblical Trinitarian Conundrums(성경적인 삼위일체의 몇 가지 난제들)'이라는 제목 아래서 이 문제를 깊게 다룬 바 있다. 그 중 일부를 소개하면 다음과 같다.

이것이 성경상의 삼위일체에 대한 난제를 푸는 열쇠이다. 이 세 구절은 모두 매우 경륜적인 구절들이다. 이사야 9장 6절에서 말한 아들이 우리에게 주신 바 된 것은 하나님의 구원하는 경륜의 시작인 그분의 육체 되심이다. 그분이 사람이 되셨을 때 아들은 아버지 및 그 영과 독립적이지 않았다. 오히려 그분의 오심은 또한 아버지의 오심이었다. 이러한 이유로 그리스도는 제자들에게 다음과 같이 말씀하셨다.

"나를 본 사람은 아버지를 본 것인데, 어떻게 아버지를 보여 달라고 하십니까? 내가 아버지 안에 있고 아버지께서 내 안에 계시는 것을, 그대가 믿지 않습니까? 내가 여러분에게 하는 말은 내 스스로 하는 것이 아니라, 내 안에 거하시는 아버지께서 그분의 일을 하시는 것입니다."(요 14:9-10)

확실히 아버지는 아들과 동일시되지 않고 아들도 아버지와 동일시되지 않지만, 삼일성의 세 분은 서로가 절대로 분리되어 계시지 않는다. 그러므로 우리에게 주신 바 된 아들은 전능하신 하나님이실 뿐만 아니라 영존하시는 아버지라고 불리실 수 있다. 왜냐하면 아버지는 항상 그분 안에, 그리고 그분과 함께 계시기 때문이다. 그분의 영원한 정체성 안에서 하나님은 구별된 세 분이시나, 그분의 경륜적인 구원하시는 행동에 있어서 그분은 한 분으로 일하시며, 주신 바 된 아들은 그분의 일 안에서 일하시는 아버지로 불리실 것이다.

(전문: http://www.btmk.org/proof/?mode=proof_lst&p=1&i=69&f=&w=)

4. 고후 3:17의 "주는 영이시다" 해석 문제

이 역시 이사야 9장6절과 동일한 '난제'이나 균형 잡힌 정통 신학자들의 이해처럼, 이것을 존재론적인 삼위일체의 위격 간의 동일시가 아니라 경륜적인 삼위일체의 기능상의 동일시로 보면 쉽게 해결될 문제이다.

그럼에도 가이슬러처럼 무리하게 성경 본문을 뒤틀어 이해하려고 하거나, 성경 본문 자체를 있는 그대로 말하는 이들을 양태론자라고 성급하게 단정하여 공격하는 것은 지혜롭지 않다.

해당 문맥은 '여호와이신 성령'을 의미한다는 가이슬러의 주장.

가이슬러는 "수많은 해설자들"이 이 구절에서 '주'는 예수님이 아니라 '여호와'라는 의미의 '성령'을 가리킨다고 말하고 있다. 그러나 지방교회 측은 아타나시우스와 찰스 하지를 포함한 더 많은 권위 있는 성경 교사들이 이 본문에서의 '주'는 예수님을, '영'은 성령을 가리킨다고 말한 점을 구체적인 출처 제시를 통해 밝히고 있다. 물론 이 명단에는 박형용 박사도 포함되어야 할 것이다.

(http://www.contendingforthefaith.org/korean/responses/Geisler-Rhodes/scholars-on-Christ-being-the-Spirit.html).

5. 요14:10의 "내가 아버지 안에 거하고 아버지는 내 안에 계신 것" 해석 문제

가이슬러는 삼위가 상호내재하시는 것은 인정하지만, 그렇다고 해서 "아들은 아버지이시다."라고 말하는 것은 "논리의 비약을 포함하고" "이것은 그것을 양태론적인 방법으로 표현하는 것"이라고 주장한다. 그런데 가이슬러는 지금 자신의 이런 말이 주 예수님을 양태론자라고 정죄하고 있는 것임을 전혀 깨닫지 못하고 있는 것

같다. 왜냐하면 해당 문맥은 빌립이 주 예수님께 '아버지를 보여 달라'고 하자 주 예수님은 "나를 본 사람은 아버지를 본 것인데, 어떻게 아버지를 보여 달라고 하십니까?"(요14:19)라고 자신과 아버지를 동일시하시면서 그 근거로 자신과 성부께서 상호 내재하심을 언급한 내용이기 때문이다.

가이슬러는 성경을 있는 그대로 읽고 믿기보다는 자신의 조직신학 체계와 철학적 논리의 틀 안에서 성경을 읽다보니, 심지어 주 예수님까지도 양태론자라고 정죄하는 참람한 말을 한 셈이다. 이것은 김 목사가 거듭 과대 광고한 가이슬러의 세속적인 학력과 경력이 오히려 부메랑이 되어 가이슬러를 공격한 것이다.

우리는 성경 특히 삼위일체 관련 진리는 인간의 지력과 논리로 다 이해할 수 없는 면이 있음을 인정하는 겸손이 필요하다. 다만 성경의 모든 말씀에 아멘 하고, 잘 모르거나 모순처럼 보이는 부분은 빛 가운데 이해되도록 낮은 자세로 주님을 앙망하며 기다리는 태도가 건강한 신앙인의 모습일 것이다.

소위 '사위일체'에 대한 가이슬러의 비판에 대하여.

가이슬러는 지방교회의 주장이 터무니없음을 예증하는 증거로 위트니스 리가 '넷이 하나 안에 계신 하나님(four-in-one-God)'을 주장한다는 점을 들고 있다. 그러나 이 역시 자신의 '분리된 세 하나님들' 사상에 근거한 비성경적인 비판에 불과하다. 만일 그가 (1) 성육신하신 주 예수님은 제2격이심(갈4:4)과 동시에 삼위가 상호내재 하시는 삼위 전체(fully God)이시기도 하다(골2:9). (2) 주님의 몸은 이러한 주 예수 그리스도 자신께서 믿는 이들 안에서 충만하신 것이다(엡1:23) 하는 균형 잡히고 성경적인 관점만 가진다면 전혀 문제될 것이 없다.

그럼에도 가이슬러는 "리는 그리스도의 몸(교회)과 하나님이 하나가 되는 것을 허용하지 않는 것과 같은…정통 삼위일체의 견해를 가지고 있지 않다."라고 비판하고 있다. 이런 말은 가이슬러의 교회관이 얼마나 비성경적이고 빗나간 것인지를 단적으로 보여준다. 사도 요한은 "그날에는 내가 아버지 안에 있고, 여러분이 내 안에 있으며, 내가 여러분 안에 있는 것을 여러분이 알 것입니다."(요 14:20)라고 말한 바 있다. 이 말씀은 그리스도의 부활시 성취되었고, 그 성취된 실재가 바로 주님의 몸이다. 주님은 사울에게 "네가 왜 나를 박해하느냐?"라고 말씀하심으로써 자신과 그리스도의 몸을 동일시하셨다(행9:4-5).

따라서 위트니스 리가 "이 넷은 아버지, 아들, 성령, 그리고 몸이다. 신적인 삼위일체의 셋은 혼동되거나 분리될 수 없다."라고 한 말은 전적으로 성경에 따른 것이며 전혀 문제가 없다. 오히려 "창조주인 하나님의 세 위격들과 피조물인 교회가 하나 되는 것을 허용하지 않는다."는 식의 가이슬러의 주장이 비성경적이다. 종합적으로 볼 때, 가이슬러는 삼위일체론뿐 아니라 기독론과 교회론에서도 심각한 문제가 있다.

6. 존재론적인 삼위일체와 경륜적인 삼위일체의 차이에 관하여

이 단락에서 가이슬러가 한 말의 대부분은 이미 앞에서 충분히 다룬 것들이다.

즉 1) 위트니스 리가 한 곳에서는 '세 위격들의 구별을 주장'하나 다른 곳에서는 '페르소나(three Persons)'라는 용어 사용을 꺼리는 것이 모순이라는 지적은, '페르소나'라는 용어 자체가 주는 한계(삼신론이라는 인상) 때문이지만 그렇다고 해서 '세 위격들이 구별되신다.'라는 믿음을 포기한 것은 아님을 여러 번 밝혔다.

2) CRI가 예전에 '모순'이라고 생각했던 지방교회들의 용어적 표현들을 이제는 이해하게 되었다는 말에 가이슬러가 이의를 제기한 것에 대해, '하나님은 한 인격이시다.'(마28:19)라는 말은 삼위가 다 포함된 '한 신격'(골2:9) 개념이므로, "하나님은 구별된 세 위격"이시라는 또 다른 진술과 모순되지 않는다고 해명했다.

3) 위 두 가지 외에 추가하여 말하자면, 가이슬러는 본질적 삼위일체와 경륜적인 삼위일체라는 구분 자체를 부정하듯 하다가 뒤에서는 "경륜적인 삼위일체는 기껏해야 오직 하나의 본질적인 삼위일체의 활동들에 관해서 말하는 방법일 뿐이지 그의 본질의 존재를 말하는 것이 아니다."라고 제대로 말하고 있다. 우리는 가이슬러의 이러한 이해에 공감하고 동의한다.

그러나 다음 단락에서 다룰 가이슬러의 주장에는 강하게 반대한다. 거듭 지적해온 것처럼, 가이슬러는 '존재론적 삼위일체와 경륜적인 삼위일체', '한 신격', '위격 간의 경륜적인 동일시' 등에 관한 이해가 희미하기 때문에 이런 논란이 반복되고 있다.

가이슬러가 지방교회 측과 CRI를 양태론으로 오해한 핵심 부분들에 대한 반박과 해명

우리는 아래에서 가이슬러가 말한 부분을 먼저 인용 소개하고, 해당 문제제기에 대한 지방교회 측의 반박 내지는 해명을 그 뒤에 적도록 하겠다.

1) 가이슬러: "궁극적으로, 여기에서 지방교회(그리고 CRI 변증가들)의 문제는 이것이다. 첫째로, '본질적인 삼위일체'에 있어서 그들은 a) 하나님 안의 참으로 구별된 세 위격들을 확언하지 않는 전통적인 양태론적 이단 교리를 가지고 있든지"

반론: 우리는 이미 '본질적인 삼위일체'상의 삼위는 영원히 구별되심을 여러 차례 밝혔다. 가이슬러 본인도 그 점을 다음과 같이 시인했다. "(가이슬러) 위트니스 리는 다음과 같이 확언을 한 것으로 인용된다. '즉 우리는 영원 안에서 삼위일체 하나님은 삼위와 오직 한 본질을 소유하신다고 말할 수 있다. 위격들이 혼동되어서는 안 되고 본질이 나뉘어져서는 안 된다. 아버지와 아들과 성령은 삼위이시다. 그러나 그들은 본질에서 하나이시다.'"

따라서 가이슬러의 '전통적인 양태론 교리' 운운은 전혀 근거가 없는 말이다.

2) 가이슬러: 아니면 b) 하나님은 한 위격(one Person)이실 뿐 아니라 한 위격이 아닌 구별된 세 위격들이시기도 하다는 모순을 가지고 있는 것이다.

반론: 이 역시 양립이 가능한 말이며 결코 모순이 아니다. 즉 하나님은 삼위 전체가 포함된 한 신격(골2:9) 개념에서는 'one Person'이라고 할 수 있다(마28:19에서의 '세 위격들, 한 단수의 이름' 참조). 단지 가이슬러가 성경적인 '신격' 개념에 무지하여 모순처럼 보일 뿐이다.

3) 가이슬러: "둘째로, '경륜적 삼위일체'에 있어서 그들은 양태론의 새로운 하부 범주를 구성하는, 경륜적 양태론(operational modalism)이라 부를 수 있는, 이단 교리를 가지고 있다. 어떠한 경우에도 이러한 교리는 비정통적인 것으로 배척되어야 한다."

반론: 이것은 정통 신학자들이 인정해 온 '경륜적인 삼위일체 방면에서의 위격들 간의 기능적인 동일시'에 대한 가이슬러의 이해 부족에서 나온 말일 뿐 결코 '이단 교리'가 아니다. 사실 '경륜적인 양태론'이라는 말 자체가 성립되지 않는 표현이다. 만일 그럼에도 가이슬러가 위와 같은 주장을 계속 고집한다면, 가이슬러 자신이 사도 바울과 주 예수님까지도 양태론자로 정죄하는 참람한 이단으로 규정될 것이다.

만일 위의 내용들이 김홍기 목사가 지난 일곱 번째 글에서 언급한 "지방교회를 '양태론 이단'으로 규정한 이유"이자 "미국의 CRI를 '이단 옹호자'요 '양태론 이단'으로 규정한 배경"이라면 그것은 전혀 근거 없는, 매우 경솔한 판단이었음이 밝혀졌다.

따라서 김홍기 목사가 양심적인 사람이라면, 앞으로 더 이상 위 가이슬러의 말을 근거로 지방교회 측과 CRI를 이단 운운하는 표현을 자제해 주기 바란다.

"세 번의 나타나심" 안에 있는 한 위격이신 하나님, 그리고 진행적 형태의 양태론

가이슬러는 해당 단락에서, 위트니스 리 책자 여기저기에서 자신이 보기에 양태론으로 보일만한 언급이나 비유들을 문맥을 무시하고 떼어내어 비판하고 있다.

이 역시 가이슬러의 '분리된 세 위격들 사상' 그리고 하나님의 뜻의 성취를 위하여 그분께서 행하신 경륜에 대한 무지에서 오는 오해일 뿐 전혀 문제될 것이 없는 내용들이다.

우리는 가이슬러의 근본적인 문제점 두 가지를 먼저 다루고 이어서 그가 인용 비판한 위트니스 리 본문들에 대해 간략하게 해명하고자 한다.

1) 가이슬러가 하나님의 경륜을 말하는 성경 본문에 대해 무지함.

이사야 54장 5절은 "이는 너를 지으신 이가 네 남편이시라 그의 이름은 만군의 여호와이시며 네 구속자는 이스라엘의 거룩한 이시라. 그는 온 땅의 하나님이라 일컬음을 받으실 것이라."라고 말씀한다.

위 성경 본문은 하나님께서 우리의 '창조주'요 '구속주'이시며 '남편'이시라고 말한다. 즉 성부와 성자와 성령께서 구별되나 분리되지 않고 상호내재하시는 한 신격이신 하나님은, 구약에서 창조주로 일하셨고(창 1:31), 아들 하나님 안에서 성육신하셔서 구속자가 되셨고(요 19:30), 부활 후에는 생명으로 믿는 이들의 영 안에 들어와 한 영 되심으로 우리의 남편이 되셨다(고후 11:2, 고전 6:17, 요 3:6). 그리고 지금은 우리 안에서 맏아들(남편)과 동일한 형상을 갖도록 우리를 거룩하고 흠이 없는 신부로 단장하고 계신다(롬 8:29, 엡 5:26-27, 계 22:17). 그 최종 단계는 그리스도의 몸이 어린양의 신부인 새 예루살렘이 되는 것이다(계 21:2). 이러한 그분의 '창조'와 '구속'과 사람과의 연합 즉 '건축'은 창세전에 예정하신 '휘오데시아(υἱοθεσίαν, 엡 1:4-5, 갈 4:5, http://www.localchurch.kr/church/3053)'를 얻으시려는 하나님의 위대한 뜻을 성취하는 데 필수적인 과정들이다.

이러한 과정들 속에서 가장 논란이 되는 두 단계는 그분의 성육신과 부활이다.

(1) 먼저 교회 역사상 성육신에 대한 논란 과정에서 가장 많은 이단들이 나왔지만, 그러한 혼란들은 칼케돈 신조로 정리가 되었다. 그러나 (2) 부활하신 분은 누구이시며 현재 어떤 상태에 계신가 하는 문제는 부활하여 생명주는 영이 되신 주 예수님과 성령님과의 관계에서 여전히 이해가 쉽지 않다(요 20:22, 요 7:39, 행 13:33, 고전 15:45, 롬 1:3-4, 고후 3:17).

위트니스 리는 700쪽이 넘는 『신약의 결론-그리스도』(한국복음서원) 편에서 이런 난제들을 잘 설명하고 있으나 가이슬러는 '한 신격' 개념에 대한 무지로 인하여 깊은 혼돈 속에 빠져 있다.

2) 가이슬러가 내재적 삼위일체와 경륜적인 삼위일체 방면에 무지함.

저명한 교회사가인 필립 샤프는 아래 인용문에서 정통 교부들인 "니케아 교부들"의 글들이 상당 부분에서 삼신론적인 인상을 주지만, 그것을 (삼위일체의 경륜적인 방면을 강조한) 사벨리우스의 견해를 취하여 상쇄시킴으로써 양극단을 피할 수 있었음을 증언한다.

위트니스 리도 원칙상 같은 경우이다. 그럼에도 가이슬러(김 목사)는 위트니스 리의 글에서 '경륜적인 방면'의 언급들만 가져와서 양태론으로 오해하고, 정작 자신들은 '존재론적인 삼위일체' 방면만 고집하여 잠재적 '삼신론'에 빠져 있는 것이 현재 처한 상황이다.

"Many passages of the Nicene fathers have unquestionably a tritheistic sound, but are neutralized by others which by themselves may bear a Sabellian construction; so that their position must be regarded as midway between these two extremes"

(Philip Schaff, 『history of the Christian Church』, vol. III, p 674, 교회와 신앙, 96년 10월호, 165~166쪽)

3) 양태론으로 오해될 만한 위트니스 리 언급들에 대한 해명.

(1) "집에서는 아버지, 대학에서는 교수, 병원에서는 의사인 이 남자는 한 이름을 가지고 있는 세 사람이다."

(2) "하나님은 사람이 볼 수 없는 하늘에서는 아버지이시고, 사람들 가운데 표현되실 때는 아들이시며, 사람들 안으로 오실 때는 성령이시다."

(3) "수박이 주스로 진행되었을 때 그것은 쉽사리 우리 안으로 취해져서 참으로 우리의 요소가 된다. 하나님 아버지는 하나님의 아들을 통하여 진행되었고, 지금은 성령 하나님이시다."

(4) "모든 사람들의 창조주는 사람이 되셨다. …십자가에 못 박히신 후에 그리스도는 무덤에 장사되셨다. …삼일 후에 그리스도

는 죽음에서 일어나 부활하셨다. 부활을 통하여 또한 부활 안에서 그분은 생명을 주는 영이 되셨다.”

반박 또는 해명.

위 사례들은 위트니스 리를 양태론이라고 정죄하는 이들이 약방의 감초처럼 써먹는 내용들이다. 그러나 위와 같은 언급들은 ‘존재론적인 삼위일체’ 방면이 아니라 그분의 구원의 경륜에서 그러하시다는 것이다. ⑴의 경우는 위 이사야 54:5처럼 한 신격(성부, 성자, 성령)이 창조주, 구속주, 남편이신 것으로 설명될 수 있다. ⑵~⑷의 경우는 역시 〈한 신격의 하나님〉께서 인성(人性)을 입고 오셔서 죽고, 부활하신 후 사람 안에 들어오신 과정들(사복음서와 서신서들)로 설명될 수 있다.

위 사례들은 영원히 구별되게 존재하시는 세 위격들께서 한 신격 안에 공존하심을 전제로, “한 위격의 오심은 다른 두 위격들이 포함된 신격 전체가 오심”을 가리킴으로, 〈‘1격이 2격이 되신 후 1격은 존재하지 않고, 다시 2격이 3격이 되신 후 1, 2격은 존재하지 않는다.’라고 믿는 사벨리우스주의〉와는 전혀 다르다. 따라서 결코 양태론이 아니다. 위트니스 리는 삼위 모두가 ‘영원하심’과 ‘구별되심’을 확고히 믿고 있다.

신성한 삼일성의 셋-아버지와 아들과 그 영-은 동시에 존재하시며 그 동시존재는 영원부터 영원까지 시작이나 끝이 없다. …우리는 아버지와 아들이 하나라고 말할 수 있다. 왜냐하면 주 예수님께서 “나와 아버지는 하나이니라."고 하셨기 때문이다(요10:30). 그러나 비록 아버지와 아들이 하나이지만 그분들 사이에는 여전히 나와 아버지의 구별이 있다. 우리는 이점을 경시하지 말아야 한다.

(위트니스 리, 『하나님의 계시와 이상』, 한국복음서원, 37~38, 44쪽)

우리는 아버지께서 십자가로 가셔서 우리의 구속을 위해 죽으셨다고 말할 수 없으며, 십자가 위에서 흘리신 피가 아버지 예수의 피라고 말할 수 없다. 우리는 하나님의 아들 예수께서 피를 흘리셨다고 말해야 한다(요일 1:7). …아버지께서 죽은 자 가운데서 부활하셨다고 말할 수 없다.

(위트니스 리, 『장로 훈련 3권: 이상을 실행하는 길』, 112쪽)

그 셋은 결코 분리되지 못한다. 그 셋은 항상 동시존재하며 상호 내재한다. 한 분이 이곳에 있을 때에 셋 모두가 이곳에 있다. 분리됨이 없다.

(위트니스 리, 『신약의 결론, 하나님』. 한국복음서원, 288쪽)

"거룩한 삼일성의 위격들은 분리된 개체들이 아니다. 각 위격은 다른 위격들을 포함하며, 한 위격의 오심은 다른 위격들의 오심이다. 그러므로 그 영의 오심은 분명히 아들의 오심을 포함했다고 보아야 한다."

(A. H. Strong, Systematic Theology: A Compendium [Old Tappan, NJ: Revell, 1960, c1907] p.p.332~333)

위 내용을 볼 때 김홍기 목사가 "영원한 삼위일체와 지방교회의 진행적 양태론 이단"이라는 유튜브 설교에서 위트니스 리가 사벨리우스처럼 믿는다고 말하면서 양태론 이단으로 정죄한 것은 심각한 사실 왜곡이다. 사벨리우스와 달리 위트니스 리는 성부, 성자, 성령께서 영원하심을 믿고 있다. 따라서 김 목사는 자신의 양심이 살아있다면, 위 문제의 유튜브를 즉각 삭제하고 지방교회 측에게 공식 사과해야 할 것이다.

4) 삼위 하나님께서 성육신과 부활을 거치시는 과정 속에서 주로 '인성'에 초점을 둔 변화를 가리킴.

가이슬러는 란 캔거스 형제가 "하나님은 영원 안에서 변치 않으시나, 하나님이 겪으시는 이런 과정에서, '변화되다', '되다(became)' 그리고 '새로운 존재 상태로 들어가다'와 같은 말들을 사용한다."라고 한 후 "하나님은 이 모든 것을 통해서 그분의 본성에 있어서 변치 않으신다."라고 말한 것을 지적했다.

그러나 이 역시 〈한 위격은 다른 두 위격을 포함한 온전하신 하나님〉이시라는 '정통 삼위일체'관만 가지면, 아무 문제가 없다. 즉 (1) 삼위 전체께서 입으신 인성과 관련하여, 성경 자체가 'the Word became flesh'(요 1:14), 또는 'the Last Adam became a life-giving Spirit'(고전 15:45)이라고 말씀하고 있기 때문이다.

또한 (2) 삼위 '하나님'께서 인성을 입으사 '하나님-사람'이 되신 것, 그리고 그 성육신으로 입으신 인성이 부활 후 영원히 '죽지 않을 인성'(계 1:18)이 되신 분 즉 '생명주는 영'이 되신 것은 "새로운 존재 상태"이다.

5) 누가 누구에게 기도하는가?

가이슬러는 또한 위트니스 리 책 중에서 문맥을 무시하고, "기도를 들으시는 아버지는 기도하시는 아들이시다. 또한 기도하시는 아들은 기도를 들으시는 아버지이시기도 하다."라는 표현을 가져와 양태론이라고 판단했다. 그러나 위 내용은 스가랴 2:8-12에서 "만군의 여호와께서 '보내신 자(He)'와 동시에 '보내심을 받은 자(I)' 둘 다 이심"을 지적한 바로 다음 문장이다. 위 말을 할 때 위트니스 리의 의도는 기도하시는 아들도 '만군의 여호와', 즉 〈삼위 전체〉이시고, 기도를 들으시는 아버지도 '만군의 여호와', 즉 〈삼위 전체〉이시라는 전제 하에 한 말이다.

즉 '1격=2격, 2격=1격'이라는 말이 아니라 '삼위 전체=삼위 전체'라는 말이다. 이것은 칼빈주의 정통 신학자인 로뢰인 뵈트너가 '주기도문상의 성부는 단지 제1격만이 아니라 삼위 전체(Triune God)'라고 말한 것과 같은 맥락이다.

이상 우리가 이 단락의 반론을 마무리하면서 거듭 강조하고 싶은 것은 가이슬러에게 '한 위격은 삼위 전체(each person is fully God)'라는 인식만 있다면 결코 지금처럼 '1격이 2격이 되고 다시 2격은 3격이 되니 양태론이다.'라는 식의 비판을 하는 것은 구조적으로 불가능하다는 것이다. 왜냐하면 '말씀이 육신이 되셨다.'(요 1:14)라는 말씀은 '삼위 전체'이신 '2격'께서 육신을 입으신 것을 가리키고, '마지막 아담이 생명주는 영이 되셨다.'(고전 15:45)라는 말씀도 성육신하신 바로 그분의 인성 부분이 부활 후에는 영원히 죽지 않을 인성, 즉 '영광의 몸'(빌 3:21)이 되신 것을 의미하기 때문이다(요 7:39 본문 참조).

우리는 이러한 다소 난해한 주제들에 대해 지면의 한계로 인하여 좀 더 충분히 다룰 수 없었던 점을 안타깝게 생각한다. 이 주제를 다시 거론할 기회가 온다면 그때는 좀 더 깊이 있는 토론을 펼칠 것을 약속한다. 우선은 비록 지방교회 측의 공식 입장은 아니지만 유사한 주제를 다룬 다음 자료를 참고하기 바란다(http://www.localchurch.kr/3993).

7. 지방교회를 방어함에 진리의 이중성을 사용함

가이슬러는 이 단락에서 장황하게 말했지만, 결국 그의 불만은 지방교회 측이 "하나님은 존재론적인 삼위일체에서 오직 한 위격이시며 또한 세 위격이시라고 모순되게 주장"하는 것에 있다고 본다. 그러나 이 문제는 '하나님은 하나(God is one)'이시라는 수많은 성경 구절들이 그분의 '한 신격(one Godhead)'을 가리키며, 그러한 한 신격은 세 위격들을 포함한 개념이므로 위 말은 성경에 근거하고 있으며 모순이 아니다.

8. 고넬리우스 반 틸을 사용함

지방교회 측이나 반 틸이나 "신격 전체가 한 인격(one person)이시다."라고 함으로써 '세 위격들이 다 포함된 의미로서의 한 신격' 개념을 말했지만, 가이슬러는 반 틸은 용납하고 지방교회 측은 거부하는 편견을 보이고 있다.

즉 그는 1) "그(반 틸)가 했던 것은 하나님은 구별된 세 위격으로 정의될 수 있을 뿐 아니라, 어떤 의미에서 한 위격(a Person)으로도 일컬어질 수 있다고 말한 것이다."라고 반 틸을 두둔한다. 그런데 지방교회 측도 같은 말을 한 것이다. 2) 그는 이어서 "반 틸은 한 본질에 세 위격을 가진 하나님을 규정한 초대 그리스도인들의 신조를 부인하지 않았다."라고 했지만, 지방교회 측 역시 그러한 고대 신조를 부인하지 않는다는 점을 앞에서 입증한 바 있다. 3) 그는 또한 "반 틸이 여기서 정통적이라면, 지방교회의 비정통적인 입장을 옹호하기 위해 그가 사용되어져서는 안 된다."라고 말한다. 그러나 이런 말은 자신이 같은 내용이더라도 사람에 따라 기준을 달리하는 불의한 변증가임을 보여주고 있을 뿐이다.

9. 신학자 아우구스투스 스트롱을 사용함

가이슬러는 CRI가 지방교회의 견해를 지지하기 위해 "고명한 침례교 신학자인 아우구스투스 스트롱에 호소한다."고 말하면서, 그러나 스트롱은 "그들의 위격에 관해서는 구별된 존재들이시다."라고 말하였기에 "아버지는 아들이시고 아들은 아버지이시다."라는 "지방교회의 믿음을 정당화시키지 않는다."라고 했다.

그러나 가이슬러는 지금 전혀 엉뚱한 반론을 하고 있다. 지방교회 측은 "한 위격의 오심은 다른 두 위격 모두의 오심이다."라는 면에서 스트롱의 말을 인용한 것이었다. 가이슬러가 지적한 위격 간의 동일시는 이사야 9장 6절(성자=성부), 고린도후서 3장 17절(성자=성령)에 근거한 것이다. 이것은 경륜적인 삼위일체 방면의 '기능상'의 동일시이다.

한편 주 예수님께서 빌립에게 자신과 아버지를 동일시하신 근거로 요한복음 14장 10절의 위격 간의 상호내재 사실을 제시하신 것은 매우 흥미로운 부분이다. 그 외에 스트롱이 “그들의 위격에 관해서는 구별된 존재들이시다.”라고 한 말에 대해 누가 반론을 제기하는가? 지방교회 측 역시 존재론적인 삼위일체 방면에서 세 위격들은 구별되신다는 점을 누누이 강조해 왔다.

10. 결론적 논평

가이슬러는 자신의 긴 답변 글의 말미에 쓴 결론 부분에서 거의 대부분의 지면을 세속적인 재판 이야기로 채우고 있다. 그 외 CRI의 지방교회 측에 대한 태도 변화에 대해 간략히 적고 있다. 그의 주장에는 몇 가지 부정확한 점들이 포함되어 있다.

1) “지방교회를 신학적으로 또는 사회학적으로 이단이라 칭하는 합헌성에 관해 텍사스 주 항소법원이 결정했다.”라는 가이슬러의 말은 거짓이다. 세속 법원은 종교적인 이단 문제를 결정할 권한이 없다.

2) “앵커버그와 웰든 및 하비스트 하우스가 지방교회를 사회학적인 의미에서 중상 모략적으로 딱지를 붙였다는 그들의 나머지 고소에 대하여, 응당 그래야 했었던 것처럼, 법정은 이것 역시 거부했다.”라는 주장도 거짓이다.

법원이 거부한 것이 아니라 사실은 『백과사전』 저자들이 자신들의 명예훼손 혐의를 피해가려고 총론 부분에 쓰인 악랄한 중상모략들이 지방교회에는 해당되지 않는다고 법정 선서 증언과 함께 자백한 것이다. 법원이 명예훼손을 하도록 허락하지는 않는다.

3) “지방교회는 항상 상대방이 그리스도인 형제들로서 그들을 만나기를 절대적으로 거부했을 때 최후의 방편으로 법적 행동을 취했다고 주장하면서 지방교회의 고소를 정당화시켰다.”라는 말은 사실 그대로이다.

4) 고린도전서 6장이 말하는 믿는 이들 간의 갈등을 ‘교회로 가져가지 않았다.’라는 식의 가이슬러의 주장은 이 사건의 본질을 모르는 이야기다. 이 사건은 『백과사전』 측의 내부 문서에 의하자면 ‘워치만 니와 위트니스 리의 신약 사역’(고후 4:1) 자체를 반사회적이고 반도덕적인 단체라는 굴레를 씌워 매장시키려고 한 것에 대한 대응이었다. 따라서 이것은 고린도전서 6장이 아닌 사도행전에서 바울이 가이사에게 호소한 사례와 유사하다(행 25:11). 따라서 법정 송사에 대한 조언은 오히려 자신들의 재정 건전성을 위해 서점 등 약자들에게 숱하게 소송을 제기한, 현재 가이슬러가 감싸는 복음주의 출판사들에게 들려주어야 할 말이다.

5) CRI가 지방교회 측을 비판하다가 두둔하게 된 결정적인 동기는 추가 연구를 통하여 지방교회 측의 주장이 맞고 자신들이 오해했음을 알게 된 것이다. 그 외에 중국에 있는 박해로 인해 투옥당한 경험이 있는 성도들의 존재와 삶 속에서 “신약 기독교의 참된 실재를 체험한, 그리스도를 따르는 이의 광채”(『우리가 틀렸었다』, 5쪽)를 보았기 때문이다.

11. 부록-란 캔거스에게 보낸 편지

가이슬러는 답변 글 말미에 자신이 〈확증과 비평〉 편집장인 란 캔거스에게 2008년 6월 1일에 보냈던 편지를 소개했다. 그러나 그가 란 캔거스에게 질문한 아래의 여덟 가지 항목은 이미 지방교회 측의 답변들 안에서 밝혀진 것들이거나 가이슬러 자신의 교리 자체에 심각한 하자가 있는 내용들이다.

1) 왜 '페르소나'라는 말을 안 쓰는가? -이미 답변했다. 즉 그 용어는 '삼신론' 개념을 내포하기 때문이다.

2) '삼일'에서 셋은 누구인가? -성부, 성자, 성령을 가리킨다.

3) 세 위격은 정통, 한 위격은 양태론이다. -'한 위격'은 '한 신격'이라는 의미에서는 양태론이 아니다.

4) 제2격만이 사람이 되었다. -한 신격, 즉 '삼위 전체'가 '아들 안에서' 육신을 입으신 것이다(골 2:9, 갈 4:4).

5) 어떻게 부활하신 몸이 물질이자 비물질인가? -성경이 그렇게 말하고 있다(요 20:27, 고전 15:45)

6) 단성론과 당신의 견해의 차이는? -성육신하신 분은 영원토록 참 하나님, 참 사람이시다(레 2:4 참조).

7) 하나님에 관한 진술은 모순이 없어야 한다고 믿는가? -'하나님'에 관한 언급을 포함한 성경의 모든 말씀들은 다만 아멘 하고 믿는 것이 건강한 신앙이다(예를 들어, 사 7:14의 처녀 잉태).

8) 하나님은 변치 않는 분인데 어떻게 과정을 거쳤다고 하는가? -하나님의 신성은 영원히 변치 않는다. 그러나 그분이 인성을 취하시고, 인생과 죽음과 부활과 승천을 거치신 사건은 일련의 '과정(process)'이라고 할 수 있다. '과정을 거쳤다.'라는 말은 그분의 '인성'에 관련된 개념이다.

결론적으로 가이슬러와 김홍기 목사는 삼위를 사실상 분리시키는 자신들의 잠재적 삼신론을 판단 기준으로 삼고, 경륜적인 삼위일체의 위격 간의 동일시를 말하는 대목을 '양태론'으로 오해함으로써 지방교회 측과 CRI를 부당하게 정죄했다.

그러나 그러한 판단은 잘못된 것이므로 공개적으로 철회되어야 할 것이다. 만일 추가 토론을 할 필요가 있다면 가이슬러는 지금처럼 침묵하거나 '자발적' 대리인(김홍기 목사)을 통해 과거 주장을 되풀이할 것이 아니라, 지방교회 측이 2011년에 자신의 글에 대해 반박한 『Brothers, Hear Our Defense(1-4)』에 대해 직접 반응해야 할 것이다. 우리는 이런 쌍방의 토론이 한국교계의 삼위일체에 대한 전진된 이해에 기여할 수 있게 되기를 간절히 기도한다.

참고 : 우리는 지면 관계상 여기서는 김홍기 목사와의 1, 2차의 토론 시 지방교회 측의 반론 1-2, 7-8 네 개의 글만 소개했다. 17개 반론 글 전문을 보기 원하는 독자는 http://www.localchurch.kr/defense/39982 참조.

[부록]

풀러 신학대학 성명서

풀러(Fuller) 신학대학과 지방교회들의 인도자들과 그 출판기관인 리빙스트림 미니스트리(LSM)는 최근에 지난 2년 동안 해온 광범위한 대화를 마쳤습니다. 이 기간에 풀러 신학대학은 리빙스트림 미니스트리에서 출판한 위트니스 리와 워치만 니의 저서들을 특히 강조하는 지방교회들의 주요 가르침들과 실행들을 철저하게 검토하고 조사해 보았습니다.

이러한 과정을 취한 이유는, 종종 이들 교회들에 관해 던져지는 여러 가지 많은 질문들과 비난들에 대한 답을 주고자 하는 것이었고, 또한 역사적이고 정통적인 기독교의 빛 안에서 이 두 사람이나 지방교회들의 가르침들과 실행들의 위치를 파악하고자 하는 것이었습니다.

풀러 신학대학 측에서 이 대화에 참여한 분들은 총장이며 기독교철학 교수인 Richard Mouw 박사와 신학부 학장이며 신학 및 윤리학 교수인 Howard Loewen 박사와 조직신학 교수인 Veli-matti Karkkainen 박사입니다. 지방교회들을 대표하여 참여한 분들은 Minoru Chen, Abraham Ho, Dan Towle 씨입니다. LSM을 대표하여 참여한 분들은 Ron Kangas, Benson Phillips, Chris Wilde, Andrew Yu 씨입니다.

풀러 신학대학이 내린 결론은, 지방교회들과 그 구성원들의 가르침들과 실행들이 본질적인 모든 방면에서 진실하고 역사적이고 성경적인 그리스도인 신앙을 대표하고 있다는 것입니다. 풀러 신학대학이 당면했던 첫 과제 중 하나는, 그들을 비판하는 이들이 전형적으로 제시했던 지방교회들의 사역의 모습이 지방교회들의 사역의 가르침들을 정확히 반영하고 있는가를 판정하는 일이었습니다.

이 점에 있어서, 우리는 워치만 니와 위트니스 리에 관하여 어떤 단체들 안에 생성된 인식과 그 두 사람의 저서들에서 발견된 사실상의 가르침들 사이에 큰 차이가 있음을 발견했습니다. 특히 위트니스 리의 가르침들은 엄청나게 잘못 대표되었으며, 그 결과 일반적인 그리스도인 사회에서, 특히 자신들을 복음주의자들로 분류하는 사람들 가운데서 가장 빈번하게 오해되어 왔습니다.

성경과 교회사의 빛 안에서 공정하게 점검해 볼 때, 문제시 되었던 가르침들은 사실상 성경과 역사의 의미심장한 신뢰를 받고 있다는 것을 우리는 시종일관 발견하게 되었습니다. 그러므로 우리는 그들이 그리스도의 몸 전체의 주목과 존중을 받을 가치가 있다고 믿습니다.

우리가 거친 과정을 이해함에 있어서, 처음부터 우리는 모든 참된 그리스도인 믿는 이들이 고수하고 있는 진정한 그리스도인 신앙의 본질적인 요소들 위에서 이들 교회들이 서 있는 입장이 무엇인가에 대해 상당한 주의를 기울였음을 주목하는 것이 중요합니다. 만일 신앙의 기본 교리들에 관한 동의가 분명하게 확립될 수 있다면, 비본질적인 가르침들에 관한 차후의 대화와 토론은 믿는 이들의 교통의 범위에 들어가는 것이 타당하다고 우리는 믿습니다. 우리는 그들의 출판물들을 읽어보고 또 풀러 신학대학 측과 그 교회들과 사역의 대표자들과 다섯 번에 걸쳐 직접 만나는 모임을 갖고 나서 이러한 결정을 내렸습니다.

하나님, 삼일성(삼위일체), 그리스도의 인격과 일, 성경, 구원, 교회의 하나와 합일, 그리스도의 몸 등에 관한 그들의 가르침과 간증에 관해서 우리는 그들이 논의의 여지없이 명백하게 정통(正統)이라는 것을 발견했습니다. 더 나아가 우리는, 비록 그들의 신앙고백이 신조의 형태로 되어 있지는 않지만, 그들의 신앙고백은 주요 신조들과 일치한다는 것을 발견했습니다.

더구나 우리는 리빙스트림 미니스트리의 출판물로 대표된 가르침들을 고수하는 사역의 인도자들이나 지방교회들 구성원들 가운데 이단에 속하거나 이단과 유사한 속성들이 있다는 증거를 전혀 찾을 수 없었다는 것을 확실하게 말할 수 있습니다.

따라서 우리는 그들을 진정한 믿는 이들로, 그리고 그리스도의 몸의 같은 지체들로 쉽고도 편안하게 받아들일 수 있습니다. 또한 우리는 모든 그리스도인 믿는 이들도 마찬가지로 그들에게 교제의 악수를 건네기를 기탄없이 권하는 바입니다.

우리가 함께 했던 시간들은 진지하고 열려 있고 투명하고 제약이 없는 대화의 시간이었습니다. 우리 풀러 신학대학 측에서 특별한 관심을 갖고 접근했던 몇 가지 주제들은 삼일성(삼위일체), 신성과 인성의 연합, 신화(神化), 양태론(樣態論), '지방교회'에 대한 그들의 해석과 실행, 그리스도의 신성과 인성, 그들의 모임 밖에 있는 외부 믿는 이들에 대한 그들의 태도 등이었습니다. 우리는 이런 분야들 하나하나에 대해 탐색할 자유를 제한 없이 부여받았습니다. 매

경우에 우리는 일부 사람들이 가진 공공연한 인식이 지방교회들 안에 있는 믿는 이들의 믿음과 실행뿐만 아니라 출판된 사실상의 가르침들과도 너무나 동떨어진 것임을 발견했습니다.

이 성명서는 우리가 연관되었던 과정과 우리가 내린 전반적인 결론에 대한 전체적인 개관에 대해 관심을 가진 분들에게 제공하려는 의도로 마련된 것입니다. 이 간단한 성명서에 이어서 몇 개월 후에는 위에서 언급한 신학적 주제들과 기타 중요한 주제들을 더 상세하게 다루는 논문이 나올 것입니다. 지방교회들과 리빙스트림 미니스트리의 대표자들은 그들에 관한 관심사의 주요 주제들에 대한 그들의 가르침들을 요약된 형태로 진술하는 성명서를 작성하기로 합의했습니다. 풀러 신학대학 측은 이미 상당한 연구와 대화를 거친 다음 그들을 이해하는 데 이르렀으므로 그들의 가르침들에 대한 논평을 제공할 것입니다.

작성일: 2006년 1월 5일

STATEMENT FROM FULLER THEOLOGICAL SEMINARY(풀러 신학대학 선언문 영어원문)

Fuller Theological Seminary (Fuller) and leaders from the local churches and its publishing service, Living Stream Ministry (LSM), have recently completed two years of extensive dialog. During this time Fuller conducted a thorough review and examination of the major teachings and practices of the local churches, with particular emphasis on the writings of Witness Lee and Watchman Nee, as published by Living Stream Ministry. This process was undertaken in an attempt to answer many of the questions and accusations that are often associated with this group of churches and to locate the teachings and practices of these two men and the local churches in light of historical, orthodox Christianity. Participants in the dialog from Fuller included Dr. Richard Mouw, President and Professor of Christian Philosophy; Dr. Howard Loewen, Dean of the School of Theology and Professor of Theology and Ethics; and Dr. Veli-Matti Kärkkäinen, Professor of Systematic Theology. Representing the local churches were Minoru Chen, Abraham Ho, and Dan Towle. Representing LSM were Ron Kangas, Benson Phillips, Chris Wilde, and Andrew Yu.

It is the conclusion of Fuller Theological Seminary that the teachings and practices of the local churches and its members represent the genuine, historical, biblical Christian faith in every essential aspect. One of the initial tasks facing Fuller was to determine if the portrayal of the ministry typically presented by its critics accurately reflects the teachings of the ministry. On this point we have found a great disparity between the perceptions that have been generated in some circles concerning the teachings of Watchman Nee and Witness Lee and the actual teachings found in their writings. Particularly, the teachings of Witness Lee have been grossly misrepresented and therefore most frequently misunderstood in the general Christian community, especially among those who classify themselves as evangelicals. We consistently discovered that when examined fairly in the light of scripture and church history, the actual teachings in question have significant biblical and historical credence. Therefore, we believe that they deserve the attention and consideration of the entire Body of Christ.

It is important to note, in understanding the process that we have undergone, that considerable attention was devoted at the outset to the stand of these churches on the essential elements of the genuine Christian faith adhered to by all true Christian believers. We believe that if agreement on the basic tenets of the faith can be clearly established, then subsequent dialog and discussion concerning non-essential teachings properly fall within the realm of the fellowship of believers. This determination was made by reading their publications and through our fellowship in five face-to-face meetings between Fuller and representatives of these churches and this ministry. In regard to their teaching and testimony concerning God, the Trinity, the person and work of Christ, the Bible, salvation, and the oneness and unity of the Church, the Body of Christ, we found them to be unequivocally orthodox. Furthermore, we found their profession of faith to be consistent with the major creeds, even though their profession is not creedal in format. Moreover, we also can say with certainty that no evidence of cultic or cult-like attributes have been found by us among the leaders of the ministry or the members of the local churches who adhere to the teachings represented in the publications of Living Stream Ministry. Consequently, we are easily and comfortably able to receive them as genuine believers and fellow members of the Body of Christ, and we unreservedly recommend that all Christian believers likewise extend to them the right hand of fellowship.

Our times together were characterized by sincere, open, transparent, and unrestricted dialog. There were several topics that we at Fuller approached with particular interest, such as the Trinity, the mingling of divinity and humanity, deification, modalism, their interpretation and practice of the "local" church, the divine and human natures of Christ, and their attitude toward believers outside their congregations. We were given unlimited freedom to explore each of these areas. In every instance we found the public perception of some to be far removed from the actual published teachings as well as the beliefs and practices of the believers in the local churches.

This statement is intended to provide those interested with a general overview of the process that we have been involved with and our overall conclusions. This brief statement will be followed in the coming months by a paper addressing the aforementioned and other important theological topics in greater detail. Representatives of the local churches and Living Stream Ministry have agreed to write a statement outlining in summary form their teachings on the major topics of interest concerning them. Comments by Fuller will be offered on their teachings, as we have come to understand them after significant research and dialog.

Dated: January 5, 2006

Fuller Theological Seminary
School of Theology
135 North Oakland Avenue, Pasadena, CA 91182
tele 626.584.5300 fax 626.584.5251 www.fuller.edu

[부록]

지방교회들은 이단 종파입니까?

행크에게 물어 보십시오

이 저널의 특집판에서 부분적으로 제시한 6년간의 1차 자료 연구에 근거하여, CRI는 지방 교회들이 신약 기독교의 정통적인 교회라는 결론에 도달했다.

첫째로 지적해야 할 것은, 신학적인 관점에서 볼 때 지방교회들은 이단 종파가 아니라는 것이다. 신학적으로, 이단 종파란 그리스도인임을 자처하되 그리스도인의 본질적인 교리를 완전히 부인하는 사이비 기독교 단체라고 정의할 수 있다. 대환난의 시기나 천년왕국의 의미 같은 부차적인 문제들에 있어서 나는 개인적으로 지방교회들과는 다르지만, 성경적인 정통을 정의하는 본질적인 문제들에 있어서는 지방교회들에 동의한다.

예를 들어, 삼위일체에 관하여, 하나님이 영원히 구별되는 세 위격으로 계시되신다는 실재에 있어서 우리는 하나이다. 우리가 성경의 특정 구절에 대한 해석에는 동의하지 않는다 해도, 이러한 전제는 손상되지 않는다. 지방교회의 소속원들과 오랫동안 대화를 나누면서 나는 그들에게서, 오늘날 애석하게도 복음주의 공동체의 대다수가 놓치고 있는 교리적 정확성에 대한 예리한 관심을 목격하게 되었다.

뿐만 아니라, 사회적인 관점에서 보아도 지방교회들은 이단 종파가 아니다. 사회적인 관점에서의 이단 종파는 그 추종자들이 사실상 그들의 삶의 모든 면에서 강력한 지도자의 통제를 받는 종교적이거나 준(準)종교적인 분파이다. 그 추종자들의 특색은 교주와 그 단체에 맹종하는 것이고, 신체적이거나 정신적인 것, 또는 두 가지 모두를 위협하는 수법에 조종당하는 것이다. 지방교회들이 가장 흉악한 행동에 연루된 사회적 이단 종파와 함께 무자비하게 한 묶음으로 취급된 것은 너무도 터무니없는 일이다. 이렇게 터무니없는 분류가 세계 여러 지역에 있는 지방교회들의 소속원들을 박해하고 투옥하는 일에 이용된 것은 실로 비극이 아닐 수 없다.

끝으로, 지방교회들은 신약 기독교의 진실한 표현이다. 더구나 그들은 극심한 박해를 거쳐 연단된 단체로서 서방 기독교에 공헌할 수 있는 것이 많다. 이러한 면에 있어서 즉시 떠오르는 것은 다음의 세 가지이다.

첫째는 그들이 신언(申言, prophesying)을 실행하는 것이다. 이것은 장래의 일을 미리 말하는 예언이 아니라, 고린도전서 14장에 있는 대로 권유하고 함양하고 격려하고 교육하고 장비시키고 성경을 해설하는 것이다. 그러한 실행을 하면서 그 소속원들은 말씀을 통해 단체적으로 경배에 참여한다.

둘째는 그들이 말씀을 기도로 읽는 실행이다. 이것은 기도 안에서 성경 말씀을 안에 받아들이고 하나님과의 효과적인 영적 교제를 하는 의미 깊은 연결 고리이다.

셋째는 주님의 위대한 지상 명령(마 28:19)에 자신을 드리는 것이다. 만일 초대 교회 그리스도인들에게 한 가지 두드러진 특성이 있었다면, 그것은 바로 예수 그리스도만이 사람의 마음에 주실 수 있는 사랑과 기쁨과 평화를 전달해주는 그들의 열정이었다.

비밀한 시대(an age of esotericism)에 사는 우리는 반드시 참된 믿는 이의 삶의 모든 행동 방면에서 이 열정을 배워야 한다. 나는 타이페이와 서울과 난징 같이 멀리 떨어진 지방교회들에 있는 그리스도 안의 형제자매들과 교통하면서 이 열정을 직접 목격했다.

요약해서 말한다면, 지방교회들은 광범위한 교파들 안에 있는 그리스도인들과 함께, 합당한 교리(정통성)와 합당한 실행(건전성) 모두에 전념하고 있다. 그러므로 우리는 "본질적인 것들에서는 일치되고, 비본질적인 것들에서는 자유를 갖고, 다른 모든 것들에서는 자비를 베풀라."는 격언대로 전진한다.

휘장의 이편에 있는 부차적인 문제들에 대해 우리가 계속 토론하면서, 우리를 구원하신 그분에 대한 지식에 있어서 오직 믿음으로, 오직 은혜로 말미암아, 오직 그리스도 때문에 함께 자라가며 영원을 지내게 되리라는 것을 나는 추호도 의심하지 않는다.

행크 해네그래프

행크 해네그래프는 CRI(Christian Research Institute)의 대표이며 미국과 캐나다 전역에서 매일 라디오로 방송되는 '바이블 앤서 맨(Bible Answer Man)' 프로그램의 진행자이다. '바이블 앤서 맨' 프로그램을 방송하는 방송국 명단을 원하거나 인터넷으로 듣기 원하면 www.equip.org 로 로그인하기 바란다.

[부록]

지방교회들, 독립교회파* 근본주의자들 계열

지방교회들은 플리머스 형제회와 비슷한 근본주의적인 기독교 신앙 노선을 따르고 있기 때문에 근본주의가 무엇인지 알 필요가 있다.

근본주의는 19세기 초에 개신교 안의 한 보수주의적인 운동에 붙여진 이름이다. 그것은 사회학에서부터 진화론에 이르기까지 지적인 사상의 새로운 흐름의 다양성을 흡수해온 소위 "현대주의자들"에 의해 의문시되어온 몇 가지 필수적인 그리스도인의 교리에 대하여 성경적인 권위와 신실성을 확증하는 것으로 특징지어진다.

그러나 근본주의로 알려지게 된 것은 영국의 교사이자 신학자인 존 넬슨 다비(John Nelson Darby, 1800~1882)의 사상에서 비롯된 것이다. 그가 1820년대에 영국에서 시작한 그 운동은 초기의 청교도나 웨슬리파 운동보다도 더 철저한 원시 기독교의 부흥을 꾀한 것이었다.

청교도인이나 웨슬리파가 했던 것과는 달리, 이 새로운 운동은 다만 기존의 교회를 정화하거나 부흥시키는 것으로 만족하지 않고, 사도시대 교회의 재현을 추구했다. 사도적인 생활을 회복하기 위해 사용되었던 주된 방식들은 성경에 집중함, 성경적인 생활양식, 성경적인 신학, 성경적인 교회론의 채택에 있었다.

근본주의(Fundamentalism)

미국 기독교 안의 운동으로서의 근본주의의 출현은 통상 1910년으로 추정되며 『근본: 진리의 간증(The Fundamentals: A Testith)』이라는 제목의 일련의 소책자의 발간에서 비롯되었다. 두 명의 부유한 장로교인인 LA의 석유업자 라이몬(Lyman)과 밀턴 스튜어트(Milton Stewart)에 의해 출판된 소책자들은 무료로 배포되었고, 1920년대에 근본주의자들과 현대주의자들 간의 논쟁의 근원이 되었다.

일반적으로 정의되는 근본주의란 현대주의에 대한 반작용이며, 신(新)신학과 그 과학적인 탐구에 대항하여 전통적인 기준을 주장하는 것이다. 그러한 정의 안에 많은 진실이 있긴 하지만, 그것은 제한적이다. 근본주의의 필수적이고 긍정적인 본질과 그 운동은 100여 년의 역사를 가지며 20세기 초반의 근본주의는 한 지나가는 단계일 뿐이다.

근본주의에 대한 최선의 정의(form)는 성경 진리에 관한 어떤 사상에 대한 확증적인 주장이다. 그것은, 초기에는 이 글의 처음에 언급한 존 넬슨 다비의 시대주의 신학에 속한 미국 개신교회들의 성직자와 평신도들에 의해 발견되었다. 보수적이고 복음주의적인 근본주의는 교회 지도자들을 위한 집결점(a rallying point)이 되었고, 19세기 후반에 미국에 있는 기독교의 주요한 주장 중 하나였다.

19세기 중반에 윌리엄 밀러(William Miller)의 사상은 예수님의 재림에 관하여 천년왕국 전의 문자적 재림을 강조함으로써 그리스도의 재림과 다비의 시대주의적 신학에 대한 공개적인 자각을 가져왔다. 미국에서 다비는 사람들이 자신의 사상을 받되 그들 자신의 교회를 떠나 형제회와 연결되지는 않는다는 것을 발견했다. 탁월한 그리스도인 인도자들이 시대주의 신학을 위한 육성 해설자가 되었다.

복음전도자인 무디(Dwight L. Moody) 만큼 영향력 있는 사람이 없었는데, 그는 형제회 복음전도자인 헤리 무어하우스(Hary Moorhouse)에 의해 깊은 영향을 받아왔다. 인도적인 위치에 있는 교역자들인 고오든(Adoniram J. Gorden), 피어슨(Arthur T. Pierson), 무어 헤드(William G. Moorehead), 브룩스(James J. Brooks)도 형제회적인 사고로 바뀌어졌다.

1869년에 천년왕국 관련 정기간행물인 『광야의 길잡이(Waymarks in the Wilderness)』와 관계있는 한 무리의 사역자들이 성경 공부를 위한 첫 모임을 가졌다. 이들은 후에 믿는 이들의 모임(BMBS)이 되었다. 그 사역자들은 '성경의 축자영감, 성령의 인격성, 희생의 속죄, 그리스도의 제사장 직분, 믿는 이들 안의 두 본성, 하늘로부터의 주님의 인격적이고 내재적인 재림의 신앙을 적극적으로 지지하기 위하여 모였다.

1883년에 연례 모임이 온타리오에 있는 나이아가라 호수(Niagara-on-the-lake)로 옮겨졌고, 그래서 '계시를 위한 나이아가라 회의'로 알려졌다.

'나이아가라 회의'의 목적 중 일부는 에클레시아, 곧 교회에 관한 본래의 개념을 나타내기 위한 것이었다. 그러므로 그 회의는 사역자들이 다비가 교회라고 불렀던 것 즉 교파적 체계로부터 자유롭게 된 믿는 이들의 모임을 형성하는 방법이었다.

그러나 사역자들은 그들의 주된 노선인 교파를 떠나지는 않았다. 그들은 다비가 말한바, 비공식적인 친밀감과 교리의 순수성이 교회의 특징이 되어야 한다는 것을 위해 만났다. 그들은 형제회에서 발전되어온 성경 읽기를 실행했고, 세대주의와 종말론에 대한 다비의 사상을 받아들였다.

1890년에 근본주의의 전 과정을 위한 획기적인 조치가 취해졌다. '나이아가라 회의'는 '강령적 선언문(creedal statement)'을 채택한 것이다.

14개 조항으로 된 이 선언문은 그 운동의 장래의 진로에 있어 결정적인 것이었고, 그 운동의 우선순위를 정한 것이었다.

이 시대에 그리스도의 전천년 재림은 세상을 변화시키는 것이 불가능하다는 것에 대한 해답으로 주장되었다. 그 회의는, 세상(사람들)이 그리스도인이 되는 것이 점점 적어지고 있고, 인간의 발전으로는 참된 인간의 진보를 가져올 수 없으므로, 천년왕국 전에 그리스도의 직접적인 개입이 불가피하다는 전천년주의자들의 사상을 받아들였다. 그 회의는 다비의 사상(특별히 종말론에 있어서)과 프린스턴 신학교에서 발전되어 온 보수 개혁 사상인 프린스턴 신학으로 불리어지는 것의 혼합에 의해 주도되었다.

프린스턴 신학은 다원주의와 자유신학의 도전 앞에서 성경의 권위를 주장하기 위하여 새로운 언어를 발전시켜 왔었다. 그것은 성경이 (그 원본에 있어서) 잘못이 없으며, 성경은 그리스도가 중심이고, 성경의 모든 책들은 동일하게 영감으로 된 것임을 확증했다.

'나이아가라 선언'은 여섯 개 항목에서 상세하게 주장된, 인간의 타락과 그리스도의 피에 의한 구원에 대한 개혁 신학적 강조점을 포함한다. '나이아가라 회의'에 참석한 거의 대부분은 개혁적 유산의 교회 출신들이므로 나이아가라 선언에 대한 대부분의 지지가 개혁주의 유산의 교회들(침례교, 장로교, 개혁교회, 조합교회)에서 나온 것은 놀랄 일이 아니다. 1920년대에 근본주의는 침례교회와 장로교회 안에서 주로 싸움이 계속되었다.

근본주의자들은 또한 얼마간의 지지를 제공해 왔던 다른 보수적인 그리스도인들과의 관계를 끊었다. 예를 들면, 그들은 이차 축복(성결 운동의 주된 사상-이차 축복은 믿는 이들이 믿고 온전케 된 후 생활을 위해 갖는 개인적이고 종교적인 체험)과 재림주의자들의 두 가지 사상인 혼의 잠듦과 소멸(soul-sleep and annihilationism)을 거부했다.

혼의 잠듦은, 혼이 사망 때부터 몸의 부활까지 무감각한 상태로 존재한다는 것이다. 소멸주의는 악한 자가 영원한 고통 안에 사는 것이 아니고 멸망한다(destroyed)는 것이다.

일부 감리교도와 재림주의자들은 1920년대에 '다섯 가지 원칙'에 동의하긴 했으나 감리교인과 재림교인들은 근본주의자들의 운동에서 두드러지진 않았다.

14개 나이아가라 선언문 중에서 다섯 개 항목이 어떤 사람이 그리스도인으로 간주될 수 있는지에 대한 가장 필수적이고 근본적인 신앙으로 채택되었다. 알려진 것처럼, 다섯 가지 근본은 성경의 영감과 무오성, 그리스도의 신격(그분의 동정녀 탄생을 포함), 그리스도의 죽음의 대리적 속죄, 그리스도의 죽은 자들로부터의 실제적 부활과 재림에 있어서 그리스도의 실제적 재림이다.
이러한 항목들은 에큐메니컬 강령인 니케아와 칼세돈 신조의 진리로 간주된다.

1920년대에 현대주의자들과 근본주의자들의 논쟁의 정점에서, 그러한 원칙들은 논쟁의 핵심적인 항목들이 되곤 했다.

나이아가라 회의 인도자들의 단체적 의식은 19세기 후반에 세워진 여러 개의 성경연구소들 안에서 결정화되었다. 이것들 중 가장 유력한 것은 시카고에 있는 무디 성경연구소였다. 그 외에 LA 성경 연구소(BIOLA), 필라델피아 성경연구소, 토론토 성경 훈련학교, 미니애폴리스에 있는 북서부 성경훈련학교를 포함한 다른 연구소들은 그러한 목적에 기여했다. 이러한 학교들은 근본주의를 제도화했으며, 더욱 중요한 것은 장래의 지도자들을 위한 훈련을 도왔다는 것이다.

20세기 초반에 근본주의 인도자 중 가장 유력한 사람은 아르노 게이벨레인(Arno E. Gaebelein)인데, 그는 세대주의 신학을 받아들인 후 그 교회를 떠났던 감리교 신자였다. 그는 1899년에 〈우리의 소망(Our Hope)〉이라는 잡지를 출판했다. 그는 또한 현시대에서 단일한 출처로는 다비 신학에 있어 가장 영향력이 있는, 스코필드 주석 성경을 위한 작업의 재정을 도왔다.

새로운 생활이 1910년에 〈근본(Fundamentals)〉이라는 출판물과 함께 그 운동 안으로 흘러 들어갔고, 다비 신봉자들의 근본주의는 제1차 세계대전 10년 전에 출현된 자유주의와의 직접적인 충돌이 있게 되었다. 〈근본(Fundamentals)〉은 성경의 축자영감과 인간의 타락에 대한 칼빈주의 교리, 임박한 재림에 대한 나이아가라 회의 인도자들을 따랐다.

현대주의자들의 의견(thinking)이 차츰 증가하면서, 논객들은 미국 개신교 내에서 사상의 분열을 주도했고, 그러한 분열은 새로운 교파들을 형성하는 것으로 이어졌다.

현대주의자들의 사고는 진화론을 받아들이는 신학과 세속적 역사학자와 고고학자가 발견한 것들을 토대로 한 성경 연구인 고등성경비평에 의해 두드러졌다.

근본주의자들의 논쟁에 의해 생긴 새로운 교파들은 두 종류에 속했다.

첫째는, 여러 개의 대형 개신교단들에서 나온 근본주의자들 교회들인데, 그들은 나온 모체 교단의 교리문을 해석함에 있어서 근본주의자들의 사고방식(mind-set)을 받아들이는 것만 모체 교단과 다르다.

둘째는, 근본주의자들의 주장 전체를 내포하며 이 글의 초기에 거론된 플리머스 형제회의 참된 미국식 형태인 새로운 종교단체들의 출현이다. 그들이 자유로운(loose) 교제 안에서 조직되었기 때문에 이들은 초교파 교회들로 일컬어져 왔다. 그들은 나이아가라의 개혁 신학적 강조점을 인정함으로 세대주의적 신학을 소유했고, 성경연구소들의 교회론의 산물이 되었다.

두 종류의 근본주의는 본질적으로 두 파벌로 나뉘었다. 한 무리는 모든 배교(apostacy)들과 공산주의, 미국기독교협의회(NCC), 신앙을 타협하는 조직들과 같은 세속적인 악의 형태들과의 분리를 강조한다. 나중에 발전된 것인 두 번째 무리는 좀 더 적극적이며 그것의 보수적인 신앙을 강조한다. 새로운 복음주의는 일반적으로 이러한 운동과 관련된 명칭이며, 그것은 자연과학에 충실하고 철학과 신학에 친숙하며, 사회적으로 관계를 맺고자 해왔다.

분리주의자들은 미국기독교협의회(ACCC)와 칼 매킨타이어(Carl McIntire) 박사의 사역과 연관되어 있으며 〈기독교인의 횃불(The Christian Beacon)〉이 그 언론기관 역할을 해오고 있다. 매킨타이어는 성경적 장로교회(The Bible Presbyterian Church)의 대표이다. ACCC의 구성원은 주로 작은 분리주의 단체원들로 이뤄졌다. 보다 포괄적인 접근은 미국 복음주의협회(The National Association of Evangelicals)(NAE)에 의해 주장되었다. 그것은 최소한의 신앙선언을 받아들이는 광범위한 단체들을 포함한다. NAE는 다만 교회 단체들뿐만 아니라 회의들, 지역 교회들, 또는 관련되지 않은 단체들도 받았다. NAE가 자체 기관지로 〈UEA(United Evangelical Action)〉가 있지만 독립된 잡지인 〈오늘의 기독교(Christianity Today)〉가 신복음주의의 가장 중요한 정기간행물이다.

*출처: J. Gordon Melton의 『미국종교백과사전(Encyclopedia of American Religions)』(제6판), 105쪽 일부, 107~109쪽 독립교회파(Independent Fundamentalist Family) 해당 부분

[부록]

한국교회 이단시비 무엇이 문제인가?

길을 잘못 가고 있는 한국교회 이단연구

한국교회는 이단 논쟁에 있어 "자라보고 놀란 가슴 솥뚜껑 보고도 놀란다."는 우리네 속담을 그대로 반영하고 있다. 한국교회사에서 문선명의 통일교와 박태선의 전도관이란 이단 운동이 한국교회를 심각하게 위협했기 때문에 "이단"하면 무조건 문선명이나 박태선을 떠올리게 된다. 그런데 한국교계 주변에서 일어나는 이단 시비는 거의 모두 통일교나 전도관과 관련되어 있는 집단 외에는, 저들의 신앙이 과연 이단인가 의심되는 '이단'도 많이 있다. 그러다보니 한쪽에선 이단이라 하는데, 또 다른 한쪽에선 그것을 수용하지 않으려는 태도가 많기 때문에 시비가 끊일 날이 없다.

잘못 적용된 판별 잣대

한 장로교 단체에서 이단 사이비 세미나를 가졌다. 이날 한 초청강사는 '이단의 확인법'이란 제목으로 강의를 했는데, 그 내용 가운데 이단은 ▲사도신경과 신앙고백 여부로 판별할 수 있다는 구절을 맨 앞에 두었다. 또 지난 1983년에 예장통합 측은 교계에서 말썽이 일고 있던 한 인사에 대해 그가 ▲유아 세례를 성경적이 아니라며 부인하기 때문에 이단이라고 정죄한 일이 있다.

이것은 한국 기독교가 얼마나 '장로교' 중심적인지를 보여주는 사건들이다. 사도신경을 고백하지 않으면 이단이고, 유아 세례를 반대해도 이단이 되는 교회는 세계교회 가운데 한국교회 외에는 어디에도 없다.

기독교 가운데 환원주의(還元主義) 교회는 일체 사도신경을 고백하지 않는다. 그리고 침례를 하는 교회는 유아 세례를 인정하지 않는다. 침례교회를 비롯한 그리스도 교회 등 세계 기독교 신교(新敎)의 약 2분의 1은 사도신경도 유아 세례도 부정한다. 그리고 오순절교회 등은 사도신경은 인정하나 유아 세례는 인정하지 않는다.

프로테스탄트 교회 가운데 두 가지 교회의 유형이 있다. 하나는 개혁교회(改革敎會)이고, 다른 하나는 환원주의 교회이다. 로마 가톨릭 교회의 잘못된 교리나 전통을 고쳐 성경적 교회로 바로 세운 것이 개혁교회이고, 590년 로마 대주교 그레고리 1세가 가톨릭교회 교황이 된 이후부터 16세기 종교개혁의 불길이 일어난 때까지의 로마 가톨릭의 역사와 전통을 부정하고 초대교회로 되돌아가 그 정통성을 이은 교회가 환원주의 교회이다.

따라서 한국교회의 이단감별사들이 사도신경의 고백 여부나, 유아 세례를 반대하는 것을 이단 판별의 기준으로 제시하는 것은 무지에서 비롯되는 것이지, 성서적 기독교의 참된 진리를 세우거나 변증하려는 태도가 아니다.

예수 그리스도의 교회는 두말할 필요 없이 '정통성'이 중요하다. 그러나 생명의 종교인 기독교는 '다양성' 또한 무시해선 안 된다.

그래서 개혁교회의 대표적 교회인 장로교 정치 원리 제1조와 제2조는 '양심의 자유'와 '교회의 자유'를 명시하고 있다.

또 지난 2001년에는 증경총회장들을 비롯한 교단의 지도자 50여 명을 한꺼번에 '이단 사이비'로 규정해 발표한 이단 감별사도 있었다. 그런데 그 감별사는 그 해가 채 다 가기도 전에 이들에 대해 "한국교회의 계몽과 이단에 대한 확산을 방지하고 경각심을 촉구해 기대할 만한 목적이 이루어졌으므로 '이단 사이비'로부터 이들을 해지한다."고 발표했다.

이는 한국교회가 몇 사람의 '이단 감별사'들로 인해 중심을 잡지 못하고 춤을 추고 있다는 것을 보여주는 반증이다. 이단 감별사들은 자기가 가진 '멋대로'의 신학적 잣대로 이곳저곳에 들이대보고 자기의 잣대에 모자라면 '사이비'요, 넘치면 '이단'이라고 멋대로 규정한다. 자신의 잣대에 잘못이 있을지 모른다는 생각은 전혀 의심하지 않는 것이다.

자신이 배운 신학적 지식과 신앙적 경험을 '불굴의 확신'으로 절대시하여 타인의 성경 이해와 신앙 체험은 일체 용납하려 하지 않는다. 이들은 거기에다가 개인적 감정까지 개입시켜 자신의 의견에 동조하지 않거나 자신의 목표에 방해가 된다고 생각되면 누구든 '이단' 또는 '이단 옹호자'로 매도해 버린다. 심지어 객관적 보도에 근거를 두고 있는 언론까지도 '이단옹호언론'이라고 규정해 기자의 자유로운 취재를 방해한다. 이들의 행태를 가만히 들여다보노라면 일종의 정신질환을 앓고 있는 듯이 보인다.

한국교회 이단 시비의 혼돈과 모순

첫째, 여의도순복음교회 조용기 목사의 사이비 시비에 관한 것이다. 예장통합 측 총회는 조용기 목사의 조상제사 문제, 처녀부활 사건, 치병안수, 목사안수 남발 등을 이유로 '사이비'라고 규정하고 소속 교단 목회자들의 교류를 금지하는 결의를 1983년 제68회 총회에서 가결했다. 그러나 그 후 1994년 제79회 총회에서 조목사로부터 소위 '사과문'을 받고 이를 해제했다.

둘째, 서울 성락교회 김기동 목사의 경우, 김 목사의 "모든 사상의 근원과 출발은 귀신이다." "삼위일체론이 양태론이다." "기독론에서 신성을 부정하고 인성을 제한한다." "성령은 허수아비와 같다." "성경은 문틈으로 들어온 빛에 불과하고 김 목사의 설교도 성서의 가치를 가진다."고 주장한다며 이단이라고 정죄했다. 이런 주장은 김 목사의 설교를 한 번이라도 들어보면 전혀 사실이 아니라는 것을 알 수 있다.

셋째, 다락방의 류광수 목사의 경우는 류 목사의 이단 시비를 한 인사들이 그 후 양측이 참석한 가운데 횃불선교회관에서 공청회를 가졌는데, 류광수 목사로부터 이단성을 증명하지 못한 채 그 공청회가 끝나고 말았다. 그래도 한국교회는 한 번 거슬린 다락방을 계속 이단으로 몰고 갔다.

사실 교단끼리 서로 인정하고 상대를 존중한다면 건전한 교단에 소속한 인물에 대해서는 타 교단이 이단 시비를 해서는 안 된다.

이단 감별사들 현대신학의 흐름 이해하지 못해

이단 감별사가 특정인을 이단을 만들겠다고 마음을 먹으면 누구든지 이단이 될 수 있다. 마치 동물의 왕국에서 사자나 표범이 먹

이사냥을 할 때 아무거나 공격을 하는 것이 아니고, 그 무리 가운데 나약해 보이는 놈을 선택한다. 힘이 약한 새끼거나, 어딘가 다쳐서 절뚝거리거나, 무리와 어울리지 않고 변두리에 떨어져 있는 놈을 공격하는 것이다. 그래서 표적 공격을 계속 감행해 결국 쓰러뜨리면 다른 짐승들이 몰려와서 함께 뜯어먹는다. 그리고 사자의 공격을 지켜보고 있던 자칼이나 독수리도 쓰러진 놈을 뜯어먹기 위해 그 주위로 모여든다.

한국교회 이단 시비가 이와 유사하다. 용감한(?) 이단 감별사가 정통성이 약해 보이는 한 특정인을 발견하면 그 주위를 어슬렁거리며 공격 자료를 수집하고, 어느 날 기회가 오면 본격적으로 공격을 개시한다. 그 특정인이 방어(변증)에 실패하면 너도나도 달려들어 "이단"으로 매도해 버린다.

또한 이들 소위 이단 감별사들의 신학적 지식이란 것이 우물 안 개구리 수준이어서 세계교회 어디에서 좀 색다른 신앙운동이 일어났다고 하면 "어. 이거 이단운동 아닌가?" 하는 의심부터 하고 나선다. 예들 들면, 미주교회를 떠들썩하게 했던 빈야드 운동이나 뜨레스디아스 운동 같은 영성 운동 등도 이들은 용납할 수 없는 이단으로 본다.

심지어 하나님의 기적이나 성령의 특별한 역사는 이미 사도시대로 끝났다고 생각하고 있다. 그래서 지금 무슨 성령의 능력으로 기적이 일어났다거나 상식으로 이해되지 않는 신비로운 일이 벌어지는 것은 모두 '사탄의 짓'으로 규정해 버린다. 이런 풍토에서는 진보적 신학의 발전이나 성령의 역사에 의한 새로운 신앙운동은 뿌리를 내리기는커녕 그 싹도 틔우기 어렵다.

최근 세계를 떠들썩하게 한 〈패션 오브 크라이스트(Passion of

the Christ)〉라는 한 편의 영화가 화제였다. 그 영화는 하나님의 아들 예수 그리스도를 유대 정통 교권주의자들이 어떻게 죄를 씌워 처참히 죽이는가를 잘 보여주고 있다.

그런 의미에서 러시아 대문호 도스토옙스키의 최후작 〈카라마조프의 형제들〉 제5편에 나오는 대심문관 이야기와 한국교회의 특정인 이단 만들기 한 토막을 소개하고자 한다.

대심문관 이야기

15세기의 스페인은 교회의 정통성을 지키고자 하는 가톨릭교회의 열성으로 '하나님의 영광을 위하여' 날마다 종교재판을 열어 수많은 이단자들을 화형에 처하는 시대였다. 가톨릭의 교리에 반항하거나 회의하는 자는 가차 없이 이단자로 몰렸다.

죽음 앞에 처한 신도들이 "주여, 저희들에게 내려와 주소서." 하고 애원하는 목소리가 컸으므로 어느 날 그리스도는 한 번 민중들에게 내려가 보기로 했다. 그리스도는 대심문관인 주교의 지휘 아래 1백여 명의 이단자들이 '엄한 화형의 뜰'에서 화형당한 다음 날 고요히 이곳에 나타나셨다. 민중들은 그가 그리스도이심을 단 번에 알고 그의 뒤를 따르기 시작했다.

여기저기서 기적이 발생했다. 장님이 눈을 뜨고, 관속의 어린 소녀가 다시 살아나기도 했다. 때마침 그 소문을 듣고 대심문관이 그곳에 나타났다. 그리스도께서 하시는 일을 주의 깊게 바라보던 그는 끝내 그리스도를 잡아가두라고 명령했다. 그리스도가 종교재판소의 감옥에 감금된 그날 밤 대심문관은 손에 등불을 든 채 감방을 찾아와 예수와 마주섰다. 한참 동안 예수의 얼굴을 뚫어지게 바라

보고 있던 대심문관이 입을 열었다.

"정말 당신이 예수이시오? 예수가 맞느냐 말이요? …그런데 뭣 때문에 나를 방해하러 왔소? 당신이 나를 방해하러 왔으니까 하는 말이요…. 내일이면 나는 당신에게 가장 악질적인 이단자로 유죄 선고를 내리고 말뚝에 달아매어 불태워 버리겠소. 오늘 당신 발에 입 맞추었던 자들도 내일이면 내가 손가락만 까딱 움직여도 앞 다투어 당신을 태우는 불에 나무 가지를 던질 것이요. 알아듣겠소?"

이렇게 하여 그리스도에 대한 늙은 대심문관의 심문이 장황하게 전개된다. 그러나 그리스도는 침묵만을 지킨다. 대심문관은 결정적으로 이렇게 쐐기를 박는다.

"다행히도 당신은 세상을 떠날 때 천국에 대한 사업을 우리에게 물려주었소, 당신은 우리에게 맺고 푸는 권리를 부여한다고 확실히 약속했으니 이제 와서 그 권리를 우리에게서 박탈할 수 없는 것이요. 그런데 왜 우리를 방해하러 왔소?"

대신문관의 이 강압적인 주장처럼 우리의 이단 사이비 시비가 교회의 거룩성과 성결함을 유지한다는 미명 아래 그리스도의 말씀을, 하나님의 섭리를 교리와 교권 속에 가두어 두려는 우를 범하고 있지는 않는지…?

특정인 이단 만들기

또 한국교계에 참으로 어처구니없는 일 가운데 하나가 '이단 감별사'들이 공모하여 특정인 이단 만들기를 작당한다는 점이다. 이단은 그 열매가 드러나면 자연히 밝혀지게 되어 있는데 아직 이단성이 확실히 드러나지도 않은 사람을 이단으로 몰기 위해 자기네들 말로 소위 '전략'을 세운다는 것이다. 지난 90년 여름 두 이단 감별사가 한 목사를 어떻게 이단으로 몰 것인가 하는 전략을 세우는 사실이 녹음되어 그 테이프와 녹취록이 교계에 나돈 일이 있다.

A: 감정적으로 해서 말려들지 말고 전략적으로 해야 해요. 우선 박ㅇ철 장로를 내세워 영등포노회부터 하니까.

B: 빨리 박ㅇㅇ 이단 자료를 만들어 가지고 전라도 학생을 중심해서 그쪽에다 집어넣어야 해요. 내가 보니까 그 전략이 맞아요.

A; 총신 학생들?

B: 내가 유 교수하고 짜가지고 유 교수는 절대 안 내세우고 싹 뿌려서 학생들로 하여금 들고 일어나게 할게요.

A: 다른 노회에서 올라온 것 있어? 분명하게 해야 돼, 한 노회만 올라와도 조사하기로 그렇게 완전합의를 봤다고.

B: (내가) 대구에 가서 좋은 아이디어를 얻었는데 모든 노회가 사이비대책위원회를 만들어 노회 대책위원장들을 소집하려고 해요.

A: 그렇지, 그렇지, 그리고 내가 성결교도 동원하려고 해. 거기서도 결정해 버리려고……내가 이젠 정치 좀 하려고 해요.

B: 걱정하지 마세요. 이쪽에서도 올릴게요.

A: 좌우간 너무너무 멋있게 되어 가. 우리가 전략적으로 못한 게 실책이야. 0~K, 승리하자구.

B: 교인들 보고는요, 구역 책임자들 통해서 이번 금요일 날 전부 다 사인 받아서 오게 해서,

A: 사인만 받고 위에다 만들어서 붙이면 되지.

B: 그래요. 만들어서 붙이면 되는 거니까. 일단 만들어 놓고 나중에 하기로 하고요.

A: 그렇지, 그렇지.

B: 이래 가지고 올리면……이단대책위원회에 내 측근 사람들을 다 집어넣었다구, 전화했더니 모두 나를 적극적으로 돕겠다고 그랬다구요.

이쯤이면 이들에게 한 번 찍힌 목사치고 이단 안 될 사람은 아무도 없다. 이것이 오늘날 한국교회 이단 시비의 현주소이다.

마구잡이 이단 시비 한국교회 우롱하는 처사

교계 주변에서 이단 사이비 연구를 한다는 한 단체가 한국교회의 한 교단의 전·현직 총회장과 교단 중진인사들을 무더기로 '이단 사이비'로 규정, 대내외에 발표하는 코미디 같은 일이 일어났다.

기독교 이단 및 사이비를 연구하고 대책을 강구한다는 이 단체는 기독교한국침례회(기침) 소속, 중진인사들을 이단 사이비로 규정하고 공문을 전국 교회, 각 교단 신학교와 언론기관, 정부기관, 유권단체 등에 배포했는데, 그 내용인즉 자신들이 '이단'으로 규정한 특정 인사를 그들이 이단이 아니라고 주장했기 때문이라는 것이다.

즉 자신들의 연구 판단은 옳고, 침례교단의 전·현직 총회장들을 비롯하여 교단 증진 인사들의 연구 판단은 틀렸다는 기본 인식에서 자신들의 의견에 동조하지 않는 자는 곧 '이단을 옹호하는 것'이요, 더 나아가 '이단 사이비'로 전락하게 된다는 논리에 기초하고 있는 것이다.

이단 감별사들의 오만과 무지

이 사건은 한국교계의 주변에서 빌어지고 있는 이단 연구의 상징성을 드러내고 있다. 소위 연구자로 자처하는 인사가 제멋대로 어떤 특정인의 신앙 사상과 신학적 구조를 설교나 강의안 등을 갖다 놓고 요리조리 맞추어보고 '이단성'이 있다고 판단되는 내용만을 추려 "이것이 이단이다." 하며 강력히 비판하고 나선다.

그리고는 자신이 한 번 이단성이 있다고 규정하면 그때부터 자기 의견과 다른 사람들의 주장은 무슨 정당한 소리를 하든지 간에, 모두가 '이단의 사주를 받아 옹호하는 발언' 정도로 이해할 뿐 객관적으로 수용하려는 태도는 도대체 보이지 않는다.

말하자면, 이단 판단의 기준이 연구자, 즉 이단 감별사 자신에게 있다는 것이다. 이런 오만과 무지가 오늘날 한국교계의 이단 사이비 연구자들의 태도이다.

우리나라 헌법 20조 1항의 종교의 자유에는 남의 종교 행위에 대한 비판의 자유도 있다는 지극히 상식적인 배경에 근거하여 '이단 연구'라는 이름으로 타인의 신앙 경험을 비판코자 한다면, 이는 객관적이고 분명한 근거 위에 서 있어야 한다. 전문적으로 연구하는 몇 사람만이 그가 이단임을 알 수 있는 것이 아니라, 성경에 대한 기본 상식과 신학적 훈련이 있는 사람이라면 누구나 그의 설교 강의를 듣고 이단성을 발견할 수 있어야 한다는 말이다. 왜냐하면 이단은 기독교의 근본 가르침을 이탈하는 무리이기 때문이다. 대부분의 목사들과 정통 신학자들이 그의 설교나 강의에서 이단성을 쉽게 찾을 수 없다면 그는 이단이 아닌 것이다.

그의 설교 한 편을 두고 인간관이 어떻고, 구원관이 어떻고, 내세관이 어떻고, 교회관이 어떻고 하며 요리조리 자신의 논리를 갖다 붙이는 것은 그 이단 감별사 자신의 사상을 반추하는 것으로 해석될 수도 있는 것이다.

즉 이단 감별사 자신 속에 있는 '이단'의 논리를 특정 인사의 설교나 강의에서 끄집어내는 것이라고 할 수 있다는 말이다.

조작되는 이단 시비

10여 년 전에 한국의 한 대표적 장로교단 총회에서 B목사에 대한 이단 시비가 있었다. 그때 그 교단의 이단대책위원회가 그 목사에 대한 연구보고서를 제출하고, 교단이 이를 채택하는 과정에서 그 이단 감별사는 "그 목사가 뱀과 하와가 성관계를 맺어 가인을 낳았다고 주장했다."고 강력히 비난했다.

심지어 그 이단감별사는 교계에서 발행되는 잡지를 들고 나와 "이 책 속에 그 목사의 그 같은 주장이 나와 있다."며 책을 흔들어 보이기도 했다. 그러자 총대들은 그 이단 감별사의 말을 그대로 믿고 일제히 "보고서대로 받기로 동의한다."고 하여 B목사는 그날부터 흉측한 이단이 되고 말았다. 지금도 한국교회는 그 B목사가 정말로 그와 같은 주장을 한 것으로 믿고 그를 이단으로 알고 있는 사람들이 많다.

그런데 그 이전에도 그 후에도 그 인사의 설교에서 "하와가 뱀과 성관계를 맺어 가인을 낳았다."는 명시적 주상을 찾아볼 수는 없었다. 심지어 총회석상에 들고 나온 그 잡지에는 그 이단 감별사가 B목사를 비판하기 위해 스스로 쓴 자신의 글 속에 나오는 주장이지 비판받은 그 B목사의 주장은 아니었던 것이다.

우리 주변에 이단은 있다. 그들은 자신의 타락한 명예심과 세속적 욕심에 이끌려 전통적 교회의 가르침을 왜곡하고 더러운 이(利)를 챙기는 자들이다. 통일교의 문선명이 그렇고, 전도관의 박태선이 그랬으며, 교주우상주의가 극에 달한 안상홍 증인회 하나님의 교회, 기성 교회 교인들만 유혹하는 신천지교회 등이 그렇고, 또 통일교와 전도관에서 분파된 여러 집단들이 그렇다. 그들의 정체는 오래지 않아 그 열매로 드러난다.

아직 열매로 드러나지 않은 것까지 찾아내 '그는 이렇기 때문에 이단이다.' 또는 '그의 주장은 이런 결론에 도달할 것이므로 이단과 같다.'는 식의 이단 연구는 "그 열매로 그 사역을 안다."는 예수님의 가르침을 앞질러가는 것이다.

심지어 곡식과 함께 자라난 가라지마저 곡식을 다칠까 봐 뽑지 말라고 하신 예수님의 정신은 목회자의 정신뿐 아니라, 이단 감별사들의 귀감도 되어야 한다.

마치 한풀이식으로 내 뜻에 동의하지 않고, 내 입맛에 맞지 않는다고 마구잡이로 이단 사이비 운운하며 발표하는 것은 오히려 교계를 우롱하는 처사이고, 한국교회를 능멸하는 행위이다. 누가 봐도 이단 사이비라고 볼 수 없는 사람을 이단 사이비라고 한다면 그를 수긍할 사람이 몇이나 되며, 또 설혹 편협하고 시기심이 많은 인간성을 가진 자들이 동조하는 경우가 있다손 치더라도 그것은 오래가지 못한다.

21세기 한국교회가 이대로는 안 된다. 물고 찢는 집단이 바로 설 수 없는 것이다. 이단 사이비는 누구나 인식하고 수긍할 수 있을 때 그 발표가 효력이 있는 것이다.

자칫 이러다간 몇몇 이단 감별사를 제외하고 한국교회 전체가 이단 사이비로 매도되는 날이 오지 않을까 우려된다. 그리고 그 때는 진짜 '이단'이 나타나도 그들의 발표를 믿지 않는 사태가 생길 수 있다는 점을 유의할 필요가 있다.

지나친 이단 시비는 신학 발전 저해

'무식하면 용감하다.'는 말이 있다.

요즘 한국교계에서 일고 있는 이단 사이비 시비를 보면 이 말이 그렇게 설득력 있게 들릴 수가 없다. 한국교회 주변에서 소위 이단을 연구한다는 인물들 치고 영적이나 신학적으로 제대로 그 자질을 갖춘 인물은 찾아보기 어렵다.

교파 신학교에서 몇 학기 배운 조직신학의 잣대로 남의 모든 신앙체험을 판단하려고 달려들거나, 지극히 편협하고 무지한 사고로 자신이 가장 정통이라는 자만심과 영웅심이 자신보다 좀 커 보이는 인물들을 향해 이단 시비를 하기 일쑤이다.

일종의 시기심의 발로이다.

이단 또는 사이비 신앙에 대한 경계

종교에 있어서 이단이나 사이비라는 말은 인간구원의 지고한 이상보다 현세적인 충족이나 카리스마적 지도자의 허영심이나 명예심을 충족시키려는 행위가 심각히 대두될 때, 그것을 비난하기 위해서 붙이는 이름이다. 따라서 종교의 순수성과 정통성을 지키기 위해서 이단 및 사이비 신앙의 경계에 대한 강조는 지나침이 없다.

그러나 이단 시비에 앞서 분명하게 알아야 할 것은 교리도, 조직신학도, 역사적 교회회의의 신앙문서들도 이단을 판별하는 데 있어 하나의 참고문헌은 될지언정 절대적 잣대는 아니라는 점이다. 더욱이 전가의 보도처럼, 조자룡이 헌 칼 쓰듯이 아무데나 휘두르는 특정교단의 헌법이나 장정은 그 교단의 신도들이 어떻게 살아가야 할 것인가를 규율하는 신앙적 정치적 윤리적 행동 표준일 뿐, 그 교단 밖의 사람들의 신앙을 규정하는 잣대는 될 수 없다는 것이다.

그래서 각 교단의 헌법이나 장정은 그 교단 내에서만 영향을 미친다는 점을 명시하고 있다. 그러므로 개혁주의 교회인 장로교는 교회정치원리에서 어떤 교권 조직이나 구속력 있는 총회회의를 부정하고, 오로지 양심의 자유와 교회의 자유만을 인정하고 있다.

장로교회의 양심의 자유

장로교회의 교리에 나타나고 있는 양심의 자유는 "양심을 주재하는 이는 하나님뿐이시다. 그가 각인에게 양심의 자유를 주어 신앙과 예배에 대하여 성경에 위반하거나 지나친 교훈이나 명령을 받지 않게 하였다. 그러므로 누구든지 신앙에 대하여 속박을 받지 않고 그 양심대로 할 권리가 있으니 아무도 남의 양심의 자유를 침해하지 못한다."고 했다.

또 교회의 자유는 "개인에게 양심의 자유가 있는 것 같이 어떤 교파 또는 어떤 교회든지 교인의 입회 규칙, 세례교인(입교인)의 자격, 교회의 정치의 조직을 예수 그리스도의 정하신 대로 설정할 자유권이 있다."고 규정하고 있다. 그리고 장로교회가 채택하고 있는 웨스트민스터 신앙고백과 '신도개요'는 지방노회나 총회가 모여 결정하는 어떤 내용도 신앙과 본분의 규칙으로 삼을 수는 없다고 명시하고 있다.

장로교 신도개요 제31장 '지방회의들과 총회의들에 관하여'는 교회의 더욱 좋은 정치와 더 한층의 건덕을 위하여 보통으로 지방회의(노회)들 또는 총회의(총회)들이라 칭하는 회의들이 당연히 있을 것이다. 개 교회들의 감시자들과 기타 치리자들은 그리스도께서 그들에게 건덕을 위하여 주시고, 파괴를 위하여 주지 않으신 그들의 직분과 권세의 효력으로 이 같은 회의들을 설립하는 것, 또는 그들이 교회의 유익을 위하여 편리하다고 판단하는 대로 자주 이것들을 소집하는 것이 그들의 권한이다."

그러나 "사도시대 이후 모든 지방회의들과 총회의들이 세계적이든지 지방적이든지 물론하고, 오류를 범할 가능성이 있었고, 또 많은 회의들이 오류를 범하였다. 그러므로 이들 회의들은 신앙과 본분의 규칙으로 삼을 수 없고 이 둘에 도움으로 사용될 것뿐이다." 라고 명확히 명시하고 있다.

그러므로 특정 종교집단이나 교파 교회가 자신들의 교리나 신학 또는 목회적인 방법론을 내세워 신학적 견해가 다른 교파 교회에 대한 이단 사이비 시비를 하는 것은 정당한 방법이 아닐 뿐더러 교회연합과 신학의 발전에 저해요소로 나타나게 된다는 점을 유념할 필요가 있다.

물론 교리나 조직신학이나 역사적 신앙문서들이 모두 성경에 기초하고 있다는 점을 부인하지 않는다. 그럼에도 불구하고 이것들은 다 견해를 달리하는 상대적 이론을 갖고 있다는 점 또한 간과해서는 안 된다.

기독교의 정통성과 다양성의 조화

기독교 2000년 역사는 그리 단순하지가 않다. 정통성과 다양성의 조화를 필요로 하는 경우를 수없이 겪어 왔다. 가톨릭은 루터교를, 루터교는 가톨릭을, 장로교는 알미니안을, 정교회는 개신교를, 개신교는 침례교를 각각 이단으로 규정한 바 있다. 세계기독교는 온통 이단만 있어왔던 꼴이다.

80년대 이후 한국교회의 침체 원인 중 하나도 무분별한 이단 사이비 시비가 한몫하고 있다. 한국교회가 잘 성장하다가 교계 내에서 이단 시비가 본격화되면서 그 성장이 둔화되고 침체의 늪으로 빠져들고 있다는 점은 작금의 우리에게 무엇인가 교훈을 주는 것이 아닌가 생각된다.

더욱이 누가 봐도 정통 기독교단의 현직 총회장과 중경총회장 등 원로들을 무더기로 이단이니 사이비니 하며 공개적 문서로 공포하여 혼란을 불러일으키는 행위는 대관절 누구를 이롭게 하려는 시도란 말인가.

기독교는 우주적 종교이다. 창조주 하나님이 다양하면서도 통일된 세계를 창조하신 것처럼, 기독교도 다양성과 통일성이 조화를 이루며, 역사 속에서 발전해 왔다는 점을 무시해서는 안 된다. 기독교는 너무나 큰 그릇이기 때문에 다양한 해석을 포용하고 있다. 각양의 교파가 생겨난 것도 그런 까닭에서이다.

때때로 목회자들 가운데는 우물 안 개구리마냥 자신이 조금 배운 지식과 얕은 종교적 체험을 전부인 것으로 착각하고 있는 자들도 있다. 세상의 기독교가 다양한 모습을 가지고 있다는 점을 안다면 돈키호테처럼 그렇게 용감하게 공격의 창을 꼬나들고 달려들지는 않을 것이다.

한국교회 이단 논쟁은 '동물의 왕국'
이단 감별사들의 망동 위험수위 넘어

모든 종교에는 이단 운동이 있다. 특히 기독교는 이단논쟁을 통해 교리와 신학의 발전이 이루어지고, 참과 거짓을 밝혀왔다. 이단논쟁은 어느 시대나 교회의 정통성을 위해 중요하다.

그런데 한국교회 작금의 일부 이단 감별사들의 망동은 그 위험수위를 넘어서고 있다.

지난 연말 한기총 이단사이비대책위원회(위원장 고창곤 목사)가 회원 교단이 연구를 의뢰한 장재형 목사의 통일교 관련설과 변승우 목사의 이단성 연구가 '혐의 없음'으로 결론 나고, 류광수 목사의 다락방운동과 김기동 목사의 베뢰아운동이 재심 청원이 들어오자, 이들을 이단으로 정죄해온 이단 감별사들이 일제히 일어나 "한기총 이대위가 돈을 먹고 이단을 해제하려 한다."며 설레발을 떨고, 또 인터넷 매체들이 이들의 유언비어를 그대로 받아 사실인 양 떠벌려 교계를 혼란스럽게 만든 사건이 있었다.

이것은 한국교회 이단 연구의 난맥상을 그대로 드러낸 사건이다. 이를 두고 한기총 이대위의 한 인사는 "의사가 자기 환자의 오진이 들통 날까 봐 다른 병원에서 진단도 하지 못하게 하는 것과 같다." 고 표현했다. 그는 회원 교단이 재심 청원을 해오면 기존에 각 교단이 정죄한 내용이 합당한 절차와 사실 관계가 증명되는 것인지 등을 살펴보고 그 연구 결과를 밝히는 것이 한기총 이대위의 일인데 재심 자체를 거부하는 것은 자신들(이단 감별사)의 엉터리 연구가 들통 날까 봐 온갖 음해성 유언비어를 만들어 한기총 이대위 활동을 불신케 한다는 설명이다. 상당히 일리가 있는 주장이다.

설교를 중심하는 기독교 목사는 말실수할 수 있어

한국교회는 든든한 교단적인 배경이 있는 인물들은 그에게 어떤 이단성이 있어도 아무도 건드리지 못한다.

잘못 건드렸다간 교단에서 벌떼처럼 일어나 오히려 자신들이 상처를 입을 수도 있기 때문이다. 그러나 교단적인 배경이 빈약한 목회자는 사소한 말실수나 한두 줄의 잘못된 표현의 글을 문제 삼아 쉽게 공격당할 수가 있다.

솔직히 가톨릭이나 정교회 또는 성공회나 루터교와 같이 의식문(儀式文)에 따라 예배를 집전하는 교회가 아니고, 설교 중심인 기독교(신교) 목사 치고 이단성 발언을 전혀 하지 않는 목사는 거의 없다. 왜냐하면 설교 중심의 기독교 목사는 많은 설교를 해야 하고, 또 새로운 설교로 교인들에게 감동을 주어야 하기 때문에 검증되지 아니한 말을 내뱉을 수 있다. 말이 많으면 어딘가 말실수가 있게 마련이다.

우리말에 원숭이도 나무에서 떨어지는 날이 있다고 하듯이, 이단감별사가 가만히 그것을 지켜보고 있다가 그 목사의 말실수를 끝까지 물고 늘어지기 시작하면 다른 동료 목사들은 아무 내용도 모른 채 '그런가 보다' 하고 공격받는 목사를 슬금슬금 외면하기 시작한다. 그러다가 어떤 이해관계가 얽히면 자기도 그에게 돌을 던지는 무리 속에 들어가 옛 동료를 죽이는 편에 선다. 이것이 한국교회의 현실이다.

그런데 문제는 교단에 영향을 행사하는 지도자들은 이런 사정을 알면서도 "내 문제가 아니다."라는 이유로 외면해 버린다는 데 있다. 그리고는 교통(?) 총회에서 이단으로 규정하는 데 암묵적으로 동조하고는 "총회가 결정한 일이지 나는 모르는 일이다."라며 애써 변명한다.

심지어 이단 감별사들은 자신들의 행위에 동조하지 않는 교계 언론에도 테러를 감행한다. 그래도 좀 힘이 있는 언론사는 아예 건드리지도 못하고 만만한 언론은 '이단옹호신문'이라는 딱지를 붙인다. 그것도 자신이 속한 총회의 이름으로 정죄하고는 "총회가 결의한 일이지 나는 책임이 없다."며 타조가 모래밭에 머리를 처박듯이 이름을 감춘다. 목회자는 남 살리는 일이 직업인데 어쩌다가 그 좋은 머리를 남 죽이는 일에 쓰는 것인지, '성격적 장애자'란 말 외에는 달리 표현할 길이 없다.

단 한 마디 변호의 기회도 주지 않고 멋대로 이단 규정

한기총에 의해 이단으로 규정된 최 아무개 목사는 자신이 한기총 이단사이비대책위원회 상담소장으로 재직 시 『이단사이비연구 종합자료집』을 만들었다. 거기에는 한기총이 연구하거나 한기총이 이단 사이비로 규정한 일이 없는 집단들도 망라됐다. 그 자료집은 '교회와 신앙'이 팔았다. 최 목사는 한기총 소속 교단들이 결정한 것은 곧 한기총이 결정한 것과 같다는 논리를 내세웠다. 그래서 거기에는 42개의 이단 목록이 나온다. 한국교회는 이 종합 자료집을 보고 이 목록에 나오는 집단들은 모두 한기총이 이단으로 규정한 것으로 인식하고 있다. 최 씨가 이 종합 자료집을 만든 목적이 바로 여기에 있었다.

통합 측의 어설픈 온정이 최 씨를 '진짜 이단' 만들어

사실 통합 측은 2002년 교단 총회가 최 씨의 삼신론에 문제가 있다고 결정했을 때 그 사상을 확실히 고칠 것을 요구했어야 했다. 그때 통합 측 총회는 최 씨의 주장이 분명히 삼신론임을 확인하고도 그의 소속 노회인 '서울동노회에 맡겨 지도토록 한다.'며 정치적으로 어물쩍 넘긴 것이 지금의 사태에까지 이른 것이다. 결국 통합 측 스스로 호미로 막을 물꼬를 가래로도 막지 못하게 만든 꼴이다.

통합 측이 한기총에 최 씨에 대해 재연구를 요구할 때는 그가 이전의 주장에 대해 잘못을 시인하고 그 사상을 고쳤는지, 아니면 한기총의 연구가 통합 측의 주장대로 처음부터 잘못된 것인지 등을 살펴 명명백백히 한국교회 앞에 밝혀야 할 것이다. 그렇지 않고 소위 '정치적'으로 없던 일로 할 수는 없는 일이다.

사실 최 씨는 자신에게 변호의 기회를 주지 않았다고 말하지만, 한국교회 이단연구 과정에서 최 씨만큼 많은 변호의 기회를 얻은 사람은 아무도 없다.

그는 자신의 매체를 통해, 또 지지자들을 통해, 그리고 자신이 직접 항의하고 해명하고 변명할 기회가 수없이 있었다.

그러나 정작 최 씨는 그동안 자신이 연구 발굴한 40여 명의 이단들에게 단 한 번의 변호 기회도 주지 않았다. 이유는 이단 시비를 받는 사람들은 모두 '거짓말쟁이'이고, 그들이 이미 내놓은 문서나 자료를 통해 충분히 이단성을 입증할 수 있기 때문이라는 것이다. 그런 논리로 하면 설교와 성경강해 등 말을 많이 하는 개신교 목사들 가운데 흠집이 없는 사람을 찾기는 쉽지 않을 것이다.

뿐만 아니라, 악명 높은 중세의 이단재판소도 고문과 악행으로 억울하게 이단으로 몰려 죽임을 당한 수많은 '이단자들'에게 최소한 본인이 진술할 수 있는 변호의 기회는 주었다. 따라서 최 씨 사건을 통해 이제까지의 한국교회 이단 연구의 문제점과 그 폐해가 어떠했는가를 다시 한 번 돌이켜보고 이단연구에 신중을 기해야 한다는 것이다.

가능하면 문제가 드러난 인물이 소속한 교단에서 연구 조사를 하고, 문제가 있다면 그를 교단에서 가르치고 바로 인도하는 것이 바람직한 일이다. 만에 하나 문제가 지적되었음에도 교단의 가르침을 거부하거나 누가 봐도 명백한 이단성이 발견된다면, 한국교회 앞에 알려 경계하도록 해야 할 것이다.

그런데 이제까지는 자기네 교단 안에는 이단성을 가진 인물이 활동하고 있음에도 그들을 바로 가르칠 생각은 하지 않고 엉뚱하게 남의 교단 소속 목사만 이단으로 잡는 이단 연구는 그만해야 한다는 것이다. 그렇지 않으면 한국교회는 이단만 득실거리는 이상한 종교집단이 되고 말 것이다.

그러므로 '통일성'만 강조해 자기와 조금만 달라도 이단 운운하지 말고, 성경과 교리의 통일성만 유지한다면 상대에 대한 '다양성'도 인정해야 한다.

한국교회 이단논쟁 패러다임을 바꾸어라

이단 집단에서 오래도록 교육을 받았거나 간부 행세를 하던 자들은 자신의 신학적 사고가 정통교회에서 이단에 해당된다는 사실을 잘 모르고 있는 경우도 있다.

그래서 이들 가운데는 아직도 이단 교리와 정통 교리를 분간하지 못한 채 글을 쓰고 말을 하는 자들도 있다.

통일교에서 이탈해 목사로 활동하며 '이단 연구가' 행세를 하고 있는 한 인사는 '인간의 원죄가 피로 유전된다.'는 통일교 교리를 그대로 주장하며 어떤 목사의 설교를 이단성이 있다고 비판한 일도 있다.

통일교는 에덴에서 하와가 뱀으로 상징되는 타락한 천사와 성관계를 하여 죄가 몸 속에 들어오고 인류는 그 더러워진 피로 원죄가 유전되어 왔다고 가르친다.

그래서 유전되는 죄의 피를 '죄에 오염되지 아니한 참부모 문선명의 피로 바꾸어야 한다.'고 해 '혼음 시비'가 일어났다. 그 목사가 통일교 교리를 퍼뜨리기 위해서 그런 주장을 한다기보다 정통 교리를 배우지 못했기 때문이라고 생각된다.

이단 집단 출신들, 이단 교리와 정통 교리 구분 못 해

그런데 문제는 그런 사람들이 이런 엉터리 신학 지식으로 '이단 전문가' 행세를 하고 있다는 것이다. 자기가 알고 있는 교리와 신앙 형태가 정통이라고 생각하고 그 잣대로 다른 사람에게 들이대다 보니 한국교회는 모두가 이단으로 보이는 희한한 꼴이 벌어지고 있는 것이다. 진짜 이단이 엉터리 이단을 만들어내는 셈이다.

사실 로마 가톨릭 교황이 "가톨릭교회만이 기독교이고 그 외 교파들은 모두 그리스도의 교회라기보다 하나의 종교 공동체에 지나지 않는다."고 규정한 것도 이와 비슷한 발상에서 비롯된 것이다.

우리 개혁교회가 볼 때는 가톨릭교회야말로 '이단성'을 많이 가진 교회인데, 그들은 자신들이 정통이고 다른 교파들은 다 이단이라고 생각하고 있다.

'진짜 이단'이 '가짜 이단' 만드는 꼴

세계에는 자신들만이 진정한 그리스도의 교회, 즉 원시 예루살렘 공동체나 초대 소아시아 교회들처럼 순수하고 참된 성경적 기독교라고 말하기 어렵게 되었다. 그렇기 때문에 어떤 신학적 잣대로 상대를 보느냐에 따라 서로를 이단시하게 되었다.

로마교회는 그리스 정교회와 프로테스탄트 개혁교회 전체를 이단시해왔다. 그리고 그리스 정교회는 장로교회를 또한 이단시한다. 현대교회에 칼빈주의 장로교회만큼 성경적인 교회가 어디 있는가. 그런데도 로마교회도, 정교회도 모두 장로교회를 이단으로 본다. 참으로 어처구니가 없는 일이요, 적반하장이 아닐 수 없다.

이는 상대가 그리스도의 교훈 안에서 나와 무엇이 같은가를 찾지 않고 나와 무엇이 다른가만 찾다보니 생기는 곡해이다. 마찬가지로 기독교 주변에서 어설픈 '이단 연구가'들이, 한두 마디 잘못 표현된 신학적 용어나, 한두 편의 잘못 인용된 설교를 놓고 특정인을 이단으로 매도하는 풍토는 바뀌어야 한다는 것이다.

이단으로 몰린 그 목사는 잘못 표현된 신학적 용어나 설교보다 더 많은 성경적이고 신학적이며 보수적인 설교를 하고 있다. 그런데도 왜 하필 잘못 표현된 것만 가지고 그의 평생의 설교를 평가하려 하는가. 솔직히 로마교회나 정교회는 예배 의식문에 따라 예배나 미사를 집전하면 된다. 그러나 설교 중심의 개혁교회는 설교자가 강단에서 많은 말을 한다. 성경만 강해하고 믿음만 말하는 것이 아니라 세상 이야기도 하는 것이다. 그런 설교를 몇 편만 갖다놓고는 마음먹고 '이단성'을 찾는다면 이단적 발언이 없는 설교자가 몇이나 있겠는가?

이단 아닌 이단 너무 남발

오늘날 한국교회의 이단 시비는 너무 가볍다. 이단 아닌 이단이 너무 많이 남발된다는 말이다. 언론이 이런 지적을 하면 '이단을 옹호한다.'고 쌍심지를 켜고 나서는 자들도 있다. 세상에 이단 집단에서 자신들의 홍보를 위해 발행하는 '언론'이 있으면 있었지, '이단 옹호 언론'이란 게 존재할 수 있는 것인가?

자기의 생각에 동의하지 않으면 이단 옹호라고 몰아붙이는 것은 '편협' 외에 아무 것도 아니다. 교계 언론은 건강한 교회를 지키기 위한 언론 나름의 가치관과 편집 방향이 있다. 그 편집 방향이 마음에 안 들면 그는 다른 언론을 창간하면 되는 것이다.

다시 한 번 강조하거니와 거룩하고 영광스러운 그리스도의 교회를 건강하게 지키고자 하는 것은 '이단 연구가'들의 전유물이 결코 아니다. 더욱이 정통 교리를 제대로 배우지 않은 채 어설프게 교계 주변에서 '이단 전문가' 행세를 하는 이단 집단 출신들의 활동이 더 이상 용납되어서는 안 된다. 특히 이는 이런 자들을 공청회나 세미나 등에 내세우는 정통교회 인사들이 유의해야 할 사항이다.

*강춘오, 『변환기의 한국교회』 중에서 저자의 허락을 받아 게재함.